ドイツ赤軍 I
1970-1972

RAF

訳：初見 基／CHINO RICH_O

—

Rote Armee Fraktion
RAF

革命のアルケオロジー

11

航思社

ドイツ赤軍 I 1970-1972

目次

西ヨーロッパの武装闘争について（一九七一年五月）

【凡例】

・本書は *Rote Armee Fraktion: Texte und Materialien zur Geschichte der RAF* (ID-Verlag, 1997)〔赤軍派：RAF史のためのテクスト・資料集〕の全訳である。原書は二〇二五年現在インターネット上の諸サイトで全文を入手できる。

・全四部構成のうち、本巻では第Ⅰ部（一九七〇－一九七二）を収める。なお、第Ⅱ部は一九七三－七七年、第Ⅲ部は一九七八－八六年、第Ⅳ部は一九八八－九六年という構成である。

注

・原書の編者による注のうち、日本でも常識的に知られる内容で編者の志向性がとくに反映されていない説明、および誤記が多いものを本邦訳では除いた。

・補足説明が必要と思われる箇所には訳者による補筆を加えた。これは亀甲括弧〔 〕内に入れることにより編者による記述と区別した。

・それとは別に訳注を加え、その旨明記した。ただし「前史に関する覚書」ならびに各部冒頭に置かれた「序論」のなかで付された注はそれと示されていないがすべて訳注である。

・原書編者注のなかでの引用文献参照箇所表示は、ドイツ語書籍のページまでは再現せずに文書名のみを記した。

・「前書き」「西ヨーロッパの武装闘争」は原著者による注、原書編者注、訳注の三者が入る。このうち後者での原著者注のほとんどは――これ以外の声明などでは付されていない――引用参照箇所表示なので、いくつかを除いて引用文献の題名のみを本文中で〔 〕に入れて記した。

引用

・毛沢東やレーニンなど原本が非ドイツ語で書かれた文書が引用されている場合、原文の中国語、ロシア語からの訳出ではなく、既存和訳を参照しつつも文中で引用されているドイツ語訳文から重訳をしている。そのため既存和訳といささか異なる箇所もある。RAFによる引用のなかには、それと断りのない中略等の粗放な例も認められるが、逐一指摘はしていない。

括弧

・原文の» «は原則《 》で、› ‹は〈 〉で再現している。ただし書籍題名は『 』、新聞・雑誌・論文・記事名は「 」とした。それ以外で、わかりやすさを考慮して訳者が鉤括弧「 」を入れたものがある。［ ］および（ ）は原文のものがそのまま反映されている。〔 〕内は前述のとおりすべて訳者による。

強調

・原文のイタリック体は傍点で、単語ないし文章全体が大文字表記されている場合はゴシック体太字にした。

ドイツ赤軍 Ⅰ 1970-1972

Rote Armee Fraktion
Texte und Materialien zur Geschichte der RAF

ID Verlag Tawereit – Fanizadeh GbR
Gneisenaustraße 2a 10961 Berlin
1. Auflage 1997
ISBN-13: 978-3-89408-065-5

前書き

一九九七年という年〔本書原本の刊行年〕はドイツのメディア界にとってまったく特別な記念年となるだろう。おびただしい数の連載記事、テレビ番組、伝記的な回想録のなかで、一九六七年六月二日の事件と一九七七年《ドイツの秋》は扱われてきた。〔前者の〕ベルリンでの反シャー・デモ最中の一警察官によるベノ・オーネゾルク射殺は、学生運動が急進化する発端と見なされている。その展開は、ハンス＝マルティーン・シュライアーの誘拐・殺害と、一九七七年一〇月一八日、シュトゥットガルト＝シュタムハイム刑務所の囚人だったアンドレーアス・バーダー、グードルーン・エンスリーン、ヤン＝カール・ラスペの死によって終止符が打たれる。一九六七年以降の反権威主義学生運動には、れっきとした動機と社会の民主化への好影響が承認されている。それに対して「ドイツの秋」とRAFはといえば、国家に宣戦布告した小集団によるテロリズム激化の頂点と見なされている。大多数のメディアの目にとって彼らは、政治動機がはじめから誤っていた常軌を逸した過激分子だった。主流であるこの考えにほとんど反論はされておらず、新聞・雑誌の発行部数やテレビ視聴率がこぞってそれを裏打ちはしているものの、それがこうした言い方の正しさの証拠にならないのは周知のとおりだ。

学生運動の急進化とRAF創設、そして一九七七年秋に頂点に達してつい最近までつづいていたRAFと国家との対決の先鋭化には、当然ながら直接の関連がある。RAF史のどのような研究でもこの点は基本的合意のひとつとなっている〔原注1〕。一九六七年六月二日がRAFの武装闘争にたどり着く必然性などないのはたしかだ。とはいうものの、この間体制化した左翼は、RAFおよび他の武装集団に組織化された人びとと政治的・人的接点を充分にもっているのだ。

しかし今日、二五年以上にわたって〔ドイツ〕連邦共和国で武装闘争を実践してきた組織であるRAFは、いわばいっさい議論の埒外にあるという意識が、左翼の広範な層に浸透している。過去に詳細な分析がほとんどされてこなかった理由は、RAF、左翼、国家の弾圧それぞれの側に一様にある。

一九八八年までRAFは武装前衛であると自認しており、左翼は概して攻撃の対象であって諸批判が投影されるために利用されるにすぎなかった。彼らが基盤としていたのは、もっぱらいわゆる反帝国主義諸グループだった。そのこともあって左翼はRAFから距離をとるのが容易になった。加えてRAFの政治を公の政治議論で扱おうとすると、彼らから明白に距離をとったものと理解されず、一九七〇年以後国家の側からは一貫して犯罪と見なされてきた〔原注2〕。

一九九二年四月と八月に出されたRAFによる声明では、国家および経済界要人への殺人攻撃というこれまでの政治活動実践を検証する旨が予告され、根本的な新方針が明らかになった。そこでは、《本国での武装闘争》[*1]というRAFの計画[*2]はすでに長いこと限界にぶつかっている、と確認されている。同時に彼らは、極左勢力全体の展望についてより広範に討議しようという期待を示していた。

しかし当該文書で願望の述べられていた革命政治の展望についての議論は実現しなかった。二〇年にわたり大多数の左翼との意思疎通が断絶しており、戦闘的左翼は荒廃し、ＲＡＦが敗北を公言したことからすれば、それもほとんど不思議でない。加えて一九九二年の二つの文書で予告されていた自らの歴史に対する省察にしても未決着のままである〔原注3〕〔その後一九九八年四月二〇日付で「解散声明」が出されている〕。

「ドイツの秋」から二〇年にして、いまはじめて赤軍派文書の広く揃った集成が上梓される。歴史的記録文書によってＲＡＦが理論と実践で遂げた展開を跡づけられるようになる。一九七〇年の都市ゲリラ構想の提示に始まり、一九八二年の反帝国主義戦線設立の理論的根拠づけから、一九九二年のいわゆる緩和声明までの展開を追えるのだ。

しかしこの書籍化計画には必然的に限界もある。獄中の者たちによる何千通もの書簡や声明、ＲＡＦ裁判に関する弁護士の書類は、今回の刊行では考慮に入れられなかった。ＲＡＦおよび獄中ＲＡＦ

＊1　原語は »Metropolen«（複数形）で、「植民地」に対する「本国」の意味。ＲＡＦの文書では大方《第三世界》に対置された《帝国主義本国》の意味合いで使われている。

＊2　戦後西ドイツにあっては、支配的な社会秩序を根底的に変革しようという左右勢力を「憲法に敵対する」ものとして徹底的に排除することがいわば「国是」にされた。ＲＡＦへの酷烈な攻撃もその一環になる（そして実際には「右」に対する対応はより温和であって建前にとどまっている）。「極左」あるいは後出の「過激（派）」という日本語は公安用語の感があるものの、ドイツ語では許容されざる「民主主義体制の敵」として「極右」と一対で捉えられるため、本書では「ラディカル左翼」「急進左翼」などではなく敢えてこの訳語を用いる。

関係者に対する国家機関の戦略書類などの資料は、機密扱いのため入手できなかった。これらがすべて揃えば、ＲＡＦを包括的・歴史的に扱ううえでの基礎となるはずだ。ＲＡＦの歴史を処理することは左翼の務めだ。とはいえこのためにもまた、政治的・組織的・財政的基本前提が整えられている必要がある［原注4］。

何十年にもわたり数百万マルクもの資金が《テロリズム》を主題とする研究計画に注ぎ込まれているにもかかわらず、公的な側からは真剣な精査をこの先数年のうちには期待できない。なぜならばＲＡＦの歴史は連邦ドイツの諜報機関、警察・司法当局ならびに諸政党の一歴史でもあるからだ。

本資料集にあって出版社の作業技術および経済能力には限界があった。刊行への助成はいかなる機関からも得なかった。そこで、さまざまな資料の提供で私たちを支えてくれた《アマチュア資料管理人》と、励起と批判で本書に寄与していただいた元ＲＡＦ囚人の方々には特別な感謝を捧げる。

一九九七年という年には、メディアの大騒ぎもあり、いまも存続する戦闘的左翼の狭い範囲をはるかに超えて、左翼史の検討に新たな関心が寄せられた。元囚人たちが、一五年、二〇年あるいは二二年にわたる拘留から釈放されて、公開の催しで自身の過去についての立場表明を行い、「シュピーゲル」誌や大新聞でインタヴューを受け、書籍を刊行し、ということでおおきな反響を呼んでいる［原注5］。ＲＡＦ元活動家らが目下表している省察にあっては、たいていのところ主観的な政治経験（ＲＡＦ以前、ＲＡＦの一部として、ＲＡＦ囚人として）が中心にあることは、たしかにもっともだ。ほとんど三〇年にわたるＲＡＦの理論と実践の歴史を徹底して分析することは必要不可欠だが、これには近い将来力が注がれるのかもしれない。本書はそのような精査をするための基盤をなすと自認するものである。

本書の構想

「序論」

ⅠからⅣの各部冒頭に置かれた「序論」では、社会の動向とそのときどきの政治状況が略述される。その記述はRAFのテクストと行動に準じており、そのためRAFの社会的影響とは無関係のそれ以外の政治潮流については外されている。RAFと国家の具体的相互関係も触れられる。「序論」のなかでは左翼諸集団からのRAF政治路線に対する異論や批判が取り上げられはするが、限られた紙数でRAF政治路線に対する確固とした分析を行うことはできない。それを行うために必要となる記録資料を提供するのが出版社の意図となる。

テクスト

RAFのテクストは時代順に配列されている。

収録されているテクストは次のものである。

―RAFの署名があり、RAFの側から否認されていないテクスト。底本として使われるのは、入手可能な公文書館資料ならびに左翼諸新聞に掲載されたテクスト、そして独自刊行物である。これらのテクストでは概して強調（斜字体、太字、隔字体）はなされなかった。最初に出された原文ではほとんどの場合、そうした措置はされていないからだ。後に重ねられた版では、そのつどの編集者の手によってしばしば強調が加えられ、省略がされ、あるいは変更されていた。すべてのテクストを総体のうちに再構成するのは不可能だった。

―一九七一年のテクスト「西ヨーロッパの武装闘争について」は、一九七七年に刊行された書籍 *Texte: der RAF*〔未邦訳、『テクスト集　RAF』〕などで従来収録されてこなかったが、本書では加えられている。執筆者であるホルスト・マーラーは一九七四年九月二七日の獄中RAFの声明によってRAFから除名された。ことによるとテクスト印刷時点ですでにRAF内では不和にいたっていたのかもしれないにしても、このテクストは《RAF集団《コレクティーフ》》の執筆者名義で公表された。そこで本書の資料のひとつであるのは自明である。さまざまな刊行物でなされているような、とりわけ初期のテクストに執筆者名を付すこと（なかでも『テロリズムの分析』での《ウルリーケ・マインホーフと推定される》といった例）は、本書ではなされない〔第I部収録文書は「西ヨーロッパの武装闘争について」を除き大方マインホーフないしエンスリーンが執筆していると推測されている〕。

―ハンガーストライキに際しての声明も基礎文献として採用されている。それらは、獄中RAF構成員の状況と議論状態を伝えてくれるものであり、RAF政治路線に本質的な影響も及ぼしたからだ。

獄中者の政治議論とRAF政治路線にとって、無数の書簡と裁判での意見陳述も重要である〔原注6〕。これらのテクストは、本企画の性格上収録できなかった。例外としては、一九七六年の「事態への声明」抜粋（アンドレーアス・バーダー、グードルーン・エンスリーン、ウルリーケ・マインホーフおよびヤン＝カール・ラスペによる裁判での意見陳述）と「七七年声明」（クリスティアン・クラールとブリギッテ・モーンハウプトの裁判での意見陳述）がある。これらが採用されたのは、内容的に重要な立場表明と理解され、それ以外の基礎文献ではほとんど扱われていないRAF史の一局面とかかわっているからである。「事態への声明」は小冊子『ともに闘う zusammen kämpfen』から取られており、いわばRAFに公認された版である。これには完全版が存するはずではあるが、われわれの側からの努力にもかかわらず、原本を見つけられなかった。

編者注

編者による注は収録テクストの理解が進むように加えられた。テクストからでは理解できないか理解困難である、あるいはその知識が今日前提とされえない人名、組織、事件などをわかりやすくするよう試みられた〔邦訳ではいくつか省略している。「凡例」欄を参照のこと〕。

RAF史年譜

年譜では再度簡潔に、RAFの諸行動、逮捕、有罪判決などを示している。各部の序論を補完するが、完璧さを保証するものではない。

書誌選

獄中RAF構成員からの多数の声明や書簡が公表されていることが書誌の記録からわかるだろうが、そのほとんどはごく少数の文書館でしか入手できない。

同様に、当初から左翼内部では、さほど徹底的ではないにしても、RAF政治路線に対する抗論がなされていた。いくつか、われわれの見立てではきわめて重要な批判文書は書誌に載せられている。

索引が対象とするのは収録したＲＡＦのテクストのみであり、素早く正確に見つけ出すのを容易にするのが目的である。

原注1　*Analysen zum Terrorismus*, Westdeutscher Verlag 1981–1984〔未邦訳、連邦内務省編『テロリズムの分析』全五巻〕全二〇〇〇ページ超を参照〔ブラント、シュミット内閣の顧問だった政治学者・マルクス研究者イーリング・フェッチャーや社会哲学者ギュンター・ロールモーザーが執筆している。内務省によって編まれた書籍であるとはいえ、いちおう「学術的」な姿勢は示されている〕。推奨に値する学術的文献としては、*Angriff auf das Herz des Staates*〔未邦訳、『国家の心臓への攻撃』〕。ズーアカンプ社のポケット版叢書の一冊として一九八八年刊行〕、ここに掲載された論文のうちとりわけ Heinz Steinert, »Erinnerung an den ›linken Terrorismus‹«〔ハインツ・シュタイネルト「〈左翼テロリズム〉の思い出」〕、Sebastian Scheerer, »Deutschland: Die ausgebürgerte Linke«〔ゼバスティアン・シェーラー「ドイツ　市民権を剥奪された左翼」〕を参照。

原注2　ＲＡＦのテクストおよびＲＡＦ獄中者によるテクストばかりか、さらにはＲＡＦ政治路線について議論をした論考集の公刊に対しても国家は検閲をくり返しており、この歴史は一冊の書物をなすほどになる。いくつかの典型的な例を挙げておく。

• **一九七一年一〇月二八日**　ベルリンのヴァーゲンバッハ出版から発行された書籍 *Über den bewaffneten Kampf in Westeuropa. Kollektiv RAF*〔未邦訳、『西ヨーロッパの武装闘争について――ＲＡＦ集団』）が刊行から三週間後に押収され、出版取次と何百にものぼる書店が家宅捜査され、印刷所では刷版が当局の管理のもとに封印される〔同出版社はクラウス・ヴァーゲンバッハ（一九三〇－二〇二一）によって一九六四年に設立された。フランツ・カフカをはじめとした文学出版と並んで、新左翼系の書籍、雑誌を多数刊行している。ウルリーケ・マインホーフのジャーナリスト時代の文章をまとめた書籍なども彼女の没後、ここから刊行されている〕。

•**一九七二年六月一六日**　フランクフルト・アム・マインでの赤色救援会ティーチ・インでの録音テープによるRAF声明〔本書二五八頁以降に収録〕から二週間後、ロータール・シュテルン出版の事務室が家宅捜査される。膨大な量の書類、音声・映像資料が押収される〔ロータール・シュテルン（赤い星）出版は一九六七－六八年に社会主義ドイツ学生同盟（SDS）議長を務めたカール・ディートリヒ・ヴォルフ（一九四三－）が一九七〇年にフランクフルトで設立した出版社で、二〇二四年現在はシュトレームフェルト社名義で活動。新左翼系文書のほか、ヘルダーリン、クライスト、カフカなどの新訂版全集も出している〕。

•**一九七三年七月三日**　出版人クラウス・ヴァーゲンバッハに対してベルリン・ティーアガルテン区裁判所は五〇〇マルクの罰金刑を科す。ヴァーゲンバッハ編になる「職業訓練生・学校生徒のための一九七三年赤色カレンダー」では、警察官によって射殺されたベノ・オーネゾルク、イアン・マクロード、トーマス・ヴァイスベッカー、ゲオルク・フォン・ラオホの死が、謀殺と記されていた。

•**一九七四年一二月二〇日**　ケルンの印刷所「ベトリープ〔操業〕」と「ケルン国民新聞《フォルクスブラット》」〔市民運動系新聞〕の事務室が家宅捜査される。両者は、政治犯の拘留条件とホルガー・マインスの死についての情宣ビラを作成し販売した、とされる。

•**一九七七年六月／七月**　ゲッティンゲンの学生新聞「ゲッティンガー報知《ナーハリヒテン》」に七七年四月二五日付で「ブーバク――追悼文」なる見出しの記事が《メスカレロ》の署名で載る。この記事では、暗殺を聞いて筆者をまずとらえた《ひそかな喜び》と、《社会主義へのわれわれの道には死体が敷きつめられてはならない》との認識が表されている。これに対してRCDS〔キリスト教民主学生連合〕の側から告発状が出される。「ブーバク――追悼文」は、ゲッティンゲンでの警察出動後、二〇〇を超える学生新聞や反体制新聞に転載される。これを承けて多くの都市で雑誌編集部、印刷所、書店が家宅捜査される。「ブーバク――追悼文」を同様に資料として公刊している大学教員、弁護士には懲戒手続きが重ねられる〔RAFによって殺害されたブーバク連邦検事総長への「追悼文」というかたちをとった文章そのものはテロリズムを批判する内容であったにもかかわらず、諸メディアは挑発的な文言のみを恣意的に取り出して「シンパサイザー叩き」に走り、官憲や大学執行部による弾圧が強められた。それに対して執筆者への連帯行動として、この文章は数多く複製された。また大学教授や弁護士らは連名で、全文を公開したうえでの公正な議論を求めたが、そのひとりである社会心理学者ペーター・ブリュックナー（一九二二―八二）は四年間にわたり停職を強いられた〕。

• **一九七八年三月**　全国の書店から、スウェーデンのボー・カーヴェフォルシュ出版社〔同名の出版人（一九三五―二〇一八）により一九五九年から七九年のあいだ出版活動をして高く評価されていた〕刊行の『テクスト集　RAF』が押収される。連邦郵便と協力してスウェーデンからの発送物すてが記録される。何人かの購読者に対して刑法一二九条a〔「テロリズム結社の形成」条項で、実行者以外にも「共謀」容疑で適用される〕に則った捜査手続きが始められる。

• **一九八二年**　いくつもの新聞、とりわけtaz紙〔「ドイツの秋」後の状況下、七八年にRAF弁護士をも務めたハンス＝クリスティアン・シュトレーブル（一九三九―二〇二二）も参画して創刊された日刊紙〕に対して、RAF文書「ゲリラ、抵抗と反帝国主義戦線」およびハンガーストライキ宣言を転載した廉で刑法一二九条aに則った捜査手続きが始められ、編集室が家宅捜査される。

• **一九八七年秋**　書籍 *das info – Dokumente. Briefe der Gefangenen aus der RAF – aus der Diskussion 1973–*

1977〔未邦訳、『インフォ－資料・RAF囚人の書簡　一九七三－一九七七年の議論より』〕の出版を理由に、キールのノイエ・マリク出版、印刷所、出版取次そして四〇〇を超える書店が刑法一二九条aに則り《テロリズム結社幇助》を根拠として家宅捜査される。三〇〇〇部以上の書籍が押収される。捜査は後に――しばしばそうであるように――中止される。

原注3　一九九二年以後の議論については、四〇〇ページにわたる書籍 *wir haben mehr fragen als antworten: RAF diskussionen 1992 - 1994*, ID-Archiv, Berlin 1995〔未邦訳、『われわれには答えよりも問いが多い』〕を参照のこと。

原注4　そのような探究の数少ない例のひとつが、ハンブルク社会研究所の資金による研究計画「いわゆるテロリスト裁判を例に見る政治司法」だ。研究成果は *Terroristen und Richter*, VSA-Verlag, Hamburg 1991〔未邦訳、『テロリストと裁判官』〕全三巻として出ている。Band 1: Heinrich Hannover: »Terroristenprozesse. Erfahrungen und Erkenntnisse eines Strafverteidigers«; Band 2: Rolf Gössner: »Das Anti-Terror System. Politische Justiz im präventiven Sicherheitsstaat«; Band 3: Margot Overath: »Drachenzähne. Gespräche, Dokumente und Recherchen aus der Wirklichkeit der Hochsicherheitsjustiz«.〔①ハインリヒ・ハノーファ『テロリスト裁判――ある刑事弁護人の経験と認識』、②ロルフ・ゲスナー『反テロ体制――予防的治安国家における政治司法』、③マルゴット・オーヴェラート『龍の歯――重警備司法の現実に関する会談・記録・調査』〕。とはいえ、《連邦共和国における武装闘争》という主題はハンブルク社会研究所の研究領域のひとつであるにもかかわらず、これ以外には最近刊行されていない〔ハンブルク社会研究所は一九八四年にヤン・フィリップ・レームツマが煙草産業経営者だった親の遺産によって設立した独立研究機関で、社会科学、現代史を中心に多数の研究書類を出版しているほか、九五年から「国防軍の犯罪展」を全国展開したことでも知られる。ここに記されている研究成果は二〇〇六年に全一四〇〇ページあまりの二巻本、Wolfgang Kraushaar, *Die RAF und der linke Terrorismus*〔未邦訳、ヴォルフガング・クラウスハール

編『ＲＡＦと左翼テロリズム』）として公刊されている。なお二〇二四年、研究所を二〇二八年に閉鎖する旨、レームツマが発表している〕。

原注5　一九九七年、ＲＡＦの〔元〕下獄者による公開された発言の例をいくつか挙げる。

»RAF – Das war für uns Befreiung«. Oliver Tolmein im Gespräch mit Irmgard Möller über bewaffneten Kampf, Knast und die Linke, Konkret Literatur Verlag, Hamburg 1997〔未邦訳、『《ＲＡＦ――われわれにとってそれは解放だった》武装闘争、牢獄、左翼についてのイルムガルト・メラーとのオリヴァー・トルマインによる対話』〕。「シュピーゲル」誌には一九九七年四月〔第一七号〕にもイルムガルト・メラーとのインタヴュー〔「悔いることなど何もない」との表題〕が掲載されている〔ＲＡＦ第一世代に属するメラー（一九四七－）は七二年に逮捕され、七七年一〇月一八日「シュタムハイムの夜」にあたり獄中で負傷して発見されている。終身刑を受け、九四年に出獄〕。

Inge Viett, *Nie war ich furchtloser. Autobiographie*, Edition Nautilus, Hamburg 1997〔未邦訳、インゲ・ヴィエト『これほど怖れを知らなかったことはない　自伝』〕。これも「シュピーゲル」誌に出版前に部分掲載されている〔ヴィエト（一九四四－）は「六月二日運動」から八〇年にＲＡＦ加入。釈放後も運動にかかわっている〕。

一九九七年四月には「南ドイツ新聞《ズュートドイチェ・ツァイトゥング》附録誌」に、クリスティアン・クラールとの書面による長いインタヴューが載る。

一九九七年五月一五日から二四日、ツューリヒにて会議「中間報告　叛乱・戦闘行動・革命」が開催される。ここではＲＡＦの元下獄者の何人か、カール＝ハインツ・デルヴォー、クヌート・フォルカーツ、ルッツ・タウファー、ローラント・マイアー、ガブリエーレ・ロルニックらが登壇している。国際的な報道陣がこの催しには押し寄せた。ＦＡＺ、「南ドイツ新聞」から「新ツューリヒ新聞」、「フランクフルター・ルントシャウ」紙、「シュピーゲル」誌、「ツァイト」紙、さらにはスイスのＷｏＺ紙〔左翼系新聞「ヴォッヘンツァイトゥング」〕、ｔａｚ紙にまでいたる。期待されていたようなとくに好意的な報道はなされていない。

ＲＡＦの（元）下獄者の公的発言ではどれも、武装闘争の実践は目下主題ではない、という合意が見られる〔このドキュメントは *Zwischenberichte : zur Diskussion über die Politik der bewaffneten und militanten Linken in der BRD, Italien und der Schweiz*, ID-Verlag, Berlin 1998（未邦訳、『中間報告　ＢＲＤ、イタリア、スイスの武装・戦闘的左翼の政治についての議論』）として刊行され、そこには九八年に出されたＲＡＦ解散宣言も補遺として収められている。また九五年に出獄したＫ－Ｈ・デルヴォー（一九五二－）、タウファー（一九四四－）らは七五年四月二五日の在ストックホルム・ドイツ大使館襲撃に参加。前者は *Das Projektil sind wir*, Edition Nautilus GmbH, 2007（未邦訳、『銃弾はわれわれだ』）、後者は *Über Grenzen: Vom Untergrund in die Favela*, Assoziation A, 2017（未邦訳、『境界を越えて』）を刊行している〕。

原注6　これについては「補遺」の略書誌〔ＲＡＦ構成員によって書かれたテクストの一覧〕を参照のこと。

前史に関する覚書

ＲＡＦの歴史が始まるのは、ベノ・オーネゾルクが射殺された一九六七年六月二日の事件、そしてそれにつづく急転直下の学生運動の急進化によってではない。一九七〇年五月一四日のアンドレーアス・バーダー解放もある時代の出発点というより、むしろその表向きでの始まりだ。

ドイツ連邦共和国〔ＢＲＤ＝西ドイツ〕で武装反対勢力が生まれたのは、なによりもドイツ・ファシズムの歴史に、さらに戦後ドイツ国民の大部分にあってファシズム総括が阻まれ抑圧されていた点に、その根拠がある。

ドイツ・ファシズムに対する連合国の勝利のあと、亡命者、社会主義者、共産主義者、反ファシストたちの抱いた、《あらたな始まり》から反ナチ・民主主義・社会主義社会を生み出そうという希望は大きかった。しかし間もなく西側三ヶ国〔米英仏〕占領地区における政治と社会は、国民社会主義者による犯罪の抑圧、反共産主義、そして《経済の奇跡》の達成といった雰囲気に覆われていった。

一九四五年八月に戦勝国の結んだポツダム協定では、《非軍事化、非ナチ化、産業の集中排除、および民主化》という要点が明記されていたものの、一九四七年にははやくもトルーマン・ドクトリンが優先されることになった。反共産主義と冷戦こそがアメリカ外交政策の新たな指針だった。一九四九年八月に実施された戦後初のドイツ連邦議会選挙でコンラート・アーデナウアを連邦首相としたCDU〔キリスト教民主同盟〕／CSU〔キリスト教社会同盟〕、FDP〔自由民主党〕、DP〔ドイツ党〕による連立政権が誕生した後、この政策が〔反共の〕《前線国家》ドイツ連邦共和国のために推進された。

五〇年代初頭、KPD〔ドイツ共産党〕党員に対する新たな迫害が始まった。ファシズム期に刑務所や強制収容所に拘留されていた共産主義者に対して、国民社会主義時代と同じ罪名で訴追される場合もあった。この時代に行われた捜査手続きの数は、その多くが東ドイツとの接触によるものであるが、約一五万件にのぼると推定されている。一九五六年にKPDが非合法化されると、敗戦前からの党員も戦後の新たな党員も犯罪者とされ、反対勢力を形成していた共産党はすっかり壊滅させられた。

BRDを西側軍事同盟に組み入れる重要な一歩として、アーデナウア政権は五〇年代初頭からドイツの再軍備化に努めた。この目標に反対して広範な反軍国主義運動が展開された。〔禁止された〕国民投票では、この運動は九〇〇万筆の再軍備反対署名を集めた。《核兵器死反対闘争》運動によって戦後初めての議会外反対派の大衆運動が起きたのである。しかしそれをものともせず再軍備は連邦議会で可決され、一九五五年にBRDはNATOに加盟、一年後には一般兵役義務が再導入された。

早くも一九六〇年には《国内治安》維持を旨とする非常事態法法案が初めて提出された[*1]。この法案は、《連邦もしくは各州の存立や自由・民主主義的秩序に危機が差し迫った際、それを防ぐため》、ときどきの政府が非常事態を宣言し、基本権を大幅に失効させることを法的に可能にする、というものだった。

SPD〔ドイツ社会民主党〕は一九五九年のゴーデスベルクでの党大会でマルクス主義の諸目標と

袂を分かち、自らの今後を《国民政党》と定義した。SPDは、資本主義生産関係の廃止という目標を捨て、《共同決定》[*2]および政権参加に重点を置いた。これによって一九六六年一二月のCDU／CSUとSPDの大連立政権形成への道が指し示されていた。

国民社会主義が重ねた犯罪との対決は、六〇年代に入ってもまだ開始されていなかった。フランクフルト・アム・マインでのアウシュヴィッツ裁判〔一九六三－六五年〕は例外だ。何千人ものナチの殺人者たち——強制収容所看守、国防軍高位の犯罪者、ナチ法学者、安楽死を実行した医師、企業経営者、SS〔親衛隊〕隊員だった知識人層——が連邦共和国で安穏と暮らすことができていた、あまつさえ社会の指導的地位に就く者たちすらいた。[*3] NPD〔ドイツ国民民主党〕のような極右政党が一九六六年から一九六八年にかけて七つの州議会に進出していた。

しかし五〇年代、六〇年代には「三大陸《トリコント》」[*4]の多くの国々でも、植民地保有国や自らの経済的・軍事的支配権を確保しようというアメリカ合衆国の試みに抗して解放闘争が始まった。ベトナムでは一九四六年以降、共産主義ゲリラがフランスの植民地支配と闘い、一〇年後には、ベトコン[*5]が米国の軍事顧問の駐留と圧倒的に優勢な米軍に抗してゲリラ戦争を開始した。

一九五九年、キューバ革命が勝利し、CIAが主導した《ピッグス湾事件》は一九六一年、失敗に終わった。ラテンアメリカの多くの国々ではゲリラ組織が、《二つ、三つ、数多くのベトナムをつくれ》というチェ・ゲバラの合言葉に倣い、アメリカ合衆国に支援された軍事独裁政権に対し戦闘を開始した。

一九六一年一月一七日、コンゴの初代首相パトリス・ルムンバが、ベルギーからの独立半年後に殺害された。それから長くつづくゲリラ戦争が始まった。ナミビアでは、SWAPO〔南西アフリカ人民機構〕が西側諸国の援助を受けていたアパルトヘイト政権に対して戦闘を開始した。

アメリカ合衆国では六〇年代初頭にはすでに人種差別に対する大々的な公民権運動が起きていた。アラバマ、ハーレム、ロスアンジェルス、シカゴ、その他の都市のスラム街で大衆叛乱が発生した。一九六六年には黒人の自衛組織として黒豹《ブラックパンサー》党が結成された。

一九六八年までの学生運動と反対派運動

六〇年代に文化革命的反対派は、SPD〈同党は、一九六〇年七月一九日に社会主義ドイツ学生同盟との関係をいっさい断っていた〉[*6]および ソ連系諸組織と一線を画し、勢力を拡大した。彼らは、二〇、三

---

*1 「非常事態法」とは西ドイツの憲法にあたる「基本法」の改定によって、自然災害、蜂起、戦争等の危機状況での国家の行動能力を確保するためのもので、これの阻止はAPO〈議会外左翼〉の運動の中心にあった。改定法は大連立政権のもとで可決、一九六八年六月に発布された。

*2 企業の決定に被雇用者代表も参加する制度。一九七〇年前後にはそれを超えてさまざまな分野でも「共同決定」が謳われた。

*3 ナチ時代に内務省官僚として人種法であるニュルンベルク法のコメンタールを執筆していたハンス・グロプケはアーデナウア政権で首相府次官を務め、元ナチ党員のクルト・ゲオルク・キージンガーは一九六六－六九年の期間でもまだ連邦首相を務めることができた。

*4 原語は Trikont でアフリカ・アジア・ラテンアメリカの三大陸を指し、〈開発途上国〉〈第三世界〉といった呼称に侮蔑的要因が含まれるという判断にもとづき左翼のなかで用いられた。

*5 一九六〇年に結成された南ベトナム解放民族戦線に対する本来は敵方からの蔑称だが、RAFらは意に介せず用いている。

〇年代のマルクス・レーニン主義や左翼共産主義諸グループの理論家、実存主義、批判理論、アナーキズム、ならびにフランスのシチュアシオニストやアメリカのビートニクに範を求めた。しかし最初の学生騒乱以前に、BRDという「経済の奇跡の国」の小市民性、権威主義に対する若者の叛乱がすでに起きていた。一九六二年ミュンヒェンでは、ギターを弾いていた二人が《静寂を乱す騒音》を理由に逮捕されたことにより、若者と警察の激しい市街戦がくり広げられた。[*7] 一九六四年には、ミュンヒェンでディーター・クンツェルマン[*8]のような活動家をかかえたシチュアシオニスト・グループ《破壊活動》が挑発的な騒ぎを起こして注意を集めた。

一九六四年一二月一八日ベルリンでは、コンゴ首相チョンベの訪独に際し約一〇〇〇人のアフリカ人・ドイツ人の学生が警察の阻止線を突破し、シェーネベルク市庁舎の集会・デモ禁止区域に入り込んだ。一九六五年九月一五日に開催されたローリング・ストーンズのコンサート後、観客の若者たちがベルリンのヴァルトビューネ野外音楽堂やSバーン〔都市近距離鉄道〕の列車を破壊し、高額の物的損害を残した。

一九六六年二月、ベルリンで二五〇〇人の学生がベトナム反戦デモを行い、その際、アメリカハウス[*9]に染料を詰めた卵が投げつけられた。ベトナム戦争に対する抗議は、学生運動の最重要方針となった。

一九六六年暮れから六七年初頭、ベルリンSDSでは反権威主義派が覇権を握った。ルーディ・ドゥチケは議会外反対派（APO）の結成を呼びかけた。従来型の抗議運動は成功を収めないまま

＊6　社会主義ドイツ学生同盟（SDS）はドイツ社会民主党（SPD）の学生組織として一九四六年に結成され、後に連邦首相としてRAFと対峙するヘルムート・シュミットが議長を務めたこ

ともあるが、同党が五九年の「ゴーテスベルク綱領」で国民政党路線に方向転換した後の六〇年に党から絶縁される。六〇年代にSDSは独立左翼として西ドイツ・西ベルリンの反権威主義的新左翼運動を領導する。とりわけ六六年にSPDがドイツ・キリスト教民主同盟（CDU）と大連立内閣を組むことで連邦議会に実質的な「野党＝反対派」が消滅したことに応じて「議会外反対派（APO）」の結集軸となり、ルーディ・ドゥチケといった指導者も輩出して「六八年」運動の昂揚を担うものの、七〇年には解散している。

＊7　この「シュヴァービング騒擾」には一万から二万人が参加、二〇〇から四〇〇人が逮捕される。バーダーもそのとき逮捕された一人だった。

＊8　ディーター・クンツェルマン（一九三九－二〇一八）は一九六〇年代初頭にミュンヒェンでシュルレアリスム・シチュアシオニスト集団「シュプーア」や「破壊活動」に属し、その後西ベルリンに活動の場を移し「コムーネI」や「彷徨ハシッシュ叛逆者中央委員会」に参加、六九年九月から一一月にかけてヨルダンでアル・ファタハのキャンプで軍事訓練を受け、ベルリンにアメリカ帝国主義、シオニズムに対する武装闘争グループを結成する計画を立てた。帰国後にフリッツ・トイフェルらと「トゥパマーロス・ミュンヒェン」と「トゥパマーロス・西ベルリン」を組織する。後者には後に警察に射殺されるゲオルク・フォン・ラオホ、トーマス・ヴァイスベッカーらも参加（「トゥパマーロス」については「序論」注18をも参照）。彼の政治活動は「ハプニング」的なものからテロへと移行していった。RAF結成まえにバーダーらと武装組織結成を協議するも、アナーキーなかたちを志向するクンツェルマンらと規律のもとで厳格な組織づくりを主張するバーダーらの方向性が合わずに、別途の道を進むことになる。

＊9　「動物園《ツォー》」駅北側に位置し、第二次大戦後アメリカ文化センターの役割を果たしていたが、当時はしばしばベトナム反戦デモの標的となった。二〇〇六年にベルリン市へ譲渡され、〇八年には「六八年」の回顧展「六八――焦点ベルリン」がここで開かれた。二五年現在は「ベルリン州政治教育センター」として使われている。

だったため、反権威主義派の《直接行動》はよりいっそう支持を得た。一九六七年四月五日ベルリンでは、合衆国副大統領ヒューバート・ハンフリーに対する「コムーネI」[*10]による《プディング襲撃》[*11]を警察は阻止した。シュプリンガー系新聞[*12]はこれを爆弾テロに仕立てあげ、青年・学生運動への敵対煽動に拍車をかけた。

一九六七年六月二日ベルリンでは、ペルシャのシャー[*13]の来訪への抗議デモの際、二六歳のベルリン自由大学学生ベノ・オーネゾルクが警官クラスによる頭部銃撃で殺されるが、クラスは後に無罪となる。[*14]これにつづく数日、多くの大学都市では大規模なデモが行われる。ハノーファでのオーネゾルクの埋葬には一万を超える人びとが参列し、引きつづいてニーダーザクセン公会堂ではおよそ七〇〇〇人の学生を集めて《大学と民主主義》と題された集会が開催される。

一九六七年六月一〇日から一三日にかけて、ベルリン自由大学でヘルベルト・マルクーゼらを交えてユートピアと反対派についての議論が交わされた。マルクーゼの文章「抑圧的寛容」[*15]〔一九六五年〕は重大な意義を持った。彼はそのなかで《抑圧され制圧されている少数派にとって法的な手段では不充分であると判明したときに超法規手段を行使した抵抗への〈自然権〉は存在する》と明確に述べていた。

一九六七年の秋にSDSは反シュプリンガー・コンツェルン情宣行動を決議、フランクフルト書籍見本市開催中をはじめとして、反シュプリンガー出版社行動を起こしている。

一九六八年

二月一七・一八日、西ベルリンで国際ベトナム会議が開催された。[*16]本国の左翼はアメリカ帝国主義

＊10 「コムーネ」はフランス語の「コミューン」に当たり、「コムーネI」は一九六七年一月一日に、フリッツ・トイフェルやクンツェルマンらによってベルリン市街地の集合住宅の一室で始められた。共同で寝食し、開放的かつ解放的な生活スタイルを志向しハプニング行動などで耳目を引いた一団で、トイフェルを筆頭に「六月二日運動」にもつながり、「都市《シュタット》ゲリラ」をもじった「愉快《シュパース》ゲリラ」とも称された。「コムーネI」以後、何ヶ所にも「コムーネ」が形成される。

＊11 ベルリン来訪中のハンフリー副大統領一行の車列を発煙筒で停止させて、プディングや小麦粉を詰めた投擲物を投げつける、という〈政治パフォーマンス〉を狙った計画。計画者たちは事前に察知されて逮捕された。

＊12 シュプリンガー社は新聞・雑誌・出版などを幅広く手がけるコンツェルンで、とくに「ビルト」紙などの大衆紙で学生たちの叛乱を誹謗・中傷しこれに対する敵意を煽動、叛乱学生・青年たちの攻撃対象となり、新聞の搬出阻止行動なども起こされた。

＊13 日本では「パーレビ国王」と表記されたイラン最後の皇帝、近代化・開発独裁政策とともに人権抑圧を推進した。皇帝夫人ファラーは夫妻の訪独に先立ち、ドイツの雑誌掲載記事のなかでペルシャの美点を喧伝しており、マインホーフはこれに反応するかたちで「コンクレート」誌一九六七年第六号で「ファラー・ディーバへの公開書簡」を発表、圧倒的多数であるイラン民衆の貧困や強権的独裁体制下でのさまざまな難点を指摘している。なお国名の「ペルシャ」は一九三五年に「イラン」とあらためられるが、ドイツ語ではその後も長く、七九年のイラン革命までは「ペルシャ」が主として使われた。

＊14 西ベルリンの警官だったカール＝ハインツ・クラスは東独国家公安（シュタージ）の非公然協力者だったことが二〇〇三年に判明するも、オーネゾルク射殺が指示にもとづくとの証拠はなく、動機不明のまま一四年に死去している。

＊15 R・P・ウォルフ、B・M・ムーアJr.、H・マルクーゼ『純粋寛容批判』大沢真一郎訳、せりか書房、一九六八年所収。

に対する闘争をいかに遂行するべきかという問いが、その中心になる。締めくくりのデモには一万五〇〇〇人以上が参加、そこにはヨーロッパ諸国の代表団も多数含まれる。

三月一六日の《ミライの虐殺》では、南ベトナムの村で約五〇〇人の住民全員が米軍部隊により殺戮された。この後の四月二日、フランクフルトの二つのデパートで燃焼剤が発火した。この行動は《ベトナムでの殺戮に対する社会の無関心》への抗議と称された[*17]。人的被害はなかった。三日後、グードルーン・エンスリーン、アンドレーアス・バーダー、トーアバルト・プロル[*18]、ホルスト・ゼーンライン[*19]が逮捕された[*20]。

一九六八年四月一一日、ルーディ・ドゥチケは極右のヨーゼフ・バッハマンの銃撃により瀕死の重傷を負う。その後遺症で彼は一九七九年に死亡する。銃撃事件の報に、数多くの西ドイツの都市やヨーロッパ諸国では街路封鎖や市街戦を伴うデモが発生した[*21]。そこでは多数の重傷者が出て、ミュンヒェンではカメラマンのクラウス・フリングスと学生リュディガー・シュレックが負傷の二日後に死亡している。対抗暴力の必然性が、この事件の後にAPOの議論の中心にせり出してきた。

弁護士ホルスト・マーラー[*22]（数あるなかではアンドレーアス・バーダーの弁護も務める）に対する懲戒裁判にあたり、一九六八年一一月四日にそれまででもっとも戦闘的なデモが行われた。この《テーゲラー・ヴェークの戦い[*23]》では、警察が一〇〇〇人のデモ参加者に敗走させられ、一三〇人の警官が投石で負傷した。抗議に参加したのは学生ばかりでなく、多数の青年労働者、プロレタリア青少年、そして「ロッカー[*24]」もいた。学生周辺をはるかに超えて、一九六八年には多くの都市で、部分的には激しい衝突を伴いながら、公共近距離交通の運賃値上げに反対するデモが同様に行われた。

しかし、一九六八年はBRDの議会外反対派にとってのみ決定的な年だったわけではない。世界規

＊16　ロンドンから詩人のエーリヒ・フリート、ストックホルムから作家ペーター・ヴァイスといったユダヤ系亡命者が参加したほか、ギュンター・アンダース、ミケランジェロ・アントニオーニ、H・M・エンツェンスベルガー、エルンスト・ブロッホ、ルイジ・ノーノ、ピエル・パオロ・パゾリーニ、バートランド・ラッセル、ジャン＝ポール・サルトル、ルキーノ・ヴィスコンティらから連帯のメッセージが送られてきた。バーダー、エンスリーンも参加している。

＊17　一九六八年一〇月の公判でエンスリーンが犯行動機として述べた言葉。ただし日本では「ソンミ村虐殺」として知られるミライの件が問題化されるのは一年以上後であり、デパート放火行動と直接の因果関係はない。

＊18　トーアバルト・プロル（一九四一―）はコムーネⅠ周辺でバーダーらと知り合う。服役後バーダーらからは離反するも活動をつづける傍ら、著述もしている。妹のアストリド・プロルはRAFに参加。

＊19　ホルスト・ゼーンライン（一九四二―二〇二三）は妻で俳優のウルズラ・シュトレッツとともにミュンヒェンで「アクション劇場」を主宰、この劇場の実権はその後ライナー・マリア・ファスビンダーに握られる。

＊20　懲役三年の刑を受け、控訴中にほかの三名は逃走するもののゼーンラインは服役した。後にプロルは出頭、バーダーとエンスリーンはRAF建設に向かう。

＊21　ドゥチケ銃撃後の一連の抗議行動は「復活祭騒擾」と呼ばれている。

＊22　ホルスト・マーラー（一九三六―）は数々のAPO関連事件の弁護士として活躍、その後RAF建設に参画した。逮捕後獄中でRAFから離反する。一九九〇年代末には極右の反ユダヤ主義・ホロコースト否定論者に転向してネオナチ・グループで活動、その廉で逮捕・有罪判決を重ねている。

＊23　ドゥチケ襲撃を受けてシュプリンガー社に対してなされた抗議行動に関連して同社から損害賠償訴訟を起こされていたマーラーは、検事からも弁護士資格剝奪の懲戒訴訟を起こされていた。テーゲラー・ヴェークはこの裁判が行われていたベルリン地方裁判所が位置する街路名。

模で学生、若者による騒乱や労働者蜂起が起きている。

パリでは《五月革命》が始まっている。発端は、パリ大学占拠および懲戒処分への抗議だった。学生たちの戦闘的な戦いにつづいて、何百万という労働者が連帯してゼネラル・ストライキや共同デモを行い、なかでも、フラン〔パリ北西の農村地域〕にあるルノー工場が占拠される。ド・ゴール大統領はドイツ駐屯フランス軍に忠誠を取りつける。一ヶ月後にしてようやくフランスの国家機構は、成立しつつあった学生と労働者の連合を抑えこむことに成功する。

イタリアでは数多くの大学が占拠される。ここでのそれは《講壇男爵》に対する叛乱だった。アンカラとイスタンブールでは大学が占拠され、モンテビデオ〔ウルグアイの首都〕では警察との衝突の後、非常事態が宣言される。激しい学生騒乱は、リオ・デ・ジャネイロ、サント・ドミンゴ〔ドミニカ共和国の首都〕、そして東京でも同様に起きた。オリンピック競技会開会を二ヶ月後に控え、メキシコシティにおける抗議は最高潮に達していた。八月六日、軍隊が政治集会を大量虐殺で終結させたが、そのとき約五〇〇人が命を落とした。[*25]

ワルシャワ条約加盟国でも政権に対する抗議が起きた。ポーランドでは《自由・民主主義・憲法》のスローガンのもとにデモが行われ、ベオグラード[*26]では教育制度の民主化を学生たちが要求し、それをチトーが数ヶ月後にテレビ演説のなかで受け入れる。東ヨーロッパのすべての国で文化革命的抗議運動が起きており、それらは西側諸国同様、ブロッホ、ルカーチ、さらには毛沢東のような理論家によりどころを求めていた。

プラハの春の鎮圧およびワルシャワ条約機構加盟国によるČSSR〔チェコスロヴァキア社会主義共和国〕への軍事介入に抗議して、プラハでは何十万人もがデモを行った。西ヨーロッパの多くの都市では連帯行動が起こされた。社会状況を平和裏に変化させようという展望はワルシャワ条約機構軍侵攻によって打ち砕かれたが、それは東ヨーロッパの反対派にとってだけではなかった。西ベルリンにある大学〔自由大学・工科大学・芸術大学があった〕学生自治会が共同デモ呼びかけ文で記している。《この軍事介入がプロレタリア国際主義勢力にあらためて示したのは、異なった社会体制にあってのいかなるかたちでの官僚支配であろうとも、これと戦う必要がどれだけあるか、だ。社会主義世界革命万歳!!!》

一九六九年

警察との戦闘的対決がいちだんとAPOの行動形式となった。ローザ・ルクセンブルクとカール・リープクネヒトの没後五〇周年デモの後、ベルリンのデパート《カー・デー・ヴェー》のショーウィンドーが投石で壊された。この《消費テロの中心に対する戦闘的攻撃》は五〇万マルクの物的損害を残す。フランクフルトでは、あるペルシャ学生の国外追放に対するデモが市街戦にまで発展した。ハノーファの運賃値上げ反対行動では、抗議者たちは住民の支援を受けた。そして、《赤色点運動[*27]》は

＊24 時に暴力的でアナーキーな振る舞いもするモーターサイクル集団。
＊25 いわゆる「トラテロルコの虐殺」は一〇月二日であり、死亡者数にも報告によって幅があるが、三〇〇から四〇〇にのぼるのはたしかなようだ。
＊26 ただし、ユーゴスラビアはワルシャワ条約機構非加盟国。
＊27 一九六八年から七一年にかけて西ドイツ諸都市で起こされた公共交通運賃値上げ反対運動。

運賃値上げの撤回に成功した。

夏には西ベルリンで、のちにRAFの一員となるマンフレート・グラースホーフを含む一一人の連邦国防軍脱走兵が逮捕され西ドイツに引き渡されると、無数の行動や警察との激しい対立が起こされる。ベルリンは四ヶ国の占領地であるという法的状態であるため、それまで兵役拒否者・脱走兵は訴追を免れていたのだった。[*28] バイエルンのエーブラハでは七月一五日から一九日にかけて《監獄キャンプ》が催された。これは獄中運動および獄外四人支援グループの成立にとって重要な集会である。後のRAF構成員（とりわけグードルーン・エンスリーン、アンドレーアス・バーダー、ロルフ・ハイスラー、イルムガルト・メラー、ブリギッテ・モーンハウプト）や別の戦闘集団に属する者（なかでもフリッツ・トイフェル）もそこに参加した。

一九六九年九月、鉱業、金属・電気産業で大規模な山猫ストが全国的に行われ、約二〇万の労働者が参加する。九月二七日、ニュルンベルクで二万を超える人びとが、連邦議会選挙に向けたNPDの最終集会に対する抗議デモを行い、六〇人のデモ参加者と五〇人の警官が負傷する。

戦闘的なグループが一九六八年と一九六九年に全国で、アメリカ合衆国関連施設、領事館、銀行、市庁舎、司法・警察施設を襲撃した。極左系の雑誌やさまざまな催しで、多くの小サークル内で、古典的な理論家と並んで、フランツ・ファノンの『地に呪われたる者』、チェ・ゲバラの『ゲリラ戦の理論と方法』、アメリカ合衆国の黒豹《ブラックパンサー》党の闘争、中国文化大革命の経験などについて議論されることがいちだんと多くなった。

＊28　西ベルリンは一九九〇年のドイツ統一まで英仏米の三ヶ国の占領地であり、法的には西ドイツ国家に属していなかった。そこで兵役を拒否する多数の若者が西ドイツから移り住んでいた。

I

1970-1972

序論

一九七〇年から一九七二年

一九六九年一〇月二一日、SPD〔ドイツ社会民主党〕とFDP〔自由民主党〕が初の連立を組み、ヴィリ・ブラントを首相とする政権の座についた。[*1] SPD・FDP連立政権は刑期八ヶ月以下のデモ規制違反者全員に特赦を与え、学生運動の一部を体制へと取り込む道を開く。未来のアカデミック・エリートたちを切り捨てるわけにはゆかなかったのだ。

一九七〇年、《治安維持》の大幅な増強が始まった。警察、公安組織を拡充、増強するための緊急対策案が提出された。それに先だって一九六八年には、警察、検察庁、連邦刑事局、連邦国境警備隊の構造改革と中央集権化が行われていた。

一九七二年一月、連邦議会は過激派条令[*2]を可決した。この布告は体制内に組み込まれるのを良しとしない左翼勢力を排除する手段となった。

合衆国政府はベトナム戦争のために、七〇年代初頭には激しい国際的圧力を受けていた。米軍は、民間人に残虐行為を行使していた。しかしベトコンの抵抗、世界中での抗議、そして合衆国内の反戦運動によって、最初の米軍撤退に追い込まれていた。

一九六七年六月、イスラエルの六日戦争〔第三次中東戦争〕とヨルダン川西岸地区・ガザ地区軍事占領の結果、大量のパレスチナ難民の波が生まれた。他方でパレスチナ人はアラブ諸国政府からも弾圧され迫害された。ヨルダン政府は、過激化した難民によって自国で権力を失うのを恐れ、一九六九年九月一九日、パレスチナ難民キャンプを攻撃した。このとき二万人が殺害されている。ヨルダンでのパレスチナ難民大虐殺およびイスラエルの対パレスチナ政策に対する《世界世論の沈黙》を破るため、一九七〇年夏〔九月〕、PFLP〔パレスチナ解放人民戦線〕のいくつかの部隊が複数の航空機をハイジャックした。一九七一年秋〔通説は一九七〇年〕、《黒い九月》が結成される。この組織メンバーが一九七二年〔九月五日〕、ミュンヒェン・オリンピック開催中にイスラエル選手団を襲撃する。

＊1　ドイツ社会民主党（SPD）は一九五九年の「ゴーデスベルク綱領」で従来の労働組合を基盤とした社会主義政党から国民政党へと路線転換、支持層を拡げ一九六〇年代には政権参加の可能性が大きくなるとともに、APOが生まれる前提となった。SPDは実際、六六年に戦後一貫して与党だったキリスト教民主同盟（CDU）との「大連立」を組み、キージンガー首相、ブラント外相という元ナチ党員と元抵抗運動闘士が手を携えることになる。さらに六九年にはCDUを退け自由民主党（FDP）と「小連立」を組むことによりSPDが主導権を握る政権運営を実現、八二年にヘルムート・コール率いるCDUが政権を握るまでつづく。そこでAPOにしてもRAFにしても七〇年代に対峙したのはSPD政権だった。

＊2　連邦および州の公職に就く者に、憲法への忠誠を義務づけるもの。とりわけ学校教員、郵便・鉄道職員などの職で、「憲法への敵対者」と見なされた人物の不採用や解雇がなされた。

彼らはイスラエル人二人を殺害、選手団の九人を人質にとり、アラブ人囚人二〇〇人〔正確には二三四人〕の釈放を要求した。この行動は流血の惨事のうちに終わる。フュルステンフェルトブルック航空基地をバイエルン警察が急襲、イスラエル選手団の人質全員、「黒い九月」の部隊員五名、警官一名が命を落とす。

一九七〇年二月、フランクフルトの百貨店放火犯人らの上告申し立てをヘッセン州の法務大臣は棄却した。アンドレーアス・バーダー、グードルーン・エンスリーン、トーアバルト・プロルは、収監の呼び出しに応じず、国外逃亡する。プロルは一年後、当局に出頭、バーダーとエンスリーンは地下に潜行しつづける。

四月二日、ベルリンに戻ってきたアンドレーアス・バーダーは車両検問で逮捕され[*3]、残りの刑期を満了すべくテーゲル刑務所に収監される。一九七〇年五月一四日、ウルリーケ・マインホーフとの学術上の話し合いをするとの取り決めで社会問題〔中央〕研究所へと連れ出されていたバーダーは、武力行使によって解放される[*4]。このとき六三歳の研究所職員ゲオルク・リンケが〔銃撃による〕重傷を負う。翌日ベルリン中の街頭広告柱には、ウルリーケ・マインホーフの顔写真と「殺人未遂　懸賞金一万マルク」と書かれた指名手配書が貼られる[*5]。

一週間後、極左雑誌「アギト883」[*6]誌上に「赤軍の建設」と題された、RAF初の公式声明が発表される。RAFを創設した一団は地下に潜行し、一九七〇年六月から七月に軍事訓練のためにパレスチナ解放運動の部隊のもとに滞在した[*7]。

一九七一年四月、RAFの最初の見解文書「都市ゲリラ構想」が発表され、その後まもなく、より長い論述「西ヨーロッパの武装闘争について」が、そして一年後に「人民に奉仕する――都市ゲリラと階級闘争」がつづく。冒頭ではつねに、一般論としてBRDの状況が、個別には労働者、青少年、周辺集団の生活状況ないし彼らに対する抑圧が叙述されているものの、内容上の重点が置かれている

＊3　配管工であり「コムーネI」の住居修繕作業などに協力してベルリンの左翼シーンで信頼を得ていたペーター・ウーアバッハ（一九四一－二〇一一）は実はベルリン憲法擁護庁の工作員で、墓地に隠匿してある武器を見せるためと称してバーダーを誘い出し、その途中の検問でバーダーは逮捕された。ウーアバッハは一九六九年ルーディ・ドゥチケ銃撃に対する抗議行動（復活祭騒擾）の際、ベルリンのシュプリンガー社屋前での行動参加者たちに火炎瓶を配布し挑発を行っていたのをはじめとし、「コムーネI」周辺の人びとに銃器、爆弾をしばしば提供している。七一年のマーラーを被告とする裁判で検察側の証言を行ったことで公安工作員という彼の素性が明確になり、その後は憲法擁護庁の保護のもとで身元を隠して国外脱出をしたまま終生を送ったものと推測されている。ウーアバッハに関してはいまだに憲法擁護庁からの公式な見解は出されておらず、《西ドイツ史最大のスキャンダル》と呼ぶ歴史家もいる。

＊4　マインホーフとの共著執筆に必要な話し合いとの名目で一時的に身柄を刑務所から出されたバーダーを、銃で武装したメンバーが「奪還」した。当初この襲撃とは無関係を装うはずだったマインホーフもバーダーらとともに逃走してその後の地下生活に入る。これが象徴的にはRAF誕生の瞬間と見なされている。

＊5　マインホーフ自身はRAFの主導メンバーというわけではなかったが、ジャーナリストとしてテレビ出演などによっても知名度が高かったため、世間的には象徴的に扱われた。

＊6　「アギト883（Agit883）」については「赤軍の建設」注1を参照。

＊7　前年秋のクンツェルマンたちに倣い、六月から八月にかけてマーラー、バーダー、エンスリーン、マインホーフら十数名がヨルダンのアル・ファタハのキャンプで軍事訓練を受けた。

のは戦闘形式としての反帝国主義の根拠を示す点にある。RAFの政治方針は、世界規模での運動――《プロレタリア国際主義》の一部であることを自認している。それは、《マルクス主義にもとづく社会分析ならびに歴史科学（〈史的唯物論〉）との関連で一体性をなすものとして理解されるべき、多様な反帝国主義解放運動（〈脱植民地化〉）、外国支配と搾取（とりわけ米国資本による）に向けた民族闘争であり、多様な戦闘的諸集団（細部での政治的見解は異なりうる）、変化する同盟関係、ときとして不安定な結末を迎える革命、周辺諸国での抗議運動、共産主義諸党派の政治、本国での戦闘的であれ非戦闘的であれ共産主義諸グループの行動》（ペーター・ブリュックナー）なのだ。

分析の理論的基盤は、マルクス・レーニン主義および中国革命についての毛沢東の著作であり、これらとならび実存主義との強い結びつきもあった。武装闘争は《適切であり、可能であり、正当であり》、革命的な介入方法がくり広げられなくてはならない、とRAFは明言している。

彼らは、地下組織を安定させるために銀行襲撃を何回か実行し、その後一九七二年五月、一連の《攻勢》に出た。五月一四日には在フランクフルト・アム・マイン米軍司令部に、五月一六日にはアウクスブルクの警察署に、五月二〇日には連邦裁判所判事ブッデンベルク[*8]とハンブルクのシュプリンガー社高層ビルに対して、攻撃をかけ（声明を出し）た。シュプリンガー社高層ビル爆破では一七人が負傷する。RAF部隊はその点に対して遺憾の意を表明しつつも、建物から退避するよう時間的余裕をもって警告を発していたことを指摘している。五月二四日のハイデルベルクの米軍司令部への爆弾テロでは、莫大な物的損害が引き起こされるとともに、三人の米兵が命を落としている。

バーダー解放の直後からＲＡＦに対する空前の規模の捜査が開始された。一九七〇年一〇月に早くも、ベルリンのシャルロッテンブルクでホルスト・マーラー、ブリギッテ・アスドンク、モーニカ・ベルベリヒ、イングリト・シューベルト、イレーネ・ゲルゲンスが、ＲＡＦ構成員である嫌疑[*9]およびバーダー解放への関与の疑いで逮捕される。

一九七一年二月一〇日、フランクフルトで警察との銃撃戦がはじめて起き、アストリド・プロルとマンフレート・グラースホーフはそこから逃げおおせる。事件後、西ドイツ全土にわたる最初の大規模捜索活動が実施される。

新聞雑誌（とくに「ビルト」紙）、ラジオ、テレビは、「過激派」左翼全体に対する誹謗煽動キャンペーンを強め、社会の雰囲気に影響を与えた。そうしたなか、ＲＡＦを称した何件もの駅舎爆破予告が公表される。ＲＡＦはこれを否認し、断じてそのような脅迫状を発していない旨を表明する。

一九七一年七月一五日、ＢＫＡ〔連邦刑事局〕は、九人のＲＡＦメンバー逮捕のための大規模行動をとった。三〇〇〇人を超える警官が自動小銃、防弾チョッキ、催涙ガスを装備して、ドイツ北部全体で幹線道路を閉鎖した。ハンブルクでは警察検問から逃れようとしたペートラ・シェルムが警官に

＊8　カールスルーエに置かれた「連邦裁判所」（ＢＧＨ）は最高裁判所にあたる。

＊9　刑法第一二九条に従い《犯罪結社》と認定されればその構成員というだけで刑罰の対処となる（刑法第一二九条「犯罪結社の形成」は一八七一年のドイツ帝国刑法では「犯罪結社の所属」というかたちですでに入っていた。一九五〇年代初頭には共産党の再軍備反対闘争に適用された。徐々に適用範囲が拡張され、六〇年代半ばには犯罪結社の支持、新しい構成員・支持者の徴募も含まれるようになる。さらに七六年にはＲＡＦらを念頭に一二九条ａ「テロリズム結社の形成」が加えられる）。

よって射殺される。最初の二年間の捜査上の措置による犠牲者にはさらに、一九七一年一二月四日にゲオルク・フォン・ラオホ、一九七二年三月二日にトーマス・ヴァイスベッカー[*10]、一九七二年六月二五日、まったく無関係の英国人外交員のイアン・マクロード[*11]がいる。国家機関側では、銃撃戦で命を落とした警官が三人いる。一九七一年一〇月二二日にノルベルト・シュミート[*12]、一九七一年一二月二二日にヘルベルト・ショーナー[*13]、一九七二年三月二日にハンス・エクハルト[*14]だ。

一九七〇年初頭にAPO〔議会外反対派〕はすでに分裂過程のただなかにあった。三月二一日にSDS〔社会主義ドイツ学生同盟〕が解散するまえから最初のKグループ[*15]や新たな党が複数結成されている。先陣を切るのは、一九六九年九月オッフェンバッハで発足した、KPD[*16]の伝統につらなり「現存社会主義」を奉じるドイツ共産党[*17]（DKP）だ。ハンブルクでは一九六八年大晦日に、毛沢東派のドイツ共産党マルクス・レーニン主義派（KPD／ML）が名乗りをあげる。Kグループ結成と分裂の波は一九七三年までつづく。

RAF結成をかなり遡る一九六八年にはすでに、連邦共和国では戦闘的左翼グループ（西ベルリンとミュンヒェンの「トゥパマーロス[*18]」、「ハシッシュ叛逆者[*19]」、「黒鼠《シュヴァルツェ・ラッテン》」、「黒色戦線《シュヴァルツェ・フロント》」）が生まれていた。これらは、左翼過激派雑誌の「リンクエック[*20]〔左角〕」、「フィス[*21]」、「アギト883」の周辺に位置し、どちらかと言えばアナーキズムおよび左翼共産主義理論家に拠っており、Kグループの権威主義的な教条主義を拒絶している。

＊10　フォン・ラオホとヴァイスベッカーの両者は「彷徨ハシッシュ叛逆者中央委員会」や「トゥパマーロス・西ベルリン」〔本編注18、19参照〕で都市ゲリラを目指す活動をしていた。フォン・ラ

オホ射殺を承けて一九七一年末に「六月二日運動」が結成され、ヴァイスベッカーはここにも加わっていた。

＊11　警察の不手際・誤認による人違いの家宅捜索の際に、シュトゥットガルトの住居を急襲され射殺された。

＊12　ハンブルクの警官で、マルグリト・シラーを検問しようとした際に銃撃された。RAFによる最初の殺人犠牲者となる。撃ったのはゲーアハルト・ミュラーと目されているが、彼は後にシュタムハイム裁判で「共犯証人」（共犯者が司法取引のうえ減刑を条件に犯罪実行の証言をする）として検察側に協力しており、この件では訴追されなかった。

＊13　七名のRAFメンバーによるカイザースラウテルンでの銀行襲撃の際に射殺された。RAFによる二番目の殺人犠牲者。

＊14　ハンブルクのアジトにいる二名を逮捕しようとした際にマンフレート・グラースホーフに撃たれ、後に死亡。

＊15　一九七〇年のSDS解散前後から、Kグループと総称される主として毛沢東派の小グループが乱立した。六八年設立のKPD／ML（ドイツ共産党マルクス・レーニン主義派）は、後には中国共産党と断絶したアルバニア労働党支持に転ずる。八六年に解散。

＊16　旧ドイツ共産党。一九一九年に結成されたKPDは、ナチ時代には地下潜行を強いられ、戦後に再建される。東側では社会民主党（SPD）と一九四六年に合同し、ドイツ社会主義統一党（SED）として東独崩壊まで政権を握った。西ドイツでは小政党にとどまり、五六年に禁止される。ウルリーケ・マインホーフは当時の夫クラウス・ライナー・レールに促されるかたちで非合法のKPDに五八年末に入党したと推測されている。

＊17　禁止されたKPDを実質的に継承した合法政党として一九六八年に結成される。ソ連、東独と強い結びつきをもち、経済的にも東独から支援を受けていた。ドイツ再統一以後党員数は激減しつつも二〇二五年現在も存続している。

これらの戦闘的社会革命グループの一部は下層プロレタリア階級出身で、RAFとは国際主義という基本了解を共有し、暴力の戦略的行使を〔西ドイツ〕国家とアメリカ帝国主義に対する必須の闘争手段と見なす。彼らのRAFに対する批判の中心は、RAFが前衛であることを要求する点だ。「都市ゲリラ構想」公表の直後からすでに、いくつかのグループはRAFを《銃をもったマルクス・レーニン主義者》と呼んでいる。

マルクス・レーニン主義諸グループは、RAFの帝国主義分析については大筋で合意していた。しかしBRDの情勢内での階級分析は異なり、武装闘争を開始するのは時期尚早であると判断した――我こそ労働者階級の正統な指導者であると理解していたからだ。

一九七二年五月三一日、フランクフルト・アム・マインでの毛沢東派赤色救援会主催の〔禁止処分を受けていた〕ティーチインにRAFは録音テープを寄せ、自分たちの遂行した「五月攻勢」および共産主義同盟（KB）や共産主義学生同盟（KSV）など諸グループからの批判に対する立場を表明する。[*22] それらの同志たちを非難して、大衆の背後に隠れてベトナムの状況を目の当たりにしながら必要な帰結を引き出していない、と声明は言う。《革命を遂行することがひとりひとりの革命家の義務だ！　われわれは連邦共和国内のあらゆる戦闘的諸君に、アメリカ帝国主義に向けた政治闘争ではあらゆるアメリカの施設を攻撃目標とするよう要求する》。

一九七二年一一月、RAFの当面最後となる詳細な文書「ミュンヒェンでの《黒い九月》の行動――反帝国主義闘争の戦略について」が発表された。この文書は、BRDにおけるパレスチナ人組織の禁止と、アラブ人学生追放に直接関連している。文書内容はそのため反帝国主義闘争の方向性を強めており、以前に言及されていた革命主体としての《周辺集団》は影が薄くなっている。

＊18　「トゥパマロス」は元来ウルグアイの共産主義ゲリラ組織で正式名称は「国民解放運動＝トゥパマロス」、その名は一七八〇年代にペルーで叛乱を組織して八つ裂きの刑にあった「トゥパク・アマル二世」に由来する。一九六〇年代半ばから七〇年代にかけて地下運動をくり広げ、とりわけ六〇年代末には要人誘拐や殺人、銀行強盗をともなう「都市ゲリラ」を実行、これはドイツ以外でもイタリアの「赤い旅団」などに影響を与えた。一九八五年以降は合法政党として活動している。「トゥパマーロス・西ベルリン」は「トゥパマーロス・ミュンヒェン」と並んでディーター・クンツェルマン、フリッツ・トイフェルを中心とした十数名のグループで、その活動期間は一九六九年一一月から七〇年七月にクンツェルマンが逮捕されるまでのあいだとなる。なお日本語表記にあたり、ウルグアイの本来の組織名はスペイン語発音に則り「トゥパマロス」、ドイツの組織名はドイツ語発音に則り「トゥパマーロス」としてある。

＊19　「コムーネ」や「住居共同体《ヴォーンゲマインシャフト》」のメンバーらの緩やかなつながりを基盤とした西ベルリンのドラッグシーンは「ブルース」と称されていた。ヴィーラント街の「ヴィーランド・コムーネ」からはゲオルク・フォン・ラオホ、ボミ・バウマンらによって「彷徨ハシッシュ叛逆者中央委員会」や「トゥパマーロス・西ベルリン」といったグループが生まれ、そこからさらに一九七一年末には、「都市ゲリラ」路線を先鋭化させた「六月二日運動」が結成される。ＲＡＦのメンバーらとも人脈上のつながりをもっていた。

＊20　「左角（Linkeck）」はベルリンの「コムーネ・リンクエック」を拠点に一九六八年二月に発刊され翌年にかけて一〇号ほどが出された。

＊21　「フィス（Fizz）」は一九七一年春に「アギト８８３」が分裂し、そのうちの一派が翌七二年にかけて発行した新聞。「都市ゲリラ」に親和的な記事を載せている。

＊22　これについては当該箇所（本書二五八頁以下）を参照のこと。

オリンピック期間中のミュンヒェンでの襲撃を左翼の圧倒的多数は当然ながら認めなかったものの、RAF文書で詳細に根拠の挙げられた反シオニズム[*23]は、わずかな例外を除き広く普及する。

＊23　イスラエル建国当初、ソ連もこれを支持しており、またキブツが社会主義的な試みであったこともあり、イスラエルはドイツ左翼のあいだで好意的に見られてもいたが、一九六七年のいわゆる「六日戦争」によってイスラエルが露骨な領土拡張の動きを見せて以降、とりわけ新左翼のあいだでイスラエル批判、シオニズム批判が「アメリカ帝国主義批判」と相俟って強まる。六九年一一月九日（一九三八年に起きたユダヤ人迫害「一一月ポグロム」の日）トゥパマーロス・西ベルリンは、憲法調査庁の工作員ペーター・ウーアバッハが準備をした爆弾をベルリン・ユダヤ教会集会所に仕掛けるも不発に終わった。六七年以降のこうした新左翼からの一連の反シオニズムを謳った攻撃やイスラエル批判に対しては「新しい反ユダヤ主義」であるとの非難が起きている。「イスラエル擁護」と「シオニズム批判」の対立は二〇〇〇年代に入って第二次インティファーダを機に左派をも分断する論点となり、さらに二三年一〇月七日以降この対立はいっそう激しくなっている。なおドイツ政府は《イスラエルの生存権》を《国是》としており（二〇一八年イスラエル建国七〇周年の際のメルケル首相の演説）、ジャーナリズムのみならず一部左派をも含む公論はこの路線を踏襲、イスラエルに批判的な言動はBDS運動のような合法的なものであろうとも概して「反ユダヤ主義」と決めつけられ排撃される傾向にあり、街頭デモなどは警察・機動隊から激しい弾圧を受けている。

赤軍の建設

アンドレーアス・バーダー解放に関する声明

一九七〇年六月五日

「883」[*1]の同志諸君

不当な者らに正当なことを説明しようとしてもなんら意味はない。いい加減長いことわれわれはそれをしてきた。バーダー解放行動をわれわれは、口先だけの知識人や臆病者、知ったかぶりたちに説明するにおよばない。ただし人民の潜在的革命分子には説明しなくてはならない。すなわち、自らが囚われ人であるがゆえ、その行為を即座に理解できる人びとに。《左翼》のおしゃべりなどなんの成果も行為も残さないままであるので、そのようなものに露ほども重きを置かない人びとに。そんなものにうんざりしている人びとに！

メルキシュ街区[*2]の若者に諸君はバーダー解放行動を説明しなくてはならない。アイヒェンホーフの、オレンハウアーの、ハイリゲンゼーの少女たちに。少年院の、少年保護指導施設の、「若者の家」の、キーフェルングルント[*3]の少年たちに。

多子家庭に、青年労働者に、職業訓練生に、基幹学校生〔およそ一〇歳から一五歳の、上級学校に進学しない生徒が中心〕に、再開発地域の家庭に、ジーメンスやAEGテレフンケン、SEL〔以上、電化製品メーカー〕やオスラム〔照明器具メーカー〕の女性労働者に、家事、育児ばかりか出来高払い契約での仕事をも強いられている——なんたること！——既婚女性労働者に。

搾取をこうむりながらも、生活水準、消費、住宅資金積立契約、小口ローン、中型車といった代償を得られない人びとに、諸君はこの行動を伝えなくてはならない。それらをごくわずかすらなし遂げられない人びとに、それらに無縁の人びとに。

教育者、教員、家屋管理人、保護司、職場監督、職長、労働組合役員、地区長たちによる未来の約束など虚偽であると暴露し、警察には恐れだけしか抱かない人びと。そのような人びとに向けて——小市民知識人に向けてではなく——諸君は言わなくてはならない、もうおしまいにするんだ、いま始めるのだ、バーダー解放は始まりにすぎないと！ 官憲[*4]支配の終わりが見えていることを！ 彼らに諸君は告げなくてはならない、赤軍をわれわれは建設する、これは彼らの軍隊なのだと。彼らに諸君は告げなくてはならない、いま始めるのだと。——なんだっていまなのか？ そんなばかばかしい質問を彼らならしない。彼らといえば、もう数限りなく当局・役所に足を運んでは——煩雑な手続きに悶着を起こし——さんざん待たされ——そしていつだって、うまくゆくはずの期日に何もかなわなかった、そんな目に遭ってきた。親切な対応をしながら特別支援学校送りを防がなかった教員との、空きがなく途方にくれた幼稚園教員との面談をくり返してきたのだ。彼らならなんでいまなのかと訊ねはしない——そうだろう！

押収されるのに先んじて諸君自らが新聞〔「アギト」誌を指す〕配布をできないのなら、彼らは当然

諸君の言葉を信じはしない。諸君が煽動しなくてはならないのは、臆病な左翼などではなく、客観的

＊1 「アギト883 煽動・社会実践のための小冊子」は、一九六八年から七三年にかけて刊行された六八年叛乱の非教条的・自発的行動派《シュポンターン》の機関誌であり、たびたび捜索を受けた〔誌名「アギト」はAgitation（煽動）の最初の四文字からとったもの。数字は拠点の電話番号の一部。当初はほぼ週刊で、毎号四ページから多い場合には一四ページ程度。文書「赤軍の建設」は同誌第六二号（一九七〇年六月五日付）が初出となる〕。

＊2 西ベルリンの新興住宅区域〔ベルリン北部で一九六三年から七四年にかけて計一万七〇〇〇戸の高層団地が建設された〕。

＊3 〔「若者の家」、キーフェルングルントは〕ベルリンの児童および青少年施設を指す。地下潜伏以前、後にRAFに組織される人びとの一部は、施設出の若者たちと仕事をした。この主題に関する発表物としては、なかでも、ウルリーケ・マインホーフの書籍および〔テレビ用〕映画『暴動Bambule』があった〔『暴動』はマインホーフの脚本により、少女保護施設の抑圧状況とそのなかから叛乱にいたる過程を描いている。一九七〇年五月二四日に公共放送ARDでの放映が予定されていたが、直前の五月一四日のバーダー解放にマインホーフがかかわっていたためお蔵入り、九四年にはじめて公開される〕。その物語ではイレーネ・ゲルゲンスの経歴が題材とされた。イレーネ・ゲルゲンスは七〇年一〇月八日、ベルリンのクネーゼベック街で〔ホルスト・マーラーらとともに〕逮捕され、バーダー解放への関与により〔懲役六年半の〕有罪判決を下されたが、少年法を適用され、刑期満了以前の七七年五月に釈放された。

＊4 訳注――本訳書内で「官憲」とされている語の原語は „Bulle(n)“。「雄牛」の語義から「逞しい男」に転用され、その流れで口語表現として「警官」を指しても使われる。日本語の「おまわり」「サツ」「ポリ公」「まっぽ」ではいささかくだけすぎていて合致する訳語が思い当たらないため、必ずしも適切ではなく堅い表現でもあるがときとして侮蔑的にも使われる「官憲」を用いる。

な左翼なのだから、ブタどもの近寄れない販売網を構築しなくてはならない。

そんなのは難しすぎるなどというおしゃべりはいらない。バーダー解放行動にしてもおままごとではなかった。[*5]何が起きているのかを諸君が理解したならば――（そして、諸君の見解からは理解したことがわかる。ただし自分たち自身が腹に銃弾を食らっているなどとは、[*6]むろん日和見主義の戯言だ――弱虫野郎どもよ）もし諸君が理解したならば、もっと上首尾に販売の手はずを整えなくてはならない。そして、その方法についても行動計画についても、われわれは諸君に伝えはしない――愚か者たちよ！諸君が逮捕されているかぎりは、人びとに向けてどうしたら捕まらないで済むかなど諸君には助言できるはずもない。冒険主義とはいったいなにか？　自らの手で灯火[*7]を設置することだ。そうなのだ。

紛争を究極まで推し進めるとはどういうことか？　それは、我が身を虐殺させないことだ。それゆえにわれわれは赤軍を建設する。両親の背後には学校教師が、青少年局が、警察が控えている。現場監督の背後には職長が、人事部が、工場保安係が、福祉保護局が、警察が控えている。家屋守衛の背後には管理人が、家屋所有者が、執行官が、立ち退き訴訟が、警察が控えている。検閲、解雇、解約通知でもって、差し押さえ執行票や警棒でもってブタどもがなし遂げること、それはこういうことなのだ。そう、やつらは拳銃、催涙ガス、手榴弾、半自動小銃を手にとる[*8]、そう、もし他のやり方では先に進めないならばやつらは手段を昂じさせる。そう、ベトナムのアメリカ兵はゲリラ戦術に向け再訓練を施され、グリーンベレー〔アメリカ陸軍特殊部隊〕は拷問講習を受けた。そう、それで？

そう、政治犯への行刑は厳しくなっている。ノイバウアーやウェストモーランド[*9]の類、ボン〔西ドイツ政府〕、市当局、州青少年局、地区官庁もろとも、帝国主義なる汚物を内側から掘り崩し、愚弄し、急襲し、萎縮させ、闘わずして廃絶できる、このように主張するのは社会民主主義者の空言にす

ぎない、このことを諸君は明確に理解させなくてはならない。革命とは復活祭散歩[*10]ではないと、明確

*5 訳注――毛沢東語録内の《革命はおままごとではない》との言い回しを踏まえている。

*6 訳注――「アギト883」の前号である第六一号〔五月二二日付〕掲載のバーダー解放を扱った文章「同志が一人解放された」のなかでは、拘留者の解放そのものへの支持を表明しつつも、多くの同志たちの関心はその解放がどのようになされたかである、といった言い方で、ドイツ社会問題中央研究所員が銃撃で重傷を負った点を批判的に見ていた。ここではその文中の次の箇所が念頭に置かれている。《研究所員の銃創はわれわれすべてが自身の腹に受けた。これに気づかなければ、反革命の言語がわれわれを取り押さえる。〔…〕このような行動を実行できる立場になかった者たちが、それを行った者たちを支持するために行うことのできることについて、われわれは〔この文中で〕語らなかった。われわれはみな、研究所員のこうむった穴を腹にもっているからだ》。

*7 《灯火》という表現は監獄コードとしてスパイを指すために使用されていた。ここではベルリンの活動家界隈にいた幾人ものスパイ、たとえばシュプリンガー社攻撃のための火炎瓶を配った〔ペーター・〕ウーアバッハを暗示して用いられている〔ただしこの時点でウーアバッハが公安の工作員だった事実は公然化していない。「序論」注3を参照〕。

*8 訳注――西ベルリンでは事実一九七〇年六月の「手榴弾法」〔「都市ゲリラ構想」注34参照〕以降、警察がこうした武装を強化した。

*9 クルト・ノイバウアー〔一九二二―二〇一二〕は〔SPD党員であり、一九六七―七七年のあいだ〕西ベルリン内務大臣〔で、ペーター・ウーアバッハ問題の責任者でもある〕。ウィリアム・チャイルズ・ウェストモーランド〔一九一四―二〇〇五〕は一九六四―六八年に南ベトナム派遣米軍司令官を務め、その後〔六八―七二年のあいだ〕アメリカ陸軍参謀総長を務めた。

に理解させるのだ。ブタどもは当然なしうるかぎり手段を昂じさせるだろう、だがそうはゆかない、ということも。紛争を究極まで推し進めるため、われわれは赤軍を建設する。

赤軍建設をともなわないならば、職場での、ヴェディング〔ベルリンの労働者地区〕での、メルキシュ街区での、プレッツェ[*11]での、法廷での、どのような紛争、どのような政治活動も、改良主義へと堕してしまう。つまり諸君は、規律訓練手段を、脅迫方法を、搾取方法をよりましにしているにすぎない。これは人民をぶち壊すだけであり、人民をぶち壊すものをぶち壊してなどいない[*12]！　赤軍を建設しなければ、ブタどもはなんでもやりのけ、ブタどもはそれをやりつづける。投獄、解雇、差し押さえ、児童略奪、脅迫、射殺、支配を。紛争を究極まで推し進める、それの意味するのは、自らが望むことをこれ以上できず、われわれが望むことを奴らはしなくてはならない、そういうことだ。

彼らに対してきみたちは明確に理解させなくてはならない、第三世界の搾取から、ペルシャの石油から、ボリビアのバナナから、南アフリカの金から、なんら分け前を受け取らない者たち、搾取者に自らの身を重ね合わせる理由がない者たちに。彼らなら理解できる、いまここで始まっていることは、すでにベトナム、パレスチナ、グアテマラで、オークランド、ワッツで、キューバ、中国で、アンゴラ、ニューヨークで、始まっていたのを。きみたちが説明してみせるならば彼らなら理解する、バーダー解放行動は散発的な行動ではないし、そうだったわけでもない、同様の行動のBRDにおける皮切りにすぎないと。そうだろう。

家宅捜査後、放心してソファーに座り、小心翼翼とした小商人よろしくこれまでの愛の数々など数えるな。適切な配布機構を建設せよ。臆病者、おべっか野郎、なれなれしいばかりの社会福祉士、そんなごろつきどもは放置しておけ。施設がどこにあるのか、しかるべき相手に一発喰らわせてやろうとひたすら待ち受けている、多子家庭、下層プロレタリアート、プロレタリア女性がどこにいるのか、それを見つけ出せ。主導権を握るのは彼らだ。そして、逮捕されるな、逮捕されない術を彼らから学ぶのだ――彼らはそれを諸君よりもよく知っている。

階級闘争を展開せよ
プロレタリアートを組織せよ
武装抵抗運動を開始せよ
赤軍を建設せよ！

＊10 訳注――「復活祭行進」を揶揄している。アーデナウア政権は西ドイツの再軍備に引きつづき核武装化すらも計画する。これに対して一九五〇年代末にはキリスト教会指導者の一部や知識人たちも参加して、非暴力の平和主義理念にもとづいた反対運動が起きている。その流れのなか、イギリスに発しドイツでは一九六〇年に開始されて以降毎年継続されている「復活祭行進」もこうした平和運動を象徴する催しとなる。

＊11 西ベルリン・プレッツェンゼー女性刑務所が指されている〔一九世紀に設立されたプレッツェンゼー刑務所は、ナチ時代には政治犯の処刑場としても悪名を馳せた。戦後一九八七年まで青少年刑務所として使われ、その後その部分は女性刑務所としても使われた〕。

＊12 訳注――一九六〇年代末にしばしば掲げられたスローガン「おまえたちをぶち壊すものをぶち壊せ！」を踏まえた表現。これを曲名とした楽曲を政治的ロック・バンド「トーン・シュタイネ・シェルベン（粘土・石・破片）」が演奏している。

都市ゲリラ構想

一九七一年四月

われわれと敵とのあいだに明確な分断線を引くこと！　　毛沢東

敵がわれわれに戦いを挑んでくるなら、それは良いことであって悪いことではない。もし敵が対抗してこないなら、それはわれわれにとって——個人にとってであれ、党、軍隊、学校にとってであれ——悪いことであると考える——なぜならこの場合、われわれが敵と結託していることを意味するからだ。われわれが敵から戦いを挑まれるなら、それは良いことだ。なぜならそれは、われわれと敵とのあいだにわれわれが明確な分断線を引いた証だからだ。敵がわれわれに激しく立ち向かい、われわれの前途を真っ暗に思い描き、われわれのいっさいを認めないなら、それはなおさら良いことだ。なぜならそれは、われわれと敵とのあいだにわれわれが明確な分断線を引いたのみならず、われわれの仕事が輝かしい成果をもたらしたことをも証すからだ。

毛沢東、一九三九年五月二六日

1　具体的な問いに対する具体的な回答

《精査をしない者には発言権もない、とわたしは断固として主張しつづける》毛沢東

何人かの同志たちはわれわれについての判断にあってすでに無能をさらけ出している。この《アナーキスト・グループ》を社会主義運動一般と結びつけるのは、彼らにとっては《ブルジョワ報道機関のデマゴギー》なのだ。彼らはアナーキズム概念を誤って、それも非難のために使用しているため、[*1]この概念はシュプリンガー新聞のそれと変わらない。このような低劣な水準でわれわれは、誰ともおしゃべりをする気はない。

われわれが何を想定しているかを多くの同志は知りたいと望んでいる。七〇年五月の「883」宛書簡〔前掲文章「赤軍の建設」〕は一般論にすぎていた。ミシェル・レイ[*2]所持のカセットテープから抜粋が「シュピーゲル」誌に掲載されたが、このテープ内容はそうでなくとも保証なく、私的領域での議論の文脈による。レイは自身の手になる記事を書くための備忘控えとしてテープを用いると述べていた。彼女がわれわれを欺いたか、それともわれわれが彼女を過大評価したか、だ。われわれの実践がその

＊1　訳注――当時の西ドイツでは、ソ連・東独寄りであれ毛沢東主義であれ、大なり小なり教条的な左翼グループとは方向性が異なる、「トゥパマーロス」やRAF、のちの「六月二日運動」など「都市ゲリラ」に親和性をもつ小グループは概して「アナーキスト」と呼ばれた。そこには思想的な「無政府主義」の含意は稀薄で、むしろ「反支配」という「アナーキー」の原義に近いが、ジャーナリズムでは日本語での「過激派」にあたるような誇言としても使われた。

なかでのいくつかの言い回しでのように軽率なものであるなら、奴らはとうにわれわれを捕らえているはずだ。「シュピーゲル」はレイに一〇〇〇ドルの謝礼を支払った。

新聞がわれわれについて書いているほとんどすべて——そしてその書き方、要するにすべて——が虚偽であるのは明白だ。ヴィリ・ブラント誘拐計画[*3]なるものによってわれわれに政治的唐変木との烙印を、ある小児誘拐とわれわれを結びつけたうえで良心の呵責なく手段を選ばない犯罪者との烙印を捺そうというのだ。これは「コンクレート」誌[*4]に掲載されている《保証付きの細部》にまで言える。そこで寄せ集められているのは事態にとって重要性のない些事に過ぎないのではあるが。われわれのなかには《士官と兵士》がいて、誰かが誰かに《隷属》し、誰かの《粛清》が主張され[*5]、われわれから離れた同志たちがいまだわれわれを恐れ、われわれは銃を構えて住居に立ち入ったりパスポートを調達したりしていて、《集団テロ《フライコール》》が行使されている——そんないっさいが戯言にすぎない。

武装抵抗非合法組織を反革命義勇軍や極右団体の秘密政治裁判の例に準じて思い描く者は、自らがポグロムを望んでいる。そうした投影を生み出す心的機制は、ホルクハイマー／アドルノの『権威主

＊2　ミシェル・レイ〔一九三九－〕はフランスのジャーナリストで、一九七〇年六月にRAFメンバーのインタヴューを行った〔ココ・シャネルのモデルだったレイは六〇年代半ばより南ベトナムやボリビアの取材で名を上げた。ここで述べられている文章は「シュピーゲル」誌一九七〇年第二五号（六月一四日）に掲載された。そこではRAFの発言として《官憲はブタであり》《人間でない》、記事の見出しにもされた《奴らが撃ち殺される可能性なら当然ある》等と述べられている。ちなみに夫のコスタ・ガブラス監督の映画作品『戒厳令』（一九七二年）では、ウルグアイの都市ゲリラ「トゥパマロス」が扱われている〕。

＊3　ヴィリ・ブラント（一九一三－九二）は社会民主主義者の反ファシストで、元連邦首相。一九三一年からSAP（ドイツ社会主義労働者党・SPDから分裂した左派）の党員であり、三三年からスカンジナビアの国々に亡命した。その地からドイツに対抗する反ファシズムの地下活動を支援し、五七年から六六年まで西ベルリンの市長（SPD）、六四年から八七年までSPD党首を務めた。六九年から連邦首相として新しいドイツ統一政策および東方外交を展開したが、七四年に連邦首相官房において（彼の秘書）ギュンター・ギヨームが東ドイツのスパイであると正体を暴かれたために辞任を余儀なくされた。その後、ブラントは社会主義インターナショナルの議長となった。

＊4　「コンクレート（＝具体的に）」は（本編注6にあるクラウス・ライナー・レールが一九五七年に発刊した）左翼雑誌で、ウルリーケ・マインホーフは非合法的活動に入る前までここで仕事をしていた。彼女のコラムは当時の左翼の大部分に対して決定的な役割を果たし、また左翼の枠を超えて議論されていた。その雑誌は一時的に二〇万－二五万部の発行部数を誇った。ウルリーケ・マインホーフは核兵器死反対運動から活動を開始し、非合法であったKPDの党員でもあった（「コンクレート」は発刊当初より東ドイツから資金援助を受けていた）。六九年にベルリンに行き、RAFの建設にとりかかる。七二年六月に逮捕され、四年間の隔離房監禁後、七六年五月九日、独房で縊死しているのを発見された。

＊5　訳注――「コンクレート」誌などで働き、バーダー解放時にマインホーフと同居していたことからRAF関与を疑われ、他のメンバーともども地下潜行したペーター・ホーマン（一九三六－二〇二三）は彼らとともに一九七〇年六月からのヨルダンでの軍事訓練に参加した。そこでRAFメンバーとの亀裂が深まり、バーダーは彼の処刑を主張したと、彼らから離反したあとでホーマンは述べている。ちなみに、マインホーフは自分の娘たちをヨルダンのキャンプで育てる手はずを整えていたのに対して、帰国後のホーマンが父親のレールや後に『バーダー・マインホーフ・コンプレクス』を執筆するジャーナリスト、シュテファン・アウストらと連絡をとって娘たちを保護しこれを阻んだ（ホーマンはRAF準備に深く関与していたとの見方もある）。

義的パーソナリティ』〔これはアドルノの単著〕のなかで、また〔ヴィルヘルム・〕ライヒの『ファシズムの大衆心理』のなかでファシズムと関連づけて分析された。革命的な強迫性格とは形容矛盾――そうなるはずのない矛盾だ。現下の状況での革命的政治実践は――総じて、ということではないにしても――個人の性格と政治的動機が持続的に統合していること、つまり政治的同一性が前提される。マルクス主義的な批判および自己批判は、《自己解放》とは何の関係もない、それに対して革命的規律とはおおいにかかわる。ここで《ただ大見出しで騒ぎ立て》ようとしていたのは、――匿名ながら――執筆者として組織名を記したなんらかの《左翼組織》などでは断じてなく、「コンクレート」誌そのものだった。この雑誌発行者[*6]はそれ以外にも、エードゥアルト・ツィマーマン[*7]の左腕として、この一種の猥本に一種の市場の隙間を確保しようと好感づくりに励んでいる。

同志たちの多くもわれわれについての虚偽を拡散している。彼らのもとにわれわれが転がりこんでいた、彼らがわれわれの近東行きの準備をした、連絡網について、居場所について情報を得ている、実際には何もしていないにもかかわらずわれわれのために彼らが動いている、などと、彼らはひけらかしている。そうすることによって、自分が《渦中》にいると示したいだけの者たちだ。たとえばデュレンマットをまえに自分がバーダーを解放したなどと虚勢を張ったギュンター・フォークト[*8]はそれで捕まったが、官憲が来たときには後悔したことだろう。発言を取り消そうとしたところで、それが真相にかなっているにしても、まったく容易でない。また、われわれは愚かで、信用ならず、軽率で、気が変であると示そうという者たちもいる。そうすることでわれわれへの反感を人びとに呼び起こすのだ。実際のところは、彼らは我が身に照らしてわれわれを推し量っているにすぎない。消費して楽しんでいるのだ。コーヒーを囲む卓上で反帝国主義闘争がくり広げられていると考えるおしゃべりたちと、われわれは何の関係もない。――長話することなく、抵抗が何であるかわかっており、さんざん嫌な目に遭わされているためわれわれに期待をかけ、自分の労苦が一生、全体に取り込まれ同調させられるに値しないと承知しているがゆえ私たちを支援する、そうした人びとならば多数いる。クネーゼベック通り八九番の住居[*9]（マーラー逮捕の場）が摘発されたのは、われわれの杜撰さによ

＊6 クラウス・ライナー・レール〔一九二八－二〇二一〕は長年にわたり「コンクレート」誌発行者を務め〔一九五七－七三年〕、また、ウルリーケ・マインホーフの元夫である。後に彼は新右翼イデオロギーの信奉者となり、平和運動を《東側のスパイに操られている》と批判した。一九九三年にはエルンスト・ノルテ〔一九二三－二〇一六、現代史を専門とし、彼の講演原稿「過ぎ去ろうとしない過去」はナチ犯罪の相対化を主唱し、「歴史家論争」の発端のひとつとなった〕のもとで「〔一九三二年ベルリン交通営団ストライキの際の〕共産主義者と国民社会主義者の協働」という論文により博士号を取得した。

＊7 エードゥアルト・ツィマーマン〔一九二九－二〇〇九〕は「書類番号XY――未解決」という〔一九六七年からつづいている〕テレビ番組のキャスター。同番組は〔犯罪などの〕公開捜査のための手段であり、これを用いてRAFのメンバーも捜査された。

＊8 ギュンター・フォークトはベルリンで武器を密売していた。社会問題中央研究所でのアンドレーアス・バーダー解放の後、そこに置き忘れられたピストルがフォークトのものに違いないという理由で警察に指名手配された。彼はスイスに逃亡し、そこで金を集め、なかでも作家〔フリードリヒ・〕デュレンマットに呼びかけ、自分がバーダー解放に《加わった》とデュレンマットに説明もした。その後、フォークトは警察に逮捕された。

＊9 一九七〇年一〇月八日、その住居においてホルスト・マーラー、モーニカ・ベルベリヒ、ブリギッテ・アスドンク、イレーネ・ゲルゲンスが逮捕された。

るのではなく、裏切りによってだった。密告者はわれわれのなかにいた。われわれの為しているのと同じことを為す者にとって、そうした事態を防ぐ手立てはない。さらに、同志たちが官憲に殺される事態、実際に体制と闘っている者のなかから体制が振るうテロを耐え抜けない者が出る事態に対しても。やつらブタどもはこうした手段をもってもいなければ、権力を握っていることもない。

われわれによって釈明を耐えがたいまでに迫られている者たちがいる。われわれとの政治論争を回避するため、われわれの実践によって自らの実践が疑問視されるのを回避するため、単純な事実すらもねじ曲げられる。たとえばいまもって、バーダーはあと三ヶ月、あるいは九ヶ月、あるいは一二ヶ月だけ刑期を務めれば済んだなどという主張がある。正確な刑期なら容易に確かめられるのだが。放火に対して三年、執行猶予がついていた前科の六ヶ月、文書偽造に対して見込まれる六ヶ月、などなど――審理はまだ始まっていなかった。この四八ヶ月のうちアンドレーアス・バーダーはヘッセンの一〇ヶ所の刑務所に一四ヶ月収監され、態度不良、つまり反抗、抵抗を組織したため九回移監された。残りの刑期三四ヶ月を三ヶ月、九ヶ月、一二ヶ月に切り下げてみせる計算は、五月一四日の俘虜解放から倫理的な優位性すらをも奪うのが目的だった。かくのごとく同志たちのうちには、われわれとの政治的対決によって生ずる個人的な帰結への不安を合理化してみせる者がいる。

もしリンケ[*10]なり誰それが銃撃されるのがあらかじめわかっていたとしても、やはり俘虜解放は実行されたかという問い――これはさんざんわれわれに向けられた――には、否と答えうるだけだ。もしそうであったならどうだったか、という過去に向けた仮定の問いはしかし、平和主義的、観念的、道徳的、非党派的にと、さまざまに解しうる。俘虜解放について真摯に思案する者はこのような問いを立てず、答えそのものを探し求める。このように問う人びとが知りたがっているのは、われわれがシュプリンガー報道の描くように残忍であるかどうかだ。そのときわれわれには、いわば教理問答《カテキズム》が試されている。この問いは革命的暴力の問題を弄び、革命的暴力とブルジョワ的暴力を同一次元で扱うという、ありえない試みなのだ。あらゆる可能性と状況を考慮に入れても、一人の民間人があいだに入ってくるのではないかと想定する根拠はなかった。官憲がそうした人間になんの配慮もしないのは明らかだった。俘虜解放を非武装で実行するべきだ、という考えは自殺行為だ。

五月一四日、フランクフルトでわれわれの仲間二人が逮捕されそうになったとき、やすやす捕まるわけにもゆかず逃げおおせたときと同じに、はじめに発砲したのは官憲だった。官憲はどのときも〔威嚇射撃でなく〕狙いを定めて発砲した。われわれはまったく発砲しなかったこともあれば、発砲したとしても狙い撃ちをしていない。ベルリンでも、ニュルンベルクでも、フランクフルトでもしかり[*11]。これは真実であるのだから、証明可能だ。われわれは《銃器を無差別に使用》などしていない。《小市民》の立場と資本家の下僕という立場の矛盾、卑小な給与所得者の立場と独占資本の執行官という立場の矛盾のあいだにいる官憲は、自らの良心に反した命令遂行を強制されているわけではない。われわれに向けて発砲されれば、われわれは発砲する。われわれを逃がす官憲を、われわれのほうでも逃がす。

われわれに対して支出されている莫大な捜査費用は、連邦共和国と西ベルリンの社会主義的左翼全体を念頭に置いていると主張されるなら、そのとおりだ。われわれが盗んだとされるわずかな金銭も、

*10　ゲオルク・リンケは、アンドレーアス・バーダー解放時に〔RAFによって銃撃され〕負傷したダーレムの「社会問題中央研究所」職員。

われわれを捜査する理由とされた二、三の自動車や文書の窃盗も、われわれに濡れ衣を着せようとされている殺人未遂も、それだけではこの大騒ぎを正当化していない。支配者たちは、この国家とその全住民、全階級、全矛盾を、すみずみにいたるまで掌握していると信じ込み、知識人を雑誌のなかに連れ戻し、左翼をふたたび狭いサークルに閉じこめ、マルクス・レーニン主義を武装解除し、国際主義を頽廃させた、そのように信じ込んでいた。そんな彼らが恐怖のあまり骨の髄から震撼したのだ。とはいえ彼らがいかに弱気に振る舞おうと、彼らの代表する権力構造はそれほど脆弱ではない。彼らが悲鳴を上げたところで、それにつられて大言壮語を吐いてみせるべきではない。

われわれは主張する、武装抵抗グループを現時点で連邦共和国および西ベルリンにおいて組織することは適切であり、可能であり、正当であると。いまここで都市ゲリラを形成することは適切であり、可能であり、正当であると。《マルクス・レーニン主義の最高形態》(毛沢東)である武装闘争をいま開始できるし、開始しなくてはならず、それなくして本国[*12]での反帝国主義闘争はないと。

われわれは、非合法武装抵抗グループの組織化が合法プロレタリア組織の代わりになりうるとも、個別の諸行動が階級闘争の代わりになりうるとも言わない。武装闘争が職場や地域における政治活動の代わりになりうるとも言わない。われわれが主張するのはただ、相互がそれぞれの成功と進展の前提である、ということだ。われわれはブランキ主義者でもアナーキストでもない。むろんわれわれはブランキ[*13]を偉大な革命家と考え、多くのアナーキストの個人的な英雄的行為を断じて軽蔑してはいない。

われわれの実践は一年にも満たない。早くも結果について語りうるには時間が短すぎる。ゲンシャー[*14]・ツィマーマン商会がわれわれを世間に大々的に知らしめてくれたが、この世間をまえにすると、すでにいまいくつかの点に注意を喚起することが宣伝上時宜にかなっているように思われる。

《共産主義者が何を考えているのかを知りたいのなら、彼らの口ではなく手を見よ》とレーニンは言う。

＊11 ベルリンについては注9のクネーゼベック通りについての説明を参照〔ただしマーラーらの逮捕時には銃撃は行われていない。これがバーダー解放時の状況を指すならば、RAF側からの一方的な銃撃だった〕。ニュルンベルクでは〔一九七〇年〕一二月二一日、アリ・ヤンゼンが車両検問の際に逮捕され、逮捕時の鉄砲乱射を理由に一〇年の有罪判決が下された。アリ・ヤンゼン〔一九四八－二〇一九〕はAPO出身で、RAF第一世代のひとり。一九八一年に釈放されたが、八八年、アクシオン・ディレクト〔「直接行動《アクシオン・ディレクト》」は一九七九年から八七年の期間に活動したフランスの極左武装闘争グループで、RAFとも連携した〕のハンガーストライキの間に二度目の逮捕。ルノーへの放火テロおよびテロ組織《共産主義のため》結成のかどで新たに六年の有罪判決を受けた。九四年に釈放。フランクフルトでは一九七一年一二月一〇日、二人の逃亡するRAFメンバー〔アストリド・プロルとマンフレート・グラースホーフ〕に警官が発砲した〔これがRAFメンバーと私服警官とのあいだでの初の銃撃応酬となる〕。

＊12 訳注――「前書き」注1を参照。

＊13 ルイ・オーギュスト・ブランキはフランスの社会革命家。七月王政に対する諸々の蜂起、一八七一年のパリ・コミューンの評議会において活動し、計三六年間を数ヶ所の刑務所で過ごした。政治経済および蜂起の技術についての著作を著した。マルクス主義者によって、彼は陰謀理論家および主意論者として糾弾された。

＊14 ハンス＝ディートリッヒ・ゲンシャーは一九六九年から七四年までFDP〔自由民主党〕から連邦内務大臣を、その後外務大臣を務めた〔「人民に奉仕する」注24をも参照。ツィマーマンについては本編注7で既出〕。

2　本国としての連邦共和国

危機が生ずるのは発展メカニズムの停滞からではなく、むしろ発展そのものによってである。ひたすら利益の増大を目標とするこの発展はそこで、ますます寄生と浪費をあおり、社会階層全体に害を与え、満ち足りることのない欲望を増大させ、社会生活の崩壊を促進する。引き起こされた緊張や叛乱を世論操作とあからさまな弾圧によって制御できるのは巨大機構のみだ。アメリカでの学生叛乱や黒人解放運動、アメリカ社会の政治的統一が陥った危機、ヨーロッパでの学生闘争の広がり、労働者・大衆闘争の激烈な再開とその闘争の新たな内実――それはフランスでは《五月》の爆発に、イタリアでは騒乱状態の社会危機に、ドイツではあらためて現れた不満にいたる――、これらがこの状況の特徴となっている。

イル・マニフェスト『共産主義の必然性』第三三テーゼ[*15]

イル・マニフェストの同志はこのように列挙するなか、連邦共和国をいみじくも最後に挙げ、この地の状況を特徴づけているものをただ曖昧に《不満》と呼んでいる。連邦共和国を指してわずか六年前にはバルツェル[*16]が、経済的には巨人、しかし政治的には小人、と述べていた。この国の経済力はその後も弱まることはなく、政治力は内に対しても外に対しても強化された。一九六六年の〔CDU／CSUとSPDの〕大連立内閣成立により、当時差し迫っていた景気後退から自然発生的に生じうると見越された政治的脅威に先手が打たれた。非常事態法によって支配者の統一行動を今後の危機的状況においても確保する道具立てが整った――政治的反動派と、合法性がいまだに重要であるようなすべての人びととが統一されたのだ。社会民主党〔SPD〕と自由民主党〔FDP〕の連立政権〔一九六九年〕は、学生運動と議会外運動によって表面化した《不満》を広範に吸収することに成功した。これが可能となったのは、社会民主党の改良主義が支持者の意識のなかでいまだ破産しておらず、その改良の約束で知識人層の大部分にとっても共産主義という別の可能性のアクチュアリティを先延ばしさせ、反資本主義の異議申し立てから先鋭さを奪うことができたからだった。連立政権の東方政策[17]は資本主義のために新たな市場を開拓し、アメリカ帝国主義とソヴィエト連邦のあいだを調停し同盟を結ぶよう、ドイツなりの役割を果たす。思いどおりに第三世界での侵略戦争を遂行するため、アメリカがそれを必要としているのだ。この連立政権は、新左翼を旧来の反ファシストから分断させ、ひいては新左翼をその歴史から、労働運動の歴史からもういちど孤立させることにも成功しているように見える。DKP[18]はアメリカ帝国主義とソヴィエト修正主義の新たな共犯関係のおかげで許容されてお

＊15　イル・マニフェスト〔「宣言」〕は一九六九年にKPI〔イタリア共産党〕から除名されたイタリアの左翼グループ〔で、七一年より同名の日刊新聞を発行している〕。グループは、七〇年にここでの引用も含む二〇〇のテーゼを『イル・マニフェストの議論・行動基盤』として発表した。

＊16　ライナー・バルツェル〔一九二四-二〇〇六〕は一九六二年からアーデナウア内閣の全ドイツ問題相を、六四年からCDU／CSUの党議員団長を務めた。七一年からCDUの党首となる。

＊17　東方政策の概念は、ワルシャワ条約加盟諸国、とりわけDDR〔ドイツ民主共和国＝東ドイツ〕に対して、アーデナウア政権の強気な反共主義の後の〔SPD主導による〕BRDの新しい政策を指し示している。

り、この連立政権の東方政策への賛同デモを行ってみせている。ニーメラー——反ファシズムの象徴的人物[19]——は、間近に迫っている選挙戦でSPDを応援している。

《公益》を盾に国家統制経済は、賃金ガイドラインおよび協調行動[20]によって労働組合内での官僚支配を抑えこんだ。一九六九年の九月ストライキ[21]によって、これまでの過度な利潤追求がはっきりし、またその経過にあって経済ストライキにとどまったことで、支配権がどれほど固く握られているかが示された。

およそ二〇〇万の外国人労働者を擁する連邦共和国は、歴然としてきた景気後退のなかでほぼ一〇%にまで達する失業を、プロレタリアートにとって失業を意味するテロル、つまり規律服従の機構を全面的に拡げ、しかし大衆が政治的に急進化する事態に煩わされないよう利用することだろう。この事実からは、体制が盤石であると理解させられる。

開発援助と軍事援助によってUSAの侵略戦争に加担している連邦共和国は、第三世界の搾取によって利益を得ながら、それらの戦争への責任を引き受けず、それゆえ国内の反対派と争わずに済んでいる。アメリカ帝国主義に劣らず攻撃的でありながら、連邦共和国が攻撃される余地は少ない。帝国主義がこの国でとりうる政治形態は、改良主義やファシズムの変種に尽きない。自ら生みだした矛盾を吸収あるいは抑圧する、その能力が底をつくことはない。

赤軍派の都市ゲリラ構想は、連邦共和国および西ベルリンにおける状況の楽観的見解に基づいているのではない。

資本主義的支配体制の一様な性格を認識するならば、《中心地での》革命は《開発の遅れた地域での》革命と切り離しえないとの結論に達する。西側諸国で革命が蘇生しないならば、帝国主義が暴力の論理によって破滅的な戦争に逃げ道を求める誘惑になびく、あるいは超大国が世界に有無を言わせぬ束縛を強いる、こうした事態を確実に阻止できない。

イル・マニフェスト、第五二テーゼ

＊18　一九五六年八月一七日、連邦憲法裁判所はKPD〔ドイツ共産党〕に対する訴訟で判決を下した。KPDは違憲と宣告され、解散させられた。同党の資産は没収され、代替組織の結成は禁じられた。一九六八年に設立されたドイツ共産党（DKP）は合法にとどまったが、七〇年代に同党員に対して公職禁止令が下され、たとえば多くの学校教員が政治的な理由により解雇された〔DKPは東ドイツ、ソ連を後ろ盾にした旧来の共産党であるが、日本の場合のように新左翼と対立関係にあったわけではない〕。

＊19　マルティーン・ニーメラーは告白教会〔ドイツ・プロテスタント教会内で教会のナチ化に抵抗した組織〕の一員で、国民社会主義の教会政策を批判した。一九三八年から四五年まで数ヶ所の強制収容所に収容された。積極的な平和主義者である彼は、BRD再軍備反対に意欲的に参加する重要人物だった。

＊20　賃金ガイドラインは政権によって定められた賃金調整の枠組み。協調行動は、政権、資本家諸団体、労働組合指導部によるストライキ防止のための定期的な会合だった。

＊21　九月ストライキは労働組合指導部の意向に反して敢行された――《山猫》――ストライキで、主として鉄鋼業および鉱業の職場から一五万を超える労働者が参加し、一〇%までの賃上げ要求を達成した。

学生運動をプチブルの叛乱として片づけてしまうならば、学生運動をそれに伴う自己過大評価へと切り縮めてしまい、それがブルジョワ・イデオロギーとブルジョワ社会の具体的矛盾に発しているのを否定し、学生運動が必然的に限定されたものであるという認識によって、彼らの反資本主義的抗議運動がすでに達した理論水準を否認することになる。

学問工場での精神的貧困化を自覚するようになった学生たちが、ラテンアメリカ、アフリカ、アジアの被搾取人民と自らを同一視する情熱はたしかに行き過ぎだった。「ビルト」紙の大量発行部数とベトナムに投下される大量爆撃の比較は乱暴な単純化だった。この地でのイデオロギー的体制批判と彼の地での武装闘争を比較するのは不遜だった。自らが革命主体であるという信念は、マルクーゼ[*22]を引き合いに出して普及したかぎりで、ブルジョワ社会の現実の姿とその基礎をなす生産関係に対して無知だった。

マルクス・レーニン主義を少なくとも知識人層の意識内では、それなしには政治的・経済的・イデオロギー的事実とその現象諸形態を概念化できず、それらの内的および外的連関を描きえない、そのような政治理論として再構築したことは、連邦共和国および西ベルリンにおける学生運動の、彼らの市街戦、放火、対抗暴力行使、彼らの情熱、またそれゆえの逸脱や無知、端的に言えば彼らの実践の功績だ。

学生運動は、学問の自由なるイデオロギーと独占資本の干渉にさらされている大学の現実との矛盾という具体的な経験から出発したからこそ、すなわちイデオロギーだけに触発されたわけではなかったからこそ、大学の危機と資本主義の危機の関連を少なくとも理論的には徹底究明した。ここまでは学生運動の力は尽きていなかった。そのため、現今の民主主義の内実をなしているのは、《自由、平等、友愛》ではなく、人権でもなく、国連憲章でもないということ、ラテンアメリカ、アフリカ、アジアを植民地主義的かつ帝国主義的に搾取するためつねに適用されてきた措置、すなわち、被抑圧者に対して、また被抑圧者の側に立ち抗議の声をあげ抵抗し反帝国主義闘争を遂行する者に対して迫られる、規律、従属化、蛮行、これがこの国で適用されていること、こうした事態が学生運動とそれを支える公論にとって明らかになるにいたったのだ。

国家による抑圧のほとんどすべての領域が帝国主義的搾取の現れであると、学生運動はイデオロギー批判によって把握した。反シュプリンガー・キャンペーンのなかで、アメリカのベトナム侵略に反対するデモのなかで、階級司法[*23]反対運動のなかで、反連邦国防軍運動のなかで、反非常事態法に抗するなかで、高校生運動のなかで。シュプリンガー社を接収せよ！ NATO粉砕！ 消費テロと闘え[*24]！ 教育テロと闘え！ 家賃テロと闘え[*25]！ これらは適切な政治的スローガンだった。これらのスローガンでは、後期資本主義自体の生み出した矛盾を、あらゆる被抑圧者の意識のなか、一方での新

＊22 ヘルベルト・マルクーゼはAPO〔議会外反対派〕に大きな影響を与えた批判理論の主唱者〔とりわけ《抑圧され制圧されている少数派にとって法的な手段では不充分であると判明したときに超法規手段を行使した抵抗への〈自然権〉は存在する》と、《抵抗権》を《自然権》と規定した彼のテクスト「抑圧的寛容」（一九六五年）は、反体制運動での対抗暴力行使の根拠づけに用いられた。本書「前史に関する覚書」二八頁および注15をも参照のこと〕。

＊23 訳注――資本主義社会の司法制度そのものが決して「法の支配」にもとづく公正なものではなく、支配階級の利害を基準とした彼らの道具であるというマルクス主義的な理解で、裁判官らもまた支配階級の一員と位置づけられる。

たな欲望および生産力の発展による欲望充足の新たな可能性と、その裏面としての非合理的な従属圧力とのあいだで、顕在化させることが目指された。

学生運動に自信を与えたのはこの地でくり広げられている階級闘争ではなく、国際的な運動の一部であるという意識、彼の地でのベトコンと同じ階級の敵、同じ張り子の虎、同じブタどもとこの地でわたり合っているという意識だった。

殻に閉じこもった旧左翼の田舎者じみた振る舞いを打ち破ったことは、学生運動の二点目の功績だ。たとえば復活祭行進、ドイツ平和連盟[*26]、「ドイツ人民新聞」[*27]といったかたちでの、なんらかの選挙の際の《地滑り的勝利》[*28]への合理性を欠いた希望のかたちでの、旧左翼の人民戦線戦略、片やシュトラウス、片やハイネマンという両極のあいだにある議会主義への固執、容共からであれ反共からであれDDRへの彼らの固執、彼らの孤立、彼らの諦念、いかなる犠牲もいとわないが実践能力はないという彼らの道徳的分裂状態、こうした状態を打ち破ったのだ。学生運動を担う一角である社会主義者は理論が不正確であったものの、《西側における革命運動は、世界的均衡の危機および万国の新たな諸勢力の成長を期待できる》（イル・マニフェスト、第五五テーゼ）という正しい認識から自信を得ていた。彼らはドイツの情勢を直視したときに主として挙げられる事柄を情宣活動の内容とした。帝国主義の世界戦略に対し、国内闘争の展望は国際主義的でなくてはならない、一国的内容と国際的内容、伝統的戦闘形態と国際主義的戦闘形態が結合してはじめて、革命運動は揺るぎないものになりうる、というように。彼らは自らの弱点を利点に変えた。なぜならば、新たな諦め、殻に閉じこもった田舎者じみた振る舞い、改良主義、人民戦線戦略、体制への統合――連邦共和国および西ベルリンにあるようなファシズム後にしてファシズム前という状況下での社会主義政治の行き詰まりは、そのようにしての

＊24 訳注——バーダーらのデパート放火はベトナム反戦の主張であるとともに、この一環であるとも自己理解されている。

＊25 訳注——学生運動のひとつの重要な争点は都市開発、開発に伴う家賃値上げなどであり、これは七〇年代以降の家屋占拠運動につながる。

＊26 訳注——ドイツ平和連盟（Deutsche Friedensunion：DFU）は反核兵器運動の高まりのなか一九六〇年に結成された小政党で、議会で議席を得ることなく九〇年まで存続。東ドイツより資金援助されていた。その初期にはマインホーフの養母レナーテ・リーメクが中心人物だった。

＊27 訳注——「ドイツ人民新聞（Deutsche Volkszeitung）」は西ドイツの「西側との結びつき」に反撥して、東ドイツに融和的な姿勢を示した左翼新聞。一九五三年発刊、八九年には東ドイツ文化同盟の新聞「ゾンターク（日曜日）」と合併し、週刊新聞「フライターク（金曜日）」として存続している。

＊28 〔一九六一－八八年と長期にわたりバイエルン州の地方政党CSUの党首を務めた〕フランツ・ヨーゼフ・シュトラウスは一九五六年から連邦国防軍の再建を国防大臣として統率し、一九六六年から六九年まで連邦財務大臣を務めた。彼は航空機産業と軍需産業の後援を受けていると見なされ、ドイツ連邦共和国のもっとも反動的な戦後政治を体現した人物であった〔NATOの軍事演習を批判した「シュピーゲル」誌に弾圧を加える指示をした一九六二年一〇月の「シュピーゲル」事件で国防相を辞任している〕。グスタフ・ヴァルター・ハイネマンは国民社会主義時代、告白教会に属した。一九五〇年、初代連邦内務大臣としての自らの職務を再軍備の議決を理由に辞任した。一九五二年のCDU離党後、五七年からSPDの党員となり、六九年から連邦大統領に就任した。彼はBRDの反ファシスト的民主的戦後政治を代表した〔マインホーフは「コンクレート」誌一九六一年第一〇号掲載の「あなた方のなかのヒトラー」という文章で、アイヒマン裁判などを念頭に若い世代に対して、《かつてのナチ》への批判では不充分であり《次の一歩》を踏み出すことを求め、末尾には《私たちが両親に向けてヒトラーについて問いただすように、いつか私たちはシュトラウス氏について問いただされる》と記した。これに対して連邦国防大臣だったシュトラウスは名誉毀損の訴えを起こし、そのときマインホーフの弁護人を務めたのがハイネマンだった。訴えは裁判所から却下されている〕。

み阻止できる、そう彼らははっきりと見抜いたからだ。

職場での社会主義情宣を実際の「ビルト」紙搬出阻止行動に接合するのは正しいと、当時から左翼にはわかっていた。米兵をベトナム派兵させないための情宣を、ベトナムに投入される軍用機に対する実際の攻撃行動に接合する、反連邦国防軍運動をNATOの使用する軍用空港に対する実際の攻撃行動に接合する、これは正しいと。階級司法批判を監獄の塀の爆破に接合する、シュプリンガー・コンツェルン批判を同社警備員の武装解除に接合するのは正しいと。独立放送局を運営する、警察の士気を阻喪させる、連邦国防軍脱走兵のための非合法住宅を用意する、外国人労働者への情宣のために身分証明書の偽造ができる、工場での怠業によってナパーム弾製造を阻止する、それらは正しいと。

それに対して、自分たちの情宣を供給と需要に委ねるのが間違っているのもわかっていた。労働者がまだ出資して支えてくれないならば新聞は不要だ、《運動》がまだ購入できないならば車など使うな、認可がおりていないならば放送局を立ち上げるな、資本主義が即座に崩壊しないならば怠業しても仕方ない、そんな情宣は間違っていると。

学生運動が崩壊したのは、彼ら特有の学生的・小市民的な組織形態である《反権威主義陣営》が、彼らの掲げる目標に適した実践を展開するにふさわしくないと判明し、学生運動の自発性を職場へも、実効性ある都市ゲリラへも、社会主義的大衆組織へも、そのまま延長できなかったときのことだった。学生運動の火花が――イタリアやフランスとは異なり――階級闘争の燎原の火として燃え広がらなかったとき、それは崩壊した。学生運動は反帝国主義闘争の目標と内容を名指すことはできた――だが彼ら自身は革命主体ではなく、それを組織的に媒介する役割を果たせなかった。

赤軍派は新左翼のプロレタリア諸組織とは異なり、マルクス・レーニン主義を階級闘争の武器として再構築し、本国内での革命闘争のための国際的連関を打ち立てた学生運動の歴史を、自らの前史として否定しない。

4 実践の優位

ある一定の事態、もしくはいくつもの事態のなす複合を直接に知ろうとするには、現実変革の実践的闘争に、事態もしくはいくつもの事態の複合の変革に、身をもって参加しなくてはならない。なぜならば、そのようにしてのみ当該の事態の現象に触れ、現実変革の実践的闘争に身をもって参加することによってはじめて、それら事態ないし事態の複合の本質をあばき、それらを理解することができるからだ。

しかしマルクス主義は、理論が行動への手ほどきでありうるがため、そのためにのみ、理論に重大な意義を付与する。正しい理論を手中にしながら、いっときおしゃべりの題材として扱うだけで、あとは抽斗にしまってそれを決して実践に移さないならば、この理論はどんなにすぐれていようが無意味になる。

毛沢東『実践論』

学生運動の権威でもあった左翼人士、社会主義者たちは、科学的社会主義の研究へと方向転換し、経済学批判を学生運動への彼らの自己批判として現実化してみせた。これは同時に彼らが机に向かい研究へと帰還することでもであった。彼らの出版物の数、彼らの組織諸モデル[*29]、彼らが次々とあげる

*29 学生を主な動員対象としてマルクス・レーニン主義党を建設する試みを指す。

声明とその内容から判断するなら、まるで一九六七／六八年がドイツ社会主義にとっての一九〇五年であるかのように、ここでは革命家が強力な階級闘争での指導権を要求しているとでも思うかもしれない。レーニンは一九〇三年〔正しくは一九〇二年〕の『何をなすべきか』で、ロシア労働者には理論が必要であると強調し、無政府主義者、社会革命党〔エスエル党〕に対しては階級分析、組織、実情を知らしめる情宣の必然性を主張していた。これは大衆的な階級闘争が大々的に進行中だったからだ。《労働者大衆はロシア人の生活の劣悪さによって激しく揺り起こされた、まさにそういうことなのだ。人民の抱く憤懣の水滴と細流をすべて集め、そう言ってよければ集結させる術をわれわれがもたないというだけだ。こうした水滴、細流は、われわれが想像し信ずるよりもはるかに計りしれないほど大量にロシア人の生活から湧き出ており、これを合流させてひとつの巨大な水流にしなくてはならない》（レーニン『何をなすべきか』）。

連邦共和国および西ベルリンで今日の状況下、労働者階級を団結させる戦略を練りあげ、不可欠である統一過程の表現であると同時にそれを主導しうる組織を創設する、これがそもそも可能であるなどと、われわれは信じていない。社会主義知識人とプロレタリアートの同盟が、綱領を宣明することで《溶接》され、彼らのプロレタリア組織の要求によってそれを奪い取ることができるなどと、われわれは信じていない。劣悪なドイツ人の生活の上方に湧く水滴や細流をこれまで集めているのはシュプリンガー・コンツェルンで、彼らはそれをまた新しい劣悪さへと導き入れる。

われわれは主張する、革命的主導権なしに、前衛、社会主義労働者、知識人の実践的革命的介入なしに、具体的な反帝国主義闘争なしに、統一に向かう途はない、共闘のなかでしか同盟は打ち立てられず、そのとき意識的な一部の労働者と知識人が裏で操るのではなく、最先頭に立って歩まなくてはならない、と。

諸組織による書類生産からは、彼らの実践とは性懲りなく知識人の間での競争でしかないのがはっきりする。彼らの言語からして労働者階級の発言権を排除しているからには、労働者階級であるはずもない想像上の陪審員をまえにして、彼らはより優れたマルクス受容を競い合っている。彼らにとっては、マルクスの引用が誤っているのを押さえられるほうが、実践が問題である際に虚偽を暴かれるよりも具合が悪い。彼らが脚注で挙げる頁数はほとんどいつも合っているが、自分たちの組織について挙げる構成員数が合っているためしはほとんどない。彼らの恐れるのは、ブルジョワ職業に就いている自分たちの腐敗よりも革命的性急さを非難されることで、長期間を要するルカーチについての博士論文執筆*30が彼らにとって大事であっても、短期的にブランキに煽動されるのは彼らにしてみればいかがわしい。彼らはあるパレスチナ・ゲリラ組織に他の組織よりも高い評点をつけることで、自分たちの国際主義にかたちを与える――マルクス主義の真の代弁者を気取る白人支配者たちだ。彼らは裕福な友人に黒 豹《ブラックパンサー》*31党の名を使って無心し、友人が免罪のため寄進してくるとそれを自らの名でもっ

*30 訳注――一九七三年に受理されたルーディ・ドゥチケの博士論文では、ルカーチを論じた箇所が多くある。

*31 黒豹党は一九六六年、アメリカ合衆国の大都市のゲットーで、黒人自己防衛組織として結成された。党は、社会事業と並んで戦闘的行動による攻撃的な情宣を展開し、国内植民地理論と社会主義的民族解放論を本国に採り入れることで、とりわけアメリカ合衆国での人種的抑圧を受けた人びとの闘争に決定的な役割を果たした。七一年、党は前例を見ない弾圧キャンペーン（COINTELPRO）により壊滅的打撃を受けた。

て神に捧げて、後援者の作法で国際主義にかたちを与える――《人民戦争における勝利》など眼中になく、疚しさがないよう気遣うだけだ。これは革命的介入方法ではない。

毛沢東は『中国社会内の階級分析』（一九二六年）で、革命闘争と反革命闘争を対置している。一方は《革命の紅旗であり、これを第三インターナショナルが高く掲げ、この旗のもとに集まるよう全世界のあらゆる被抑圧階級に呼びかけている。他方は反革命の白旗であり、これを国際連盟が高く掲げ、この旗のもとに集まるよう全世界のあらゆる反革命分子に呼びかけている》。毛沢東は中国社会内の諸階級を、中国革命の進展に際して紅旗と白旗のどちらを選ぶかによって区別した。中国社会内の様々な階級の経済状態を分析するだけでは彼には不充分だった。革命に対する諸階級の態度もそれに劣らず彼の階級分析の構成要素だった。

もし前衛自身がプロレタリア国際主義の赤い旗を高く掲げないならば、もし前衛自身がプロレタリアート独裁はいかに樹立されうるか、プロレタリアートの政治権力はいかに獲得されうるか、ブルジョワジーの権力をどう破砕できるのか、という問いに答えないならば、そして実践を通してこの問いに答える準備をしないならば、将来の階級闘争でマルクス・レーニン主義者の指導的役割などないだろう。われわれが必要とする階級分析は、革命実践なしには、革命的行動力なしには、果たせない。

プロレタリア諸組織がいたるところで上げてきた《過渡期の革命的要求》、すなわち搾取強化に抗した闘争、労働時間短縮、社会的富の浪費への反対、男女および外国人労働者の同一賃金、出来高払いでの労働強要への反対等々、こうした過渡期の革命的要求は、それと同時に、それらの要求が大衆的階級闘争のなかで上げられるやたちどころにこれに攻撃を加え阻もうと政治面・軍事面・宣伝面でかけられる圧力をいかに打ち破りうるか、この問いに答えないならば、労働組合的経済主義以外の何ものでもない。そしてまた、もしそのような過渡的要求に固執するなら、それは経済に堕した汚物にすぎない。《勝利とは、生活が革命家の最高の財産ではないと原理的に受け入れること》〔ドゥブレ[*32]〕であるならば、革命闘争を開始し勝利にいたってもそのような要求にとって報いにはならないからだ。労働組合ならこうしたさまざまな要求を掲げた介入もするだろう――《労働者階級の労働組合的な政策とはまさしく労働者階級のブルジョワ的政策だ》〔レーニン〔『何をなすべきか』〕〕。それは革命的な介入方法などではない。

プロレタリア的と称されている諸組織が、非常事態法、連邦国防軍、連邦国境警備隊、警察、シュプリンガー社に対する回答として武装問題を提起することなく日和見主義をきめこみ黙りこむとなると、DKPと異なっている点といえば、DKPほど大衆に根を下ろしていないものの、口先ではより急進的で理論的には上回っている、という程度にすぎない。実践上彼らは、是が非でも大衆性を獲得せんとする公民権活動家の水準まで下り、この国家で議会制民主主義の方法を用いてまだなにかしらをなし遂げうるというブルジョワジーの虚偽を支持し、この国家の暴力が秘めた力を勘案するなら敗れるしかない闘いへとプロレタリアートを鼓舞する――野蛮な方法で。《このマルクス・レーニン主

＊32　レジス・ドゥブレはフランスの知識人で、ボリビアでゲリラ戦を行っていたチェ・ゲバラのもとを訪れた。彼は、ゲリラ戦は火花として大衆叛乱に火をつけそれによって伝統的な共産党に取って代わるという焦点化理論を宣伝した。ドゥブレは後に社会的な地歩を固め、ミッテラン大統領の顧問となった〔フランクフルト・デパート放火の件で一九六九年秋に上告を退けられたバーダー、エンスリーン、プロルの三人は刑執行を逃れてパリに潜伏する。六七年にボリビアで逮捕後、懲役三〇年を宣告されていたドゥブレのカルチエ・ラタンにある留守宅に彼らは数週間滞在した〕。

義的諸派または諸党は、ブルジョワジーの掌中にあるのと同じような政治的問題設定の内部で動いている。この問題設定を変革せず、むしろこれまで以上に堅固に定着させることに彼らは貢献した》とドゥブレはラテンアメリカの共産主義者たちについて書いている。

学生運動にともなって政治意識をたかめ、企業内の搾取圧力から逃れるという結論をはじめて下した何千という職業訓練生や若者たちに対して、これらプロレタリア諸組織は政治的展望を示さず、資本主義的搾取圧力にまずはふたたび順応するよう提案する。青少年犯罪に対してこれらの組織は事実上刑務所長の立場をとり、獄中同志に対しては裁判官の立場をとり、地下組織に対しては社会福祉士の立場をとる。

実践をともなわないなら『資本論』を読んだところでブルジョワのお勉強にほかならない。実践をともなわないなら綱領的声明もただのおしゃべりだ。実践をともなわないならプロレタリア国際主義もたんなる大風呂敷にすぎない。理論的にプロレタリアートの立場をとるとは、実践的にその立場をとるということである。

赤軍派は実践の優位を語る。武装抵抗運動をいま組織するのが適切かどうかは、それが可能であるかどうかに依っている。それが可能であるかどうかは、実践によって確認できるだけだ。

5　都市ゲリラ

したがって、その本質から長期的展望をもった戦略的視点で、帝国主義とすべての反動派に対し、その実際の姿を観察しなくてはならない。つまり張り子の虎として。われわれの戦略的思考はこれにもとづかなくてはならない。しかし他方で彼らは、やはり鉄のように堅固な生きた実物の虎で、人間を喰らいもする。われわれの戦術的思考はこれにもとづかなくてはならない。
毛沢東、一九五八年一二月一日〔『毛沢東語録』〕

アメリカ帝国主義が張り子の虎である、つまり、究極には打ち負かしうる相手である、これが正しいならば、そして中国共産党の主張が正しいならば、つまりアメリカ帝国主義に対する勝利が可能となるのは、世界の隅々でアメリカ帝国主義に対する闘争が貫徹され、その結果帝国主義諸勢力が粉砕され、それを通して打倒可能となることによってである——この主張が正しいならば、どこかの国、どこかの地域では革命勢力がことのほか弱体で反動諸勢力がことのほか強力であるからといって、そうした国や地域を反帝国主義闘争から除外したり締め出したりする理由はない。

革命勢力を過小評価し意気阻喪させるのが誤りであるように、彼らを使い潰し破綻させかねない論争をしかけるのも誤りだ。諸組織にいる誠実な同志たち——無駄口をたたくだけの連中は除外する——と赤軍派とのあいだの齟齬とは、革命勢力を意気阻喪させているとわれわれが彼らを咎め、われわれが革命勢力を使い潰していると彼らが疑っている、この齟齬だ。これによって職場や地域で活動する同志の党派と赤軍派とが過大要求をしている方向性が示されることとは、実際に両者が過大要求をしているならば真理にかなっている。教条主義と冒険主義はかねてより、ある国での革命衰弱期に見られる特徴的な逸脱だ。かねてよりアナーキストは日和見主義の仮借ない批判者だったため、日和見主義を批判する者はアナーキストであるとの非難にさらされる。これはいわば周知の話だ。

都市ゲリラ構想はラテンアメリカに発している。この構想はラテンアメリカにあって、概して脆弱な革命勢力による革命的介入方法であり、これは本邦でもこうでしかありえない。

都市ゲリラは、革命家と称される輩が大挙して人民を革命闘争へと導く、そのようなプロイセン的行軍隊形などありえないという事実から出発する。武装闘争の機が熟してようやく準備するのでは遅すぎる、という点から出発する。その潜在的暴力が強大であり、連邦共和国でそうであるように革命的伝統が破壊され脆弱である国では、すでにいま後期資本主義そのものの政治的・経済的発展を基盤としているよりも革命闘争のための諸条件が有利であるとしたところで、革命的な主導なしには革命に向かう態度はありえない、ここから出発する。

そのかぎりで都市ゲリラとは、議会制民主主義がその代表者自身によってとうから否認されていることの帰結であり、非常事態法[*33]および手榴弾法[*34]に対する不可避の回答であり、敵対者を排除するために体制が準備した手段と闘う姿勢だ。都市ゲリラは事実の弁明にではなく事実の承認にもとづく。

都市ゲリラになしうることを、学生運動は部分的にはすでに承知していた。左翼活動はすでに煽動・情宣に限定されているが、その内実を都市ゲリラは具現化できる。これを当時の反シュプリンガー行動に対して、ハイデルベルクの学生たちによる反カボラバッサ行動[*35]に対して、フランクフルトの家屋占拠に対して、連邦共和国がアフリカの買弁政府[*36]に与える軍事援助に関して、刑執行と階級司法への批判に関して、工場保安係や企業内部司法に即して、思い浮かべることができる。都市ゲリラは武器と資金の調達というかたちで、口先だけだった国際主義を具現化できる。都市ゲリラは警察の手の届かない地下活動を組織することで、体制側の武器、共産主義者の非合法化を鈍らせることができる。都市ゲリラは階級闘争の一つの武器である[*37]。

銃器を容赦なく使うのが警察であり、クラスに無罪判決をくだし、われわれが阻止しなければ同志を生き埋めにするのが階級司法である、そのかぎりで都市ゲリラとは武装闘争だ。都市ゲリラとは体制の暴力によって意気阻喪させられない謂だ。

都市ゲリラが目指すのは、国家の支配機構を個別の拠点で破壊し、要所要所でその力を失効させ、

＊33 訳注──「前史に関する覚書」注1参照。

＊34 一九七〇年六月に西ベルリンで可決された〔正式名称「ベルリン州執行官による公的暴力行使に際しての直接力使用に関する法律」〕。警官が常備している警棒、ピストル以外にも手榴弾、自動小銃、機関銃等を用いる道が拓かれた〔法成立にあたって、デモの過激化には手榴弾をも投入する、とのベルリン市内務大臣ノイバウアーによる発言があったため、こう呼ばれた〕。

＊35 当時ポルトガル領植民地であったモザンビークのカボラバッサ・ダム〔現在は現地読みをされカオラ・バッサ〕は、アフリカ最大のダム計画であった。一九六九年から〔七九年にかけて、フランス、スイス、アメリカ合衆国などの出資とならび〕BRDのコンツェルン五社がその計画に参加した。ポルトガルはそこにヨーロッパから一〇〇万人を植民させようとしていた。アフリカ統一機構とFRELIMO〔モザンビーク解放戦線〕をはじめとする多くの解放運動がこの計画に抗議した〔現地の反対に対してはポルトガル軍が苛酷な軍事弾圧を加えている〕。BRD──とりわけハイデルベルク──でも、アメリカ合衆国国防長官マクナマラがBRDを訪問したときに計画への抗議がなされた。

＊36 〔清朝末期から人民共和国成立まで用いられていた「買弁」という〕この概念は、買弁ブルジョワジーが対象となっており、貿易で外国金融資本の利益を擁護し、そこから利益を得る、植民地または半植民地の国々における現地の支配階級の一部を指す。

＊37 〔カール＝ハインツ・〕クラスは、一九六七年六月二日にペルシャ（イラン）のシャーの訪独に対する抗議デモの際、学生ベノ・オーネゾルクを射殺した警官。クラスは司法によって無罪となり、後に昇進した〔「前史に関する覚書」注14をも参照〕。

体制の遍在とその不可侵性の神話を破壊することだ。

都市ゲリラには、非合法機構の整備が前提になる。住居、武器、銃弾、車、身分証明書がこれに当たる。ここで個別に注意するべき事柄をマリゲーラは[*38]『都市ゲリラ教程』に記した。そのうえで注意すべき事柄を、実行をする気があるなら知っておかなければならない誰に対しても、われわれはいつでも告げる用意がある。われわれはいまだ多くを知るわけではないが、すでにいくらかなら知っている。

重要であるのは、武装闘争を決意するより以前に合法的政治経験を積んでおくことだ。革命左翼に加わるのが流行の欲求にかないもするというのなら、そこからふたたび撤退できるときにだけ加わるほうが好ましい。

赤軍派と都市ゲリラは、自陣と敵とのあいだに明確な分断線を引くことで、このうえなく激しく攻められる党派であり実践である。これには政治的に信頼するに足る立場が前提とされる。つまり、いくばくかの学習過程を経たことが前提とされる。

われわれの元来の組織構想は、都市ゲリラと底辺活動を結合するというものだった。われわれの誰もがいちどきに、市区や職場に存する社会主義グループに参加し、議論過程に影響を及ぼし、経験を積み、学ぶ、これをわれわれは志していた。しかしそれがかなわぬことが判明した。政治警察によるこうした諸グループ、その集会、会合日程、討論内容に対する管理体制ははなはだしく、管理をされないためにはそこに入るわけにゆかない。個々人では合法活動を非合法活動と結合させることはできないのだ。

自分自身の動機を明確に認識し、「ビルト」紙のやり口はもはや通用しないと確信することが、都市ゲリラの前提となる。奴らが革命家に対して持ち出す「反ユダヤ主義・犯罪者・下等人間・火付け殺人」症候群といった一連の悪罵、もっぱら革命家を隔離し色分けし、われわれに対する多くの同志の判断にあいかわらず影響を与えている戯言、それらは当を得ていない、これを確信することが前提である。

それというのも、むろん体制側はわれわれに地歩を譲りはしないし、奴らがわれわれに対して行使する決心のつかないような手段など、いかなる誹謗手段をも含め、存在しないのだから。

そして資本家の利益を何らかのかたちで代表する以外の目的をもつ世論などなく、また自分たち自身、自分の周囲の人びと、手渡し販売・定期購読の範囲を超えて拡がる、いまだ主として私的・個人的・ブルジョワ的である偶然の交際のなかで形成されていない、そんな社会主義的世論もない。資本に管理されることなく、広告会社を超えた、体制内での出世という執筆者の野心を超えた、放送監査委員会や報道市場集中化を超えた、そんな意見公表手段はない。支配的世論とは支配者の意による世論であり、市場の間隙を埋め、諸階層独自の諸イデオロギーをくり広げ、彼らの拡散する内容は市場での彼らの自己主張に仕える。ジャーナリズムの根本原則とは販売だ。商品としてのニュース、消費物としての情報。消費のできないものなど彼らは唾棄するばかりだ。広告満載の定期刊行物での固定

＊38 〔カルロス・〕マリゲーラは南アメリカでの都市ゲリラの最重要な理論家だった。彼は、ブラジルで都市ゲリラ組織ＡＬＮ〔民族解放運動〕を創設し、その戦略についての多くの著書を出版した。それによって彼は、武装闘争を人民のなかに根づかせ大衆化させる可能性がより高いとチェ・ゲバラが主張した、それまで支配的だった農村ゲリラ理論から初めて離れた。『都市ゲリラ教程』〔日本・キューバ文化交流所編訳、三一新書、一九七〇年所収〕は世界中の同様のグループに影響を及ぼした。マリゲーラは一九六九年、ブラジル軍兵士によって殺害された。

愛読者数、テレビ番組の評価ポイント・システム、ここからは読者や視聴者とのあいだで矛盾、敵対的矛盾、ただでは済まない矛盾など生じようもない。市場にすがろうとする者は、市場で最強の世論形成者に後れを取らないようにしなくてはならない。すなわち、地方紙をも買い入れはじめたシュプリンガー・コンツェルンが増大するのにしたがい、シュプリンガー・コンツェルンへの従属も増大する。このような世論に対して都市ゲリラは、激しい敵意以外のなにも期待しない。マルクス主義的な批判および自己批判に即して世論は定位されるべきであり、それ以外のなにものに即してでもない。これには、《皇帝を馬から引きずりおろすのは、身を四つ裂きにされるのを恐れぬ者のみだ》と毛沢東は述べている。

都市ゲリラにとって長期的にしてこまごまとした作業は重要な要請であり、われわれはそれを語るにとどまらず、この要請に従って行動もする以上、その要請はいよいよもって重要だ。ブルジョワ的職業への退路など確保せず、革命をまたも店晒しにする可能性を断ち、そうしたことを望みもせず、つまり《革命家の義務とはつねに闘うこと、万難を排して闘うこと、死ぬまで闘うこと》というブランキが表明した激しい熱意をもって。——こうした熱烈な士気のない革命闘争などはありえないし、これまでもなかった。ロシア、中国、キューバ、アルジェリア、パレスチナ、ベトナムがそうであるように。

組織化、煽動・情宣の秘める政治的可能性はまだまだ汲み尽くされていない、それらが汲み尽くされてはじめて武装の問題を提起できる、そう言う者がいる。われわれはこう言おう。武装闘争という目的が政治活動の目的として認識されないかぎり、すなわちあらゆる反動派は張り子の虎であるという戦略的定義が、奴らを犯罪者、殺人者、搾取者であるとする戦術的定義の背後に認識されないかぎり、そうした政治的可能性は本当に利用されつくされることはない、と。
われわれは《武装情宣》について語るつもりはない、われわれはそれを行うのだ。囚人解放の運びとなったのは情宣上の理由からではなく、仲間を取り戻すためだった。奴らがわれわれに罪を着せようとしているごとき銀行襲撃ならば、われわれもまた金を得るためにだけならやってみせよう。毛沢東いわく、《敵がわれわれをまっ黒に描くならば》われわれは《輝かしい成果》を達成したにちがいない、ただこれは条件つきでのわれわれ自身の成果でしかない。われわれについて上げられた大声の叫びを、われわれはむしろラテンアメリカの同志らに多く負っている——彼らがすでに敵とのあいだに引いた明確な分断線ゆえに——、そこでこの地の支配者たちはわれわれに対して、何件かの銀行襲撃嫌疑を理由に、われわれが打ち立てようと開始したところのもの、つまり赤軍派の都市ゲリラがすでに存しているかのように、《精力的に立ち向かってくる》。

6　合法活動と非合法活動

西側における革命こそ、資本主義権力に対するその牙城での挑戦こそが急務だ。それには決定的な意味がある。現下の世界情勢では、平和の発展や民主主義の安定を保証しうる場所も勢力もない。危機がしだいに差し迫っている。この危機をいま周縁に封じ込める、あるいは闘いを先送りにすることは、全面的な滅亡の渦に巻き込まれることを意味する。

イル・マニフェスト、第五五テーゼ

《おまえたちをぶち壊すものをぶち壊せ》というアナーキストのスローガンは、刑務所や施設の、学校や職業訓練中の若者たちという底辺の直接動員を目標としており、汚辱にまみれた人びとに向けられ、おのずと理解されることを目指しており、直接抵抗を挑発するものだ。ストークリー・カーマイケル[*39]によるブラックパワーのスローガン《自分自身の経験を信用せよ！》はまさにこれを意味していた。このスローガンがもとづいている認識は、資本主義生産関係に起源をもたずして、人を圧迫し、苦しめ、阻害し、負担をかけるものなど、資本主義のもとではなにひとつない、どのような姿で現れようと抑圧者の誰もが資本家の階級利益を代表している、つまり階級の敵である、というものだ。

このかぎりでアナーキストのスローガンは正しく、プロレタリア的、階級闘争的だ。ただ殴りかかって奴らの面に一発お見舞いすればよく、組織化は副次的であり規律などブルジョワ的で階級分析は余分だという過てる意識を伝えるかぎりで、このスローガンは間違っている。彼らの行動のあとで激化する弾圧に無防備にさらされ、合法活動と非合法活動の弁証法を組織面で顧慮しなかったため、彼らは合法的に逮捕されてしまう。いくつかの組織からの《共産主義者たちは自分たちの手で非合法化するほど愚鈍ではない》なる発言は、ほかの誰でもない階級司法に調子を合わせたものだ。この発言の意味するところが、共産主義の煽動・情宣の、組織化の、政治闘争と経済闘争の合法的可能性はできるかぎり活用されるべきであり、軽率に危険にさらされてはならない、ということならばそれは正しい――ただこの発言内容はまったくそうではない。この発言は、階級国家とその司法が社会主義活動に科している制限範囲はあらゆる可能性を利用するのに充分であり、この制限は遵守されるべきだ、この国家が非合法的な侵害をしてもそれはいつでも合法化されてしまうのだから、そうした侵害はなんとしてでも回避するべきである――そこで是が非でも合法であれ、こうした点を含意する。不法逮捕、テロ判決、警察による侵害、検事による恐喝および強要、——屈服するか、それとも死か——共産主義者はそのように愚鈍ではない……。

この発言はご都合主義的だ。ここには連帯意識が欠けている。監獄の同志たちを眼中に入れず、社会的出自と環境ゆえ犯罪によって生き延びるしかないすべての、地下活動家・下層プロレタリア・無数のプロレタリアの若者・外国人労働者らの組織化や政治化を社会主義運動から締め出している。この発言は、組織に加わらないすべての人びとを理論的に犯罪者と見なすことに貢献する。それは階級司法と結ぶ同盟である。この発言は愚かである。

合法性とは権力問題だ。合法性と非合法性の関係は、改良主義的な権力行使とファシズム的権力行使がきたす矛盾によって定まる。こうした権力行使を首都ボンで目下代表するのが、前者が社会民主党と自由民主党の連立与党で、後者は野党のバルツェルとシュトウラス[*40]である。またジャーナリズムで代表するのはたとえば、前者が「南ドイツ新聞《ズュートドイチェ・ツァイトゥング》」[*41]、「シュテルン」誌、WDR〔西部ドイツ放送〕およびSFB〔自由ベルリン放送〕の第三プログラム、「フランクフルター・ルントシャウ」紙で、後者がシュプリンガー・コンツェルン、自由ベルリン放送、第二ドイツ・テレビ〔ZDF〕、「バイエルン

＊39　ストークリー・カーマイケルはブラック・パワー運動の指導的メンバーだった。

＊40　訳注——バルツェルについては本編注16、シュトラウスについては同注28を参照。

＊41　訳注——WDR〔西部ドイツ放送〕とSFB〔自由ベルリン放送〕両局の共同で一九六二年にラジオ放送として開始された。トルコ語をはじめとする非ドイツ語による「外国人労働者番組」も放送された。

クリール」紙である。警察でいえば、前者がミュンヒェン路線で、後者がベルリン・モデル、司法では、前者がドイツ連邦行政裁判所、後者がドイツ連邦裁判所、となる。

改良主義路線が目指すのは紛争の回避であって、制度への取り込み（共同決定）、改革の約束（たとえば刑執行での）を通じて、古びた紛争の火種を片づけることによって（たとえば、ポーランドでの連邦首相の跪き）[42]、挑発を回避することによって（たとえばベルリンのドイツ連邦行政裁判所とミュンヒェン警察の柔軟路線）、不都合な状態を言葉で承認することによって（たとえばヘッセンとベルリンの公教育）、行っている。合法性の外側よりも極力内側で動くことが改良主義の紛争回避の戦術のひとつである。こうして改良主義は基本法を小脇に正当性の外観をまとい、諸矛盾の宥和統合がもくろまれ、左翼からの批判を不首尾に、空振りに終わらせ、SPD青年部員〔Juso《ユーゾ》〕をつなぎ止めようとする。改良主義路線は資本主義支配を長期的に安定させるという点でより効果的な路線であることに疑いの余地はないが、ただそれは一定の前提に束縛されている。改良主義路線は経済の好況を前提とするのだ。たとえばミュンヒェン警察の柔軟路線はベルリン警察の強硬策よりもはるかに費用がかさんでいる。これをミュンヒェン警察署長は具体的にこう説明していた。《機関銃を携帯した二人の警官なら一〇〇〇人の活動を封じることができる。ゴム製の警棒を持った一〇〇人の警官なら一〇〇〇人を封じることができる。そうした道具がなければ三〇〇から四〇〇の警官が必要である》。ミュンヒェンの例からもわかるように、改良主義路線は反資本主義を唱える反対勢力がまったく組織されていないのを前提としているわけではない。

ちなみに改良主義政治という隠れ蓑のもと、国家権力および経済力の独占化が進行している。シラー[43]は経済政策でこれを促進し、シュトラウスは財政改革でこれを貫徹した。生産部門では労働強化と分業によって、行政やサービス業部門では長期的な合理化措置によって、搾取が激化されたのだ。少数者の掌中への暴力の集中、これがなるべく目立たぬよう遂行され、同時に、制御不能の連帯を招来させかねない無用な挑発が回避されるなら、より少ない抵抗でうまくゆく――これが学生運動とパリ五月革命から学習された。それゆえに「赤色細胞《ローテ・ツェレン》」*44はいまだ禁じられておらず、それゆえに共産党は共産党禁止令が解除されないままにDKPとして許容され、それゆえにリベラルなテレビ番組がなお存続し、そしてそれゆえに実際には愚鈍ないくつかの組織が自分たちのことをそれほど愚鈍であると思わずにいられる。

改良主義の呈する合法性の余地は、学生運動とAPOからの攻撃に対する資本家からの回答だ――改良主義的な回答をなしうるかぎりで、回答はより効果的だ。こうした合法性に全幅の信頼を置く、つまりそれを頼りにして観念領域にまで延長し、統計学的に推計し、ひたすら守ろうとする、それは

*42 ドイツとポーランドの和解の儀式として、ブラント首相はワルシャワ・ゲットー蜂起犠牲者のための記念碑の前で跪き、メディア効果を発揮した。これはSPDが促進した新東方政策の一要素であった。

*43 カール・シラー（SPD）〔一九一一―一九四〕は経済相としてF・J・シュトラウスを引き継いだ〔一九六六―六九年にキージンガー内閣で経済大臣、六九―七二年にはブラント内閣で経済大臣に加えて財務大臣も兼任。ナチ時代は党員であり、突撃隊のほか学生同盟、大学講師同盟等ナチ傘下の組織に所属していた〕。

*44 訳注――SDS（社会主義ドイツ学生同盟）が一九七〇年三月二一日に連邦レヴェルでの解散を決定、この前後より各大学を単位に形成されたグループ。一年程度の存続期間で終わっている。

すなわち、ラテンアメリカでの自己防衛区域戦略の誤りをくり返すことを、何も学ばなかったことを、編成を整え再組織化する時間を反動派に与えて左翼の非合法化どころか撃滅にまでいたらしめる、ということを意味する。

ヴィリ・ヴァイアー[*45]は寛容さの素振りすら見せず、手練手管に長け、アルコール検査によって自動車運転者のすべてを潜在的犯罪者にしているというリベラルな報道陣からの批判に対して、《もっと続けよう！》と傲岸に応じるだけだ——そしてこれによって、リベラル世論にそんな世論は重要でないと諭す。エードゥアルト・ツィマーマンは全国民を警察官に変え、シュプリンガー・コンツェルンはベルリンの警察運営を担ってみせ、BZ紙[*46]のコラムニストであるレーアはベルリンの捜査判事たちに逮捕状を出すよう指示する。強硬手段、死刑、戦闘力、軍事出動といったファシズムの意味での大衆動員が行われている——ブラント／ハイネマン／シェール[*47]政府がボンの政治に与えたニュールックはそのファサードだ。

合法活動と非合法活動の問題をあまりに表面的に扱う同志たちは、特赦[*48]のことをも明らかに勘違いしていたようで、この特赦は後になって学生運動の幻想を打ち砕いた。何百人もの学生の犯罪行為が取り消されることで、彼らは身をすくめながらも逃げおおせ、さらなる過激化が防止され、ブルジョワ学生でいる特権は何に値するかに、つまり大学とは学問工場であるにもかかわらず彼らには社会的昇進が約束されていることに注意を向けるようしきりと迫られた。こうして学生たちとプロレタリアートのあいだに階級障壁がふたたび打ち立てられた。学業という学生たちの特権的日常と、同じ階級敵から特赦を与えられない出来高払いの男女労働者の日常とのあいだに。こうしてまたぞろ理論は実践から切り離されたままだった。特赦イコール平定という計算式どおりになった。

著名文筆家たち――落ちぶれたグラスだけではない――による社会民主党の選挙運動を、積極的な

*45 ヴィリ・ヴァイアー〔FDP〕〔一九一七‐八七〕はノルトライン＝ヴェストファーレン州の内務大臣〔任期一九六二‐七五年〕で、警察の重武装化の断固たる支持者であった〔元ナチ党員でナチ時代のドイツ法学アカデミーで助手も務めた。晩年にはドイツ・スポーツ連盟会長に就いている。「人民に奉仕する」注20をも参照〕。

*46 訳注――BZはBerliner Zeitung〔ベルリン新聞〕の略称。「ビルト」と同様にシュプリンガー社のタブロイド判大衆紙。なお旧東独にも同名新聞Berliner Zeitungがあり、ドイツ統一後も存続しているがこれはまったくの別物。

*47 訳注――それぞれ当時の首相／大統領／副首相兼外相。

*48 八ヶ月の量刑を超えないデモ関連犯罪の特赦が、一九七〇年五月四日、グスタフ・ハイネマンによって公布された。一九六八年以降の机上の革命家たちの社会復帰がこれによって可能となり、抗議・抵抗に向けられた社会民主主義的融和統合戦略の典型的事例となっている。

*49 訳注――一九五〇年代末の国民政党への路線転換によってSPDが政権に入る可能性が見えてきたのを踏まえ、ヴィリ・ブラント路線を支持するギュンター・グラスをはじめとした作家たちは六五年にベルリンで「ドイツ作家選挙事務所」を立ち上げる。呼びかけ文にはイルゼ・アイヒンガー、エルンスト・ブロッホ、ヴァルター・イェンス、アレクサンダー・ミチャーリヒ、ハンス・エーリヒ・ノサック、エルヴィン・ピスカートアなど著名な作家や学者などが名を連ねている。APOの活動家で後に作家となるペーター・シュナイダー、RAF中心メンバーとなるグードルーン・エンスリーン、当時彼女のパートナーだったベルンヴァルト・フェスパーなどもこの活動に参加した。一九六五年九月の連邦議会選挙でSPDは敗れつつも六六年にはCDUとの「大連立」にいたるが、これには「ドイツ作家選挙事務所」は反対を表明した。

民主主義動員の試み、ファシズムの拒絶だなどと思い込み、これに注意を払うのは、独占の合理性にいまだ服さず上部構造として後れをとっている二、三の出版社やテレビ・ラジオ局編成部の現実と、政治的現実の全体との混同だ。抑圧の先鋭化された領域は、作家たるものがまずもって携わるべき領域ではない。監獄、階級司法、出来高払いのための忙殺、労働災害、割賦払いでの消費、学校、「ビルト」とBZ、郊外団地、外国人ゲットー——こうしたいっさいを文筆家たちが理解するとしたら、せいぜいのところ審美的にであって、政治的にではない。

合法性とは、議会主義の、労働協約の、多元的社会のイデオロギーだ。これを主張しながら、合法的電話盗聴、合法的郵便検閲、合法的な隣人への尋問、密告者への合法的報酬、合法的監視を無視するなら、——政治警察から介入を受けないために、たえず政治活動の組織化は合法的であると同時に非合法的でなくてはならない、これを無視するなら、合法性は偶像となる。

恐怖政治やファシズムそのものを通じて反ファシズムが自然発生的に活気づくことにわれわれは賭けたりしないし、また合法性を腐敗とばかり見なすわけではなく、ヴィリ・ヴァイアーにとってのアルコールのように、シュトラウスにとっての犯罪増加のように、バルツェルにとっての東方外交のように、フランクフルトのタクシー運転手にとってのユーゴスラヴィア人が無視した赤信号のように、ベルリンの自動車泥棒を殺した者にとってのポケットに手を入れようとしたこと〔ピストルを取り出すと思ったという言い訳〕のように、われわれの活動が口実を与えることも知っている。さらにそれを上回る口実としては、われわれが共産主義者であるからであって、共産主義者が組織されて闘うかどうかは、恐怖政治と抑圧が不安と断念をもたらすだけなのか、それとも抵抗と階級憎悪と連帯を惹起するのか、この地ですべてが帝国主義の思いどおりに円滑に進むのか、そうはゆかないのか、これにかかっている。これは、共産主義者たちは愚鈍ですべて言いなりまかせであるのか、それとも非合法活動を退け合法活動を偶像視するのではなく、非合法活動を組織するために合法活動を利用するのか、これにかかっている。

黒豹党《ブラックパンサー》の運命や「プロレタリア左派」[*50]の運命は、制度と制度の現実とのあいだに現にある矛盾と、抵抗が組織的に現れるときの矛盾の激化とを理解していない、誤った判断に因っているのではないだろうか。合法活動の諸条件は積極的な抵抗によって必然的に変化し、それゆえ合法活動を政治闘争と非合法活動の組織化とに同時に利用する必要がある、そして体制側による決定的打撃の結果として非合法化を待つならば、そのような非合法化とは即座に粉砕されることであり相手の思う壺であるのだから誤りである、これを把握していない誤った判断に因るのではないか。

赤軍派は非合法活動を革命的介入のための攻撃態勢として組織する。

都市ゲリラの実行とは反帝国主義的闘争を攻撃的に遂行することだ。赤軍派は合法闘争と非合法闘争を、国内闘争と国際闘争を、政治闘争と武装闘争を、国際共産主義運動の戦略規定と戦術規定を結合させる。都市ゲリラとは、連邦共和国および西ベルリンでの革命勢力弱体化に抗し、いまここでの革命的介入をすることだ！

＊50　プロレタリア左派〔GP〕はフランス新左翼の毛沢東派によって作られた組織。彼らは一九六八年以降、企業内ゲリラを建設し、学生闘争とプロレタリア闘争のあいだの社会的距離を克服するべく試みたが、一九七〇年に禁止処分〔解散命令〕を受けた〔その後、支援組織の会長にサルトルが就き、組織自体は非公然化したが、七三年一一月の自主解散まで活動を展開した〕。

《それらは問題の一部であるか、それとも問題解決の一部であるかのどちらかだ。そのあいだには何もない。何十年も何世代もまえから、この為体《ていたらく》はあらゆる角度から調査され評価されてきた。この国で起きていることのほとんどはこれ以上分析される必要はない、私はただそう考えるだけだ》とクリーヴァー[*51]は述べている。

武装闘争を支持せよ！
人民戦争に勝利せよ！

＊51　エルドリッジ・クリーヴァーは黒豹党の情報大臣。党が粉砕された後、アルジェリアに亡命、『氷の上の魂』〔武藤一洋訳、合同出版、一九六九年〕をはじめとする数冊の書籍を出版した。

西ヨーロッパの武装闘争について

一九七一年五月

歴史がわれわれに教えるところでは、正しい政治路線と軍事路線が成立し発展するのは自然に平穏裏にではなく、闘争のなかでのことだ。この路線のための闘争は、一方で左翼日和見主義に対して、他方で右翼日和見主義に対してなされなくてはならない。

毛沢東〔「中国革命戦争の戦略問題」〕

1　武装闘争――革命理論の中心問題

革命意識に目覚める若者が今日ますます増えている。プロレタリア革命のために徹底的かつ規律正しく活動する覚悟が強まっている。この革命は科学的革命理論なしには勝利はできないという認識が広まっている。とはいえ、この認識から当然あるべき結論はほとんど導きだされていない。

革命理論は学術的考察などではないし、社会連関の解明にとどまるものでもなく、何よりもまず革命行為への手引きである。革命理論は、社会主義革命の戦力、目的、手段、道程についての問いに具体的かつ実践的な答えを与えなくてはならない。それは国家における権力問題を正しく解き明かし、《社会主義への平和裏の移行》が可能かどうか、具体的な社会状況下にあって資本家の手からプロレタリアート組織へと権力を非暴力的に移行するのが可能であるかどうかに答えなくてはならない。熱狂やら神頼みやらに意味はない。階級利害の対立、権力を維持するための支配者の手段と方法を探求しなくてはならない。プロレタリアート独裁への必然的かつ可能な歩みを発展させなくてはならない――それをしないならば革命理論は欠陥品であり、正しい行動の手引きとならない。

革命過程の現在直面する問題に対して過去の解決法で答えることができるなどと革命家たちが信じているがゆえ、実際に存する欠陥が適切な時点で認識されない、ここに大きな危険がある。科学的社会主義の基礎は――それを否定する者はいない――歴史的諸経験だ。科学的社会主義とは、社会の共通運動法則についてこの経験から導き出された認識の総体だ。これらの認識を、そのつどの具体的な状況に創意をこらして適用するときにのみ、革命を促進できる。過去の成功した階級闘争は、引き写すべき手本などではなく、教訓が導き出されるべき「教育劇[*1]」である。

一八七一年のパリ・コミューン、ロシア十月革命の勝利、そして中国の人民戦争の成功は、今日のわれわれの状況とは比較できない、まったく異なる社会的条件から生じていた。とはいいながら、もしわれわれがこれらの経験からわれわれの行動にとって有効な教訓を引きださないなら、われわれは十全な革命理論を発展させられないだろう。

歴史上の教育劇を研究して実り豊かになるのは、われわれが諸現象における特殊と普遍の関係を正確に理解する場合に限られる。特殊が普遍のなかへと解消するように、普遍は特殊のうちに存する。一八七一年のパリ三月蜂起、ロシア十月革命、中国人民戦争、そしてキューバのバティスタ政権打倒、これらの展開と経過は、社会的生産関係の形成をめぐるブルジョワジーとプロレタリアートとのあいだの階級闘争が武装紛争へと、内戦へと先鋭化することを示している。

階級闘争の最高形態としての武装闘争が生ずるのは、有産階級が国家権力の道具に決定的な影響力を確保し、警察と軍隊という結局のところ絶対的な暴力機構の国家による独占を貫徹することに成功した、この事実の結果としてである。ここで確認した点は、ブルジョワ独裁のあからさまな形式にも議会制形式にも該当する。社会に潜在する暴力は広範囲にわたって有産階級の手中にある支配道具となり、社会の圧倒的多数派である被搾取生産者の要求に対して有産階級の特権を守るための武器になっていた。有産階級が社会的規模で生産手段に対する所有権、自分たちの特権を放棄したことはいまだかつてない。

これを変えることができたなどという証明はない。アウシュヴィッツ、セティフ、ベトナム、インドネシア、アンマン[*2]の名が表すのは、大量殺戮とは克服された支配体制の過去に属するのではなく、依然として支配者たちの利用手段の一部であるという経験だ。支配者たちは、権力を有する地位にある

＊1　訳注――《教育劇》とは元来ベルトルト・ブレヒトが構想した、上演内容に上演者、観客ともども距離を保ち、そこから学ぶことを意図した演劇作品。「処置」や「諾う者・否む者」では、革命党派における個人と組織の問題が扱われている。この文中では〈教訓となる教材〉程度の意味合いで使われている。

彼らの物理的・社会的存在が搾取階級であることを確認する。彼らにはそれ以外の生存様式など想定だにできない。自己保存衝動を活力にして、支配を維持するため彼らは最後まで徹底して闘う。資本主義がいまだ実権を掌握しているところならばどこであれ、資本主義延命のためにその権力は行使されるだろう。

資本主義から社会主義への平和裏の移行を期待しても、本国にはそのための実体的基盤がない。過去と現在の社会蜂起から導かれうる教訓からは、資本の支配に対するプロレタリアートの革命的階級闘争がその決定的な最高段階に達したとき武装内戦にいたる、武装闘争こそが階級闘争の最高段階である、という理解が十分に根拠づけられる。毛沢東はこの理解を一九三八年、次のように定式化した。《革命の中心任務と最高形態は武力による政権奪取であり、戦争による問題解決だ。マルクス・レーニン主義のこの革命原理は普遍的に妥当するもので、中国においても外国においても、どこでも妥当する》〔「戦争と戦略の問題」一九三八年〕〔原注1〕。

現在の社会状況下で階級闘争の武装段階が不可避であるなら、革命理論は階級闘争の軍事面を適切に反映し、軍事行動への具体的な手引きを示さなければならない。社会主義革命では政治が優先するということは、階級闘争の政治面を他との関連なしに考察し、それ以外の本質的な側面をないがしろにする、という意味ではありえないし、そうであってもならない。もしそうであるなら、社会的現実のごく一部だけを観察し、全体を間違って反映してしまうことになるからだ。政治の優先は無制約に妥当する。それの意味しうるのは、闘争の軍事形態は革命の政治目標に服している、という点にすぎない。

レーニンは、帝国主義世界戦争という状況下で武装蜂起の正しい軍事理論を展開した。マルクスとエンゲルスは、一八四八年から一八五〇年の諸革命とパリ・コミューンの経験から、階級闘争の軍事的局面にとって今日でもいまだ意義ある重要な原理を導きだした。

古典的革命理論家は総じて、階級闘争の軍事的局面を想定するのを退けず、逆に理論的に克服されるべき革命の不可避な段階と見なした。現代革命理論にとって毛沢東に意義があるのは、とりわけ中国人民戦争をとおして検証され確証されたテーゼ、プロレタリアート革命組織が同時に軍事組織であり、共産党が革命諸階級の赤軍をも建設するときにのみこの組織は革命を勝利に導くことができる、というテーゼにおいてである。

帝国主義が全世界的に組織されている状況下では、敵対する諸階級を軍事的に組織するという矛盾

＊2　アウシュヴィッツはここでも、ナチ政権による何百万という人びと——主にユダヤ人——の組織的殺害を象徴する。

アルジェリア東部の都市セティフでは、一九五四年春、ある逮捕者釈放要求のデモが流血の衝突となった。デモは叛乱に発展し、フランス空軍がこの大衆運動を鎮圧したときセティフの諸村落とゲルマでは四万五〇〇〇人の死者が出た。

ベトナムはここでは、(フランスとアメリカの) 帝国主義軍隊によるベトナム住民に対する犯罪を指し示す。

インドネシアでは一九六五年、共産党主導の民衆蜂起を軍隊が鎮圧し、その際、中国系少数民族が (共産党に友好的だという名目で) 一万人虐殺された〔一説では五〇万人とも二〇〇万人とも言われている〕。

ヨルダンの首都アンマンでは一九七〇年、パレスチナ解放運動がヨルダン政府軍との激しい戦闘の後、ヨルダンから追放された。この時点まで解放運動諸組織は、《受け入れ国》の広い地域を管理し、とりわけイスラエルに対する奇襲行動を遂行するための革命路線を敷いていた。

が、革命の進行を決定する運動をいだく革命的人民戦争が徐々に拡がってゆく長い期間にあっての主たる矛盾であること、これを毛は認識していた。当然の帰結として、彼は軍事問題に対してつねに特段の注意を注ぎ、その行動指針を通して政治の優先を貫徹した。

プロレタリア革命の軍事理論を練り上げるにあたり彼は、無批判的にソヴィエト・ロシアの手本を引き継ごうとする党内教条主義一派と絶えず論争しつつ、弁証法的唯物論の認識論が備える諸原理を正しく適用した。その際彼は、古典的理論家たちが〔眼前の中国とは〕別の社会状況に基づいて引きだした結論を転用し、その網を中国の状況にかぶせることに徹底的に反対し、革命中国の社会的諸関連を弁証法的唯物論の方法によって独力で分析するように、そしてそのようにして中国社会をはじめて認識し、中国の状況から必然的にして正しい帰結を引きだせるように、党を育成した。中国の革命階級を勝利へと導いた革命理論が成立しえたのは、こうした方法によってでしかなかった。

方法という点で毛は、その後あらゆる革命運動が歩むべき道を指し示した。この道とは、階級闘争で軍事を徹底させることを中心問題として革命の理論と実践のなかに採り入れ、プロレタリアートの革命闘争に対する個々の階級との関係ならびに対立する階級間の力関係のなかでの特殊性を綿密に研究すること、図式を借用せず、独力での分析による調査を通じ、資本を無力化するために力関係から見て可能であり見込みのある軍事闘争諸形式を見つけ出し実践で適用すること、実践経験をとおして政治的・軍事的構想を検証し、必要とあらば訂正すること、実際の闘争をとおして革命階級にとって有利な結果となるように力関係を変化させ、それに基づいて、変化した状況下で軍事・政治闘争をより高い次の段階へともたらすこと、等々をつづけ、ついにはプロレタリアートの最終的な勝利にいたる、というものだ。

2　武装闘争とゼネラル・ストライキ

目下の連邦共和国と西ベルリンでは多くの同志たちが革命的プロレタリア党を建設し、ボリシェヴィキの原理に従い工場労働者を職場で組織し、労働者階級のなかで社会主義革命の情宣を行う努力をしているのを、われわれは身をもって知っている。

しかし、同志たちはこの革命をどのように思い描いているのか？　組織をめぐる彼らの努力はどのような革命理論にもとづくのか？　革命の経過の見通しについて、戦略および戦術原理が歪められる危険について、彼らは労働者たちに何を語るのか？　革命過程を意識的に形成し、革命のなかでそれを導くには、労働者階級はどの方向に向かうべきなのか？

彼らは労働者たちに、資本家支配を一掃してプロレタリア独裁を樹立し、生産手段を社会的な裁量のもとに置かなくてはならないと言う。彼らは大衆行動、プロレタリアート前衛の中央集権・民主的組織、革命的共産主義政党、すべての被抑圧者たちの連帯といった情宣をする。もしも労働者に、どうしたら帝国主義国家の弾圧機構を攻略しついには粉砕できるのか、と質問されたなら、彼らは何と答えるだろうか？　資本家の権力を打ち破るのは、《人民の政治的意志の力強い表明》によってだけ、労働者のゼネラル・ストライキと工場占拠によってだけだ、と彼らは答えるつもりだろうか？

全国規模で組織され、大衆に根を下ろし、ボリシェヴィキ原理に従い鍛錬され経験を重ねた労働者党ですら、支配者たちがデモやストライキに対して警察と軍隊を動員し、大殺戮をしでかすのを阻止できないだろう。彼らには、もっとも活動的な革命幹部が何千とファシストの強制収容所に連行される、あるいはその場でただちに殺害されるのを阻止できないだろう。彼らには、ゼネラル・ストライキが大衆の空腹と消耗によって破滅に終わるのを阻止できないだろう。大衆は何度となく打ちひしがれ、彼らをむざむざとこの対立に導いた指導者に失望するだろう。

ブルジョワ国家権力は革命的大衆運動の高揚によって弱体化するにしても、壊滅的打撃を受けはしない。大衆の進撃が反革命の炎のなかでまずもって挫折するなら、資本はやがて強化されて対決から抜け出し、ファシスト独裁を打ち立て、所有者の命に応じて《労使休戦》を復活させるだろう。ゼネラル・ストライキは先進工業国の経済を麻痺させるものの、権力問題をおのずと解決するわけでない。ゼネラル・ストライキが起こす無秩序によって、プロレタリアートもまた物質的生存基盤を奪われてしまう。備蓄が不足している彼らの場合にはよりいっそう急速に。

フランス五月革命のあいだ、全国規模で組織された革命党があったならば、あと二、三週間のストライキ貫徹を組織できるはずだった（せいぜいのところだが）。だからどうだというのか。労働者委員会がいたるところで都市の《権力》を引き継ぎ、工場委員会がプロレタリアートの必需品生産を組織していたところで、それによって支配者から警察と軍隊という弾圧機構をもぎ取ることにはならなかっただろう。ゼネラル・ストライキは一斉蜂起へと移行されるべきであるとの理論があいかわらず革命家の頭のなかを幽霊としてさまよっている——一斉蜂起とは国家の抑圧装置に対する長期的な武装闘争の最終段階であるのを理解しないならば、この理論は幽霊のままだ。国家の抑圧装置はそうした闘争によってのみ次第に消耗し、士気を阻喪させられ、ついには打ち砕かれるのだから。

ストライキを闘う労働者とは反対に精鋭の軍隊は、全国を網羅する訓練の行き届いた命令構造を手にしている。軍隊の有する補給物資、兵器、弾薬、装備の備蓄は、国外紛争ばかりでなく内戦をも充分計算に入れたものだ。軍事輸送・情報制度は公共の交通・通信手段から独立している。鉄道職員、郵便局員がストライキをしたところで、軍事機構に決定的な打撃を与えることはない。それにとどまらず軍隊というものは、適切な軍事作戦によって補給に必要な物資を徴発し、自分たちの必要に応じた生産を始める術を変わることなく心得ていた。兵士が餓死するのはいつでもいちばん最後だ。

大衆闘争にとって不利である出発点でのこうした戦略状況はいまに始まったわけでない。過去にあってもここから、状況に合った軍事闘争の展望について問題提起がされていた。エンゲルスは一八四九年の憲法戦役のあいだ軍事的戦闘に熱心に参加して以降、一般論としては戦争の問題に、そして個別論としては革命的内戦の問題に集中的に取り組んだ。

ドイツの社会民主主義がさんざん乱用した彼の《政治的遺言》――『フランスにおける階級闘争一八四八年から一八五〇年まで』序文――で彼は、戦争技術の進歩を目の当たりにして旧式の叛乱、つまり《一八四八年まではいたる場合に最終決定をもたらしたバリケードによる市街戦》は時代遅れであると述べた。新たな展望を一般兵役義務のなかに見いだしたとエンゲルスは考えた。《より多くの労働者が武器の扱いに習熟するなら、それだけ好ましい。一般兵役義務は、普通選挙権の必然的にして当然な補完物だ。これによって有権者は、あらゆるクーデターの企てに反対であるという自らの決意を、武器を手に貫けるようになる。一般兵役義務をよりいっそう徹底して実施することは、ドイツ労働者階級がプロイセンの軍隊編成のなかで関心を寄せる唯一の点だ〔…〕》。このようにエンゲルスは一八六五年に書いた（『プロイセンの軍事問題とドイツ労働者党』）。

エンゲルスがこの点で判断を誤ったことは、一〇〇年以上にわたるドイツ労働運動史に照らすなら、さらなる説明を要さない。現在、ベトナムの米軍でもふたたび示されているが、兵役義務による軍隊のほうが信頼性に欠けるのは明らかであるにしても、大規模な革命的服従拒否やプロレタリアート出身兵士が敵軍と友愛を示すのを当てにできたのは、国民が動員された国家間戦争での軍事的破局後の稀な例外状態にあるときだけだった。内戦にあって軍隊が銃口の向きを反転させる事態を、さまざまな傾向が阻んでいる。プロレタリア革命では人民がブルジョワ民主革命の場合でよりも出陣をはばかる、という事実もとくにあり、これをエンゲルスは認識していた。

すでに触れた序文でエンゲルスは一八九五年に記していた。《すべての人民階層が共感を寄せる蜂起がふたたび起こることはまずない。階級闘争であらゆる中間層が完全にプロレタリアートを中心に結集し、逆にブルジョワジーに群がる反動派がほとんど消え失せる、というようにはおそらくならない。そこで〈人民〉はつねに分断されて現れるだろう》（「『フランスにおける階級闘争』（一八九五年版）への序文」）。

一九〇五年ロシア革命の後、この動乱の印象のもとでレーニンは同じ趣旨で次のように表明した。《蜂起が長期間にわたる内戦、つまり人民の一部からの人民の別の一部に対する武装闘争という、より高次で複雑な形態をとるのは、まったく当然であり不可避的である》（レーニン「ゲリラ戦」[*3]一九〇六年）。

ごく最近になってこの認識は、フランスの五月の出来事によって確認された。プロレタリア革命における人民の分裂は、反革命が権力をよりいっそう強化する条件だ。一九〇五年ロシア革命時にすでに、ファシスト暴力集団、いわゆる黒百人組[*4]が組織された。ツァーリの警保局長官ロプーヒンが言い表したファシズム的弾圧計画を、レーニンがわれわれに伝えてくれている。

《現実的な革命的人民運動が存在せず、まだ政治闘争が階級闘争と結合して一体をなしていなかったときには、個々の人物やサークルが問題になるだけだったので、警察措置だけで事足りた。階級を相手としたとき、このような措置は笑止なまでに効果がないとわかり、無数のこれらの措置は警察の活動を阻みはじめた。〔…〕人民革命に対抗するには、階級闘争に対抗するには、警察に依拠できない。

同じくらい人民に、同じくらい諸階級に依拠しなくてはならない。〔…〕民族間の不和、人種間の不和を煽らなくてはならない、一連の都市（やがては当然ながらさらに地方）小ブルジョワジーの啓蒙がもっとも遅れた層から、〈黒百人組〉を徴募しなくてはならない、帝位をまもるため住民自身のなかのすべての反動分子を結集させようと試みなくてはならない、限られたサークルに対する警察の闘争を、人民の一部に対する人民の他の一部の闘争に転化しなくてはならない。いま政府も実際にそのように振る舞っている〔…〕》〔「小冊子『警保局長官ロプーヒンの回想録』の序文」一九〇五年〕。

以上、あるツァーリの警官の回想録についてのレーニンの解説だ。

階級闘争の進展から直接に生ずるこの歴史的傾向は現代にまでつづき、イタリアの黒シャツ隊、ナチの《突撃隊》（SA）と《親衛隊》（SS）でさしあたりの完成が見られる。しかしファシズムの威嚇《テロル》政治の《完成》は、その《終結》と同義ではない。支配者たちは教訓を忘れなかった。フランスでは五月一三日の一〇〇万もの労働者・学生によるデモを承けて、八〇万のブルジョワおよび小ブルジョワ分子が《声明》を出して資本主義体制の断固たる防衛を表明し、全国的な《共和国防衛委員

＊3 訳注——このテクストは既訳では通常「パルチザン戦争」と訳されているが、ここでは「ゲリラ戦」で統一する。以下でも「パルチザン Partisan」は「ゲリラ」で揃える。

＊4 訳注——《極反動的な暴力団体（ロシア国民同盟、天使長ミカエル同盟）がこう呼ばれていた。一九〇五年に生まれ、そのなかにはルンペン・プロレタリア、小商人、小手工業者の出身者が多かった。大地主、大商人に指導され、官憲の支持をえて、解放運動の弾圧やユダヤ人の虐殺、革命家の暗殺などの暴力行為を行った。ここからして、極右翼を総称して黒百人組といった》（『レーニン全集8』大月書店、一九五五年、五九九頁における「黒百人組」に関する事項訳注より）。

会》（CDR）の組織化に即座に着手した。

この歴史経験を踏まえるなら、プロレタリア諸組織を後ろ楯に行動するファシズム団体が、一般的な威嚇行為《テロル》、スパイ活動、挑発行為を通じ、軍隊や警察部隊が蜂起を鎮圧する際にきわめて効果的に援助できることを、否定しようとする者などいようか。

人民から徴募した徴兵制による軍隊が信頼性に欠ける点に、支配者が気づかずにいたわけでもない。革命の波が高まるのに直面して、西側工業諸国のどこでも兵役義務を取り消し、蜂起とゲリラ活動を制圧するためのエリート部隊を編成し、プロレタリア兵士を技術的に完璧な職業殺し屋に置き換える傾向が認められる。この種の戦闘部隊は兵士が脱走する傾向から充分免れている。正規軍と革命的大衆との親しい交わりなど純然たるユートピアとなる。フランスとイタリアのプロレタリア大衆がゼネラル・ストライキと蜂起によって権力を掴もうとしているのは今日想像に難くない。だが軍部特権階級の行動、やり口もまた同様に容易に察知できる。陸軍大将マシュ[*5]はフランスの五月の出来事のあいだ、階級闘争を軍事的局面に転じようとした。彼の装甲部隊はブルジョワ報道陣の喝采を浴びながらパリに向かって進軍した。

革命に思いを馳せるのなら、彼の命令下にあるエリート部隊がフランスのプロレタリアートに何をやってみせたかを具体的に想像してほしい。軍隊の強硬手段は多数の死者を伴う激しい衝突という代価を払ってしかありえなかったろうし、徴兵制による軍隊ならその一部労働者は発砲するのを拒んだだろう、という反論があるかもしれない。支配者たちは血の海をまえに後ずさりなどしただろうか？彼らが道義的な良心の呵責を抱くなどと誰も想定しようとしないだろう。彼らとてときとして躊躇し、譲歩し、内閣を見捨て、伝統的な共産主義政党がブルジョワ的憲法という基盤に立脚する場合には連立を組み、《最悪》をまえにひるんでいるように見えるのはたしかだ。

この弱腰の理由は同時に彼らの限界を示している。弱腰とは自己保存の反映だ。資本家が一歩後退するのは、プロレタリアートの一撃を迎え撃ち、反撃のための力を保持するためだ。けれども資本家が退位することはないだろう。工場占拠、自給態勢、プロレタリア管理をしたところで、軍隊が介入すれば革命家たちから主導権は失われていただろう。

こうした場合の軍事政策は確証済みであり、本質的にはいたるところで同じことがなされている。軍隊のなかでも篤い信頼を得た部隊は、戦略的に重要な地点で弾圧装置が優越的であるのを見せつける。これを通じて警察・軍隊の不安定にして不活性な部隊は安定し、同時にプロレタリアートの重要な陣地が抹消される。とりわけ、戦闘中の軍旗のように勝敗の合図を送る、どのような革命でも見られる拠点——一九六八年五月ではルノーとシトロエンの自動車工場だった——が狙われる。

主要幹部、地下に潜行しての活動をできないプロレタリア管理機関メンバー、ストライキないし蜂起の指揮者は、何千人と逮捕され、強制収容所に連行され、あるいは戦時法のもとで射殺される。プロレタリアートの補給活動は軍隊に阻まれ、略奪として戦時法で処罰される。軍隊はそれに代わって需要充足をより公正に行うとの口実のもと、必要生活物資の住民への配給すら肩代わりする。国際資本

＊5　ジャック・マシュ〔一九〇八－二〇〇二〕はフランスの陸軍大将で、一九四〇年にド・ゴール派に加わり、四五年からアルジェリアとベトナムで陸軍部隊を指揮した。五六年からＦＬＮ〔アルジェリア民族解放戦線〕と戦い、五八年から六〇年までアルジェの総督、六六年から六九年までＢＲＤ駐留フランス軍最高指揮官。

の援助計画によって軍隊はより多量でより良質な補給物資の供給も可能な状態にあるのもしばしばだ。

他方、支配者たちは秩序が回復されるなら《労働者の正当な要求》に応ずる用意がある旨を誓うだろう。対決が長引けばそれだけ、《救えるものを救うため》ブルジョワ政党との交渉に入る労働者階級の党派が出る恐れもおおきくなる。戦闘は負けだ。

国内での軍隊の動きを誰が妨げられようか。そのような状況下で、装甲車、ヘリコプター、機動部隊、《落下傘部隊》《海軍》《特別奇襲隊》の掃討特殊部隊、あるいはいかなる名であろうと、それらを誰が阻止しようなどと考えるだろうか。せいぜいのところ軽装備で警察署や軍隊の前哨に対する行動ができる程度の、忽然と現れ訓練も行き届いていない未熟な労働者戦闘部隊だろうか。たとえ正規軍部隊が革命側に転じたとしたところで、その持てる能力は即座に消耗してしまうだろう。

こうしたすべては明々白々だ。それにもかかわらず、弾圧機構が暴動や蜂起の鎮圧のために専門化されればされるほど、革命の軍事条件に目を塞ぐ傾向が増大しているかのように見える。現代の重要な革命理論家であるマンデルが、一九六八年革命の経験のあとで《帝国主義諸国における革命の諸類型》を素描しており、それについてこれと異なった説明はまずできない。彼によれば帝国主義諸国での革命の戦略的要素は、《ゼネラル・ストライキ〔…〕、工場占拠、よりいっそう堅固で頑強なピケ要員(?)、いかなる類の暴力的弾圧に対しても即座になされる応酬(?)、抑圧兵力との交戦に近い状態や恒常的接触(?)へと、さらにはバリケードの再登場にまで変転する街頭デモ》である[*6]〔括弧内の疑問符および以下の感嘆符はドイツ語原文ママ〕。

ある脚注(!)で彼は、軍事計画を具体化しようとしている。それはこんな具合だ。《工場占拠が始まってこのかた弾圧機構は、ストライキ参加者に占拠された戦略的拠点のいくつか、例えば電信電話局の奪還を計った。労働運動が無防備のままあれこれの出来事に不意打ちされていなかったならば、抵抗なく制圧したこうした要衝を防衛し、権力のこの挑発（！）を契機として、ピケ要員に防衛のための武装をさせるという考えを少しずつ大衆に教え込むこともできたはずだ。そうしていたなら〈内戦の恐怖〉は自衛の意志に取って代わられていただろう》。

このような構想は、軍隊が除虫弾を投げつけてくる国でならば役立つかもしれない。しかしフランス軍下士官なら誰もが、その類の《軍事的抵抗》を壊滅させる有用な戦闘計画を即座に立ててみせることだろう。まったく泣きたくなる！　こうした冒険のあとにやってくるのは何か？

大損失をこうむった幹部にとって軍事的敗北を喫したあとにつづくのは、非合法での《抵抗》の時代、相手が市民階級の党派であろうがあらゆる《反ファシズム》勢力との同盟だ。ファシズム独裁の力は次第に弱まるだろう。民主主義勢力の《統一戦線》が舞台上に現れ、政治的動乱が可能性の領域に入ってくる。しかしその結果はまたしても《ブルジョワ民主主義》の、つまり隠蔽されたブルジョワジー独裁の前ファシズム的陣形の確立にすぎないのかもしれない。

なぜならば、こうした代価を払うことでしか統一戦線は、そしてファシズム政権の終わりはありえないのだから。《ブルジョワ民主主義》が保証されている場合にかぎって資本家は譲歩し、彼らの代理人であるファシストを降任させる姿勢を示す。そこで資本家による異なった支配形態の循環が生ず

＊6　エルネスト・マンデルはトロツキー主義の理論家。出所は「一九六八年五月の教訓」『一九六八年のフランス革命』（共著。同書は本書後出のゴルツやグリュックスマンの論考をドイツで編んだ一書。篠田浩一郎ほか訳『現代革命の可能性――レ・タン・モデルヌ特集』（筑摩書房、一九六九年）所収）。

る。議会主義的似而非民主主義のあとにはブルジョワジーによる公然たるファシズム独裁がつづき、これにはまたもや議会制支配形態がつづき、等々と、こうしてやがてプロレタリアートはようやく理解するにいたるのだ、階級敵の軍事的打倒はそれ以外の戦闘形態では、他の政治勢力との同盟では、人民戦線・統一戦線方針では代替できない、階級闘争のあらゆる他の形態と政治同盟は武装闘争にとって補助的な意味をもちうるにすぎない、と。

ここにあるのは無限の誤謬と血まみれの敗北という展望だ。これでは、政治にかかわり革命闘争に加わることが必然的かつ有意義であると労働者に納得させるなどほとんどできない。一点、同志たちは理解しておくべきだった。敗北が確実に見込まれることではなく、勝利するという見通しだけが大衆を熱中させて革命的行為に駆るということを。こうした熱中を欠きながら、階級闘争の歴史のなかで革命が勝利したためしはない。

それゆえ《「われわれは」戦争勝利の展望を人民大衆にはっきり示し、敗北と困難は一過的な性格であって、どんな暗転があろうと不屈に闘うならば最終勝利は疑いなくわれわれのものである、と理解させなくてはならない》（毛沢東〔「イギリスの記者バートラムとの談話」一九三七年〕）。

しかしここから同時に帰結するのは、最良の状態で組織化され訓練された精鋭からなる党であるとしても、大衆に勝利の可能性を説得的に示しえないなら、彼らを動員することはできないだろうという点だ。どのような秘訣も役立たない。さんざんに騙され失望させられ打ちのめされた大衆は、この点ではきわめて批判的だ。

3 プロレタリア意識、革命理論、および革命的知識人層の役割

ここで示した革命的な幹部と労働者とのあいだでの仮想上の議論は、革命理論が役立つかどうかの最初の決定的な試金石である。革命目標を布告するどんな情宣活動も、この目標が達成されうる具体的な道筋を示さないならば、効果のないままだろう。ここにブルジョワ的《詐欺》との決定的な違いがある。ブルジョワ的情宣活動は大衆をまさに自立的な政治行動から遠ざけようとし、政党と国会議員による《代理的》行動への喝采を得ようとするだけだ。

このためには、曖昧で耳に心地良い、根本では空虚な、とはいえあらゆることを約束するスローガンがとりわけ適している。これに対して革命的情宣活動は、大衆みずからの自覚的な活動を目標とする。そこではこうした活動のため、ぜひとも具体的かつ現実的でなくてはならない行動指針が推奨されるべきである。こうしたはじめの実践的歩みで、情宣活動がきまり文句にすぎないのか、実際に役立つ手引きであるのかが明らかになる。

社会主義社会の実現が可能になるのは資本家権力が打ち破られるときのみだ、という意見でわれわれと一致するならば、この権力が具体的にどのように破壊されうるのかという問いを回避するわけにはもはやゆかない。これは決定的な問いだ。これに答えがないままであるなら、あらゆる努力は無駄であり、そもそも自身の良心を安らげるために勤勉であるにすぎない。

プロレタリアートの政治組織である共産党は、それ自体が目的ではない。党組織があるからといって革命がなし遂げられるわけではない。そんなことを主張する者はいない。しかし過去にあっては理論的に言明されてきたのとは裏腹に、組織というものがくり返し自己目的化し、党のために心を砕き

これを維持したいという願望、自らの合法性を保ちたいという願望が、決断を迫る重要な状況にあって階級闘争の最前線から退却させる結果を招いた。自己目的のためにマルクス主義理論を歪曲することに対する毛沢東の警告を党にも適用するのは、歴史経験のなせる必然である。

革命理論がそうであるように、その組織表現である共産党もまた、プロレタリアートが手にする一本の矢だ。これを指先で弄び、いつのたびにも《美しい矢だ！　なんて美しい矢なんだ！》と恍惚として叫びながら敵であるブルジョワジーに向けて射るのを怠るなら、その矢は役に立たない。この矢は社会変革の道具だ。資本家を無力化する武器だ。道具とはその目的にふさわしくなければならない。武器とは敵の装備に匹敵し、それを凌駕するものでなくてはならない。道具製造職人は粗鉄を器具に変えようと取りかかるまえに、それがどのような操作に役立つのかを知らなくてはならない。

革命党建設にあってこれ以外のありようはない。革命の具体的過程がどのような様相を呈し、どのような圧力を受けざるをえないのか、もしわれわれが——少なくとも概略において、そして最初の接近で——知らないならば、どうやって革命党を創設できよう。それは労働組合路線にとどまる闘争における組織、合法的政治闘争を通じて議会多数派を獲得しようとする党にとっての組織とは別様でなくてはならないだろう。闘争の重点が非合法的方法にある場合、党は地下に潜行し、それゆえ公然活動をする党とはまったく異なって組織されなくてはならない。革命闘争の内容と形式が明瞭でないときわれわれは、良くて革命的大衆の指導に向かない、——はるかに悪い場合には——運動の妨げにすらなりかねない党組織を創ってしまう危険性に陥る。

革命過程にありながら自らの目標を理論的に意識していない党が生まれるなら、こうして拡大する組織は後には、自分たちの可能性と限界に見合うだけで革命運動の欲求は顧慮しないままの《理論》

を、自らの身の丈に合わせて仕立てるだろう。

過去の階級闘争は科学的社会主義の発展を促進した。科学的社会主義は社会主義世界革命の確固たる基礎となった。しかし、この理論は——その実践機能を果たすためには——革命過程全体でのそのつどの新しい局面で、積んできた経験と状況の変化に基づいてさらに発展させられなくてはならない。もし諸連関の変化と過去の闘争結果を分析に含めないなら、この理論は穴だらけになって、役に立たなくなるだろう。

西部ドイツの社会では一九一八年、一九二三年、一九三三年[*7]〔の状況〕に直面することで変化が表れた。国際規模での労働者階級の勝利と国家的枠組みでのドイツ・プロレタリアートの敗北から、社会運動法則への新しい認識が開かれた。ロシア十月革命の勝利により根底的に変化した状況に帝国主義世界体制は適応した。それと対照的に、革命理論、プロレタリアート独裁樹立の具体的な道のりについての西部ドイツの共産主義者の見解は、取り残されたままだった。

第二インターナショナルのドイツ社会民主主義者たちは少なくとも、労働者権力への道のりがどのような様相であるべきかを具体的に思い描こうとした。とはいうものの彼らの重ねた考察は、ドイツ・ファシズムの経験という背景を踏まえた今日では、驚くほど素朴に見えてしまうのだが。

アントン・パンネクーク[*8]は、《報道の機能麻痺、集会禁止、闘争指導部の逮捕〔…〕、戒厳状態、偽造報道》を、プロレタリアートの革命闘争に対するブルジョワジーの《最悪の措置》であると大まじ

*7　訳注——それぞれ、第一次大戦敗戦とドイツ革命、フランスとベルギーによるルール占領とハイパーインフレ、ナチの政権獲得。

めに捉えた〔「大衆行動と革命」、「ノイエ・ツァイト」[*9]誌一九一二年第二巻三〇号〕。また、反革命の可能性についてのカウツキーとローザ・ルクセンブルクの考えも〔原注2〕社会主義者鎮圧法の経験を超え出ていなかった[*10]。ちなみに一連のドイツ社会主義者たちのもとで大衆ストライキの有効性という幻想がだらしなくはびこることにおおいに与ったのは、一九〇五年のロシア・プロレタリアートの大衆行動だった。この幻想に対してはレーニンが一〇年以上にわたり激しく闘っていた。

　ロシアの革命家たち、とりわけレーニンは――プロレタリア革命が勝利をおさめる一六年前であり、ボリシェヴィキ党が結成すらされていない一九〇一年にすでに――、武装蜂起を計画的かつ根気強く準備し組織し、とりわけ共産党の組織原理をこの課題に合わせる必然性を詳述した。レーニンのいたった結論は、ロシアのプロレタリアートは《工作員の軍事組織》を必要とする、というものだった。彼がこれによって考えていたのは党のことだった。

　自らの組織観をレーニンは小冊子『何をなすべきか』で次のように要約した。《蜂起とは結局のところ、政府にたいする全人民の断断固としてもっとも有効な〈答え〉だ。まさにこうした作業〔全ロシアでの社会主義新聞創刊と配布〕によるならばついにはロシアの隅々で、あらゆる革命組織が恒常的で、同時に厳密に地下潜行した〔強調は引用者〕連絡網を維持するよう促され、事実上の〔強調はレーニン〕党の統一をもたらすことになる――この連絡網がなければ、蜂起計画を集団で論ずることも、蜂起前夜に厳格に秘密が守られなくてはならない準備のための必要措置を執ることもできない。ひと言でいえば、〈全ロシア政治新聞計画〉は、教条主義や文士気質に染められた人物たちの書斎仕事の果実などではないにとどまらず（…）、逆に、あらゆる側面から即座に蜂起の準備を開始し、それとともに緊急な日常作業を一刻たりとも忘れない、実践的な計画なのだ》。

今日、西ドイツの共産主義者から、革命運動の具体的な道筋や方法について何を聞けるだろうか？　革命組織の実践目的については？　逆立ちしてみせたところで何も聞けない！――今日おびただしい数が発行されている小新聞のなにがしかがもつ《イスクラ機能》*11 についても時として無駄口がたたかれているが、レーニン思想へのほとんど頑迷とも呼ぶべき無理解がさらされている。

*8　アントン・パンネクーク〔一八七三－一九六〇〕は〔天文学者にして〕オランダの左翼共産主義者で、ドイツ評議会共産主義の路線を採り、ソヴィエトの例を国家資本主義的独裁であるとして拒絶した国際共産主義グループの一員だった。

*9　訳注――「ノイエ・ツァイト〔新時代〕」は社会民主党の週刊理論誌で一八八三年から一九二三年まで刊行された。

*10　カール・カウツキーはドイツ社会民主党〔SPD〕の指導者で、一九〇五年までは修正主義に対する批判者の一人だった。後にはSPD内の共産主義潮流に対して排除的に振る舞った。
ローザ・ルクセンブルクは「ポーランド・リトアニア王国社会民主党（SDKP・iL）」党員で、後にはSPDでカール・リープクネヒトとともに第一次世界大戦をまえにした党内の国粋主義的立場に対抗した左翼反対派の主唱者だった。戦争中は《保護検束》された。スパルタクス団とKPDの創設者と見なされ、一一月革命中にファシストの義勇団《フライコール》によって殺害された。主張のうえで彼女は、ボリシェヴィキのいわゆる《民主集中制》に対抗した組織モデルとして自然発生性と大衆ストライキの役割を強調した〔「社会主義者鎮圧法」は一八七八年にビスマルク内閣のもとで制定された、社会主義結社を禁止した法律。一八九〇年に廃止〕。

*11　「イスクラ〔火花〕」はロシアの社会民主主義の新聞。その非合法的分配・編集構造により、ツァーリズム下のSDAPR〔ロシア社会民主労働党〕とボリシェヴィキにとって重要な組織機能を持っていた。

今日、いたるところから聞き取れるプロレタリアートへの組織化の呼びかけは、共産党宣言と同じくらいに古い。それだからといって革命理論に不備がないかのように思い違いをするわけにはゆかない。この呼びかけに、時宜を得た整然と理論化された内実を与えることは、これから解決するべき課題だ。

西ドイツ社会での現今の闘争のための革命理論は、ボリシェヴィキの原理に従って建設された工業プロレタリアートの幹部組織によってしか発展させられない、というのは正しくなく、多くの同志たちの致命的な誤りだ。プロレタリアートの自律性が無視されてはならないとの主題は、さまざまな変奏をともないながらくり返し耳に入ってくる。これは正しい。だがそれはどういうことか？

学生たちは階級的立場が異なっているのだから、とりわけ彼らは（プチ）ブルジョワの影響を受けているため、革命的前衛ではない、とわれわれは耳にする。現在重要なのは、第一歩として企業内プロレタリアートを組織化、動員することで、プロレタリアートが企業内紛争を組織的に取り上げ、徹底して闘えるようにすることだ、と。そのことによって学習過程が伝えられ、その帰結として労働者たちは、全社会的規模での権力問題を解決するためのより広範な行動指針を身につけることができる、というのだ。ここでは自然発生性の偶像視がめでたく復活している。思想史的に重要なのは、《過程としての戦術》〔『何をなすべきか』第二章「大衆自然発生性と社会民主主義者の意識性」〕についての理論を新しく練り直すことだ。

歴史の教訓を無視する者は、歴史の過ちをくり返すという罰を受ける。過去数十年、ドイツの工業プロレタリアートは《組織的かつ大衆的に》この種の紛争を取り上げ、政治化し、戦闘的に戦い抜いた。しかしそこから生じたのは、有益で明確で統一的な革命理論ではけっしてなく、労働者階級内での多様な政治傾向の交錯だった。

この経験過程からさらに生じたのは、西ドイツ・プロレタリアートの歴史像に深く刻印された諦念である。労働者の頭のなかを幽霊のようにさまよう反共主義は、これの攻撃的な変種だ。諦念からただの一度でも革命的な考えが這い出てきたことがあるだろうか？

新聞では、地上のより多くの国での、より多くの都市での、より多くの村でのより多くの革命闘争、より多くの銃声、より多くの爆弾攻撃について毎日報道されている。これらの報道は革命の波が高まっていることを示している。ところが世界のどこかで工業プロレタリアートがこれらの闘争の最前線に参加しているとの、あるいは新しい理論や組織形態を生み出したとの報道すら、われわれはまず見かけない。

スペインの労働者委員会の闘争[*12]は英雄的である。しかし、その展望はブルジョワ共和国の復元にとどまる。《野党政治家》がすでに用意されているのだ。アメリカ合衆国では対決が先鋭化している。革命諸勢力の行動が増大している。しかしこの行動は、工業プロレタリアート、あるいはその一部のみにでも支援されている、それどころか先導されているのだろうか？　ほとんど五〇〇万にのぼる失

＊12　「労働者委員会（ＣＣＯＯ）」は五〇年代〔定説は六〇年代〕のスペインで発展し、初めは特定の企業体と結びついていた。ここでは様々な反フランコ勢力が協働した〔主としてスペイン共産党とローマ・カトリック労働者グループ〕。委員会はストライキの際、個々の企業経営者によって承認され、それが最終的に禁止された一九六七年まで半ば合法の状態であった。ＣＣＯＯは七〇年代に戦闘的なストライキが行われたバスク地方の産業領域において特に強かった。

業者のもとでそれが起こされているという推測もできるかもしれない。だがそれはまったくはずれている!

あらゆる戦線で知識人層に属する若い人びと、とりわけ学生が、決定的と言わないまでも重要な役割を担っているのは偶然だろうか? この事実は分析するだけの必要がある。工業労働者階級の神秘化は、プロレタリアートにとってまったく役立たない。革命意識の担い手は確かに工業プロレタリアートではある、しかしその意識が自らの内に発し自らに拠るものなら、彼らには《トレードユニオン主義》意識しか、労働組合主義にとどまる意識しかくり広げられない、こう確認することで、エンゲルスとレーニンは何を言おうとしたのか?

一九六六年八月一二日、中国共産党第八期中央委員会第一一回全体会議公式発表では、労働者大衆がマルクス・レーニン主義に直接精通しこれを応用するのは、毛沢東選集を学習せよとの大衆キャンペーンのあとではじめて、つまり革命後にようやくである、と指摘された。われわれはこれをどのように理解するべきだろうか?

この問いに対する回答は、階級社会での認識・理論形成過程の法則性から明らかとなる。正しい認識はどのように成立し、科学的理論はどのように形成されるのか? プロレタリアートの階級状態はこの過程でどのような結果をもたらすのか?

実践活動のなかで人間は、対象的にして社会的な環境の感性的印象を経験する(感性的経験)。一定の印象が絶え間なく反復され、それらの印象が結合されることで——同様に感覚的な水準で——原因と結果の体験が成立する。この感覚的経験という基盤のうえで時間の経過とともに思考カテゴリーが成立する。それは、自然と社会のなかに存在してはいるものの、感覚器官には直接接近できない、客観的環境のなす諸関係、これを反映している。人間の思考のなかで、抽象化をし、直接感覚的な観念内容から切り離された合理的な推論をする能力が発達し、推論の最終部（結論）は実践活動のなかで検証され、必要とあらば退けられたり修正されたりする。

この過程にあってはどの世代にしても、先行世代の認識および経験の宝庫を自らの世界像に取り入れ、それをこの基盤のうえでさらに発展させる。新しく有効な結果にいたるため、どの後継世代もより多くの経験と暫定的抽象化のより多くの結果を自分たちの認識過程に取り込まなくてはならない。ただ、資本主義におけるプロレタリアートの階級状況にとって特徴的であるのは、生産領域での自らの経済機能にプロレタリアートが順応してゆくなかで、経験知と抽象化能力の度合いが彼らにはおよそながらにも伝えられていない、という点だ。それは、時代の先端にある正しい推論、多かれ少なかれ修正されとうに時代遅れになった過ぎ去った時期の観念内容を反復しない正しい推論を、社会領域に集められた感覚的経験から引き出しうるために必要であるのだが。階級状況に根ざすこの矛盾は、資本と労働のあいだの階級矛盾の解決とともにようやく止揚されうる。

そこで時代に見合った革命理論をくり広げることができるのは、自らの客観的階級状態に基づき、経験と経験から得られた過去の認識とを理解しつつ考察の対象に加える可能性をもつ者たち、現在の階級闘争のなかで集められた経験をわれわれの認識状態の置かれた歴史的背景に照らして分析・解釈・一般化することを可能にする抽象化能力を使いこなす者たちだけである。

だから科学的社会主義の発展の決定的諸段階が、出自からすればプロレタリアに分類されず、しかしまさにそれゆえ継続される理論作業にとっての前提を持ち合わせた哲学者や革命家によって画されるのは偶然ではない。たとえば第一次産業革命および組織的産業労働者運動の時期のマルクスとエンゲルス。第一次帝国主義世界戦争の時期にして、植民地争奪戦争と最終的には世界戦争でツァーリズムの絶対主義権力の潜勢力が摩滅することでロシアに革命状況が成立した時期のレーニン。十月革命の勝利と第二次帝国主義世界戦争によって特徴づけられた時期の毛沢東。

革命理論を一般化するための本質条件は、この理論に依拠し、封建主義・絶対主義・資本主義との闘争で一連の成果を戦い取ることのできた革命的諸階級の経験と、この理論が一致する点にある。

歴史的諸経験との一致を裏書きするためにのみ、この問いについてレーニンが詳述したなかから抜粋をしておこう。

《あらゆる国の歴史は、労働者階級は自らの力だけからでは労働組合意識しか生み出すことができないことを証明している。つまり、組織に結集し、経営者に対して闘争し、労働者に必要ななんらかの法律を政府が制定するよう強いる、等々の必要を確信するにいたるにすぎない。それに対して社会主義の学説は、有産階級の教養を身につけた代表者である知識人層に拠って練り上げられた哲学・歴史学・経済学の諸理論から生じた。近代科学的社会主義を築いたマルクスとエンゲルスも、社会的地位からすればブルジョワ知識人層に属していた。ロシアでも同様に社会民主主義の理論的学説は、労働運動の自発的な増大からは独立して、革命的社会主義知識人層のイデオロギー展開の自然にして不可避的な結果として成立した」（強調は引用者）（『何をなすべきか』）。

プロレタリア意識と革命理論形成のあいだのこの関係に質的な変化が生じたという仮定を裏づけるものは何もない。とはいえ、知識人層、とりわけ大学生の相当部分の階級状態が漸進的に変化している点に一つの相違はある。マルクスやレーニンの時代では、知識人層は自らの出自に基づき、また社会的生産過程のなかでの自らの位置に基づき、それゆえ階層としての自らの客観的階級状況を通じて、搾取階級の利害と一致し、被搾取者、被抑圧者の側に与していたのはこの階層の個々人にすぎなかったとするなら、今日の知識人層の多くの部分は、その出身からではなく生産過程での自分の機能を通じて中間的位置をとり、若い知識人層の意識はこの中間的位置によって、また自らの出身階層が以前よりもはるかに零落に瀕している、ないしはすでに零落してしまっている、という事実によって、特徴づけられている。

これらの要因によって、広くは支配構造に対して、個別にはブルジョワ的教育・適性化過程に対して感受性が高まっている。階級状態がこのように変化することで、学生の広範な階層での科学的社会主義受容が助長され、彼らは反資本主義的である自らの階級利益を徹底的に究明し、支配者たちに対して戦い抜くため、この理論を用いる。

この過程のなかで学生叛乱は現在の反資本主義・社会革命運動の一部になる。さまざまな要因が重なって、学生運動幹部の社会主義者には全社会規模での前衛機能が負わされる。革命運動の目的と方法が何にもまして理論的に明確で科学的な根拠づけがされるのは今日、学生運動のなかにあってだ。今日ではこの時代の革命意識を担うのは、工業労働者階級の組織ではなく学生の革命諸派なのだ。

学生たちは数年前に闘争を開始し、その行動によって少なくとも西ドイツとアメリカ合衆国で革命的社会主義運動をようやく蘇生させた。彼らは闘争を進めるなかで経験を積み、理論を探求しそれを一般化した。革命理論はこの過程で重要な観点を獲得し、伝統的な各国の共産党の修正主義と社会民主主義に対して実践・理論の両面で対決したことはひとつの重要な貢献だ。革命的学生は、革命党が依拠するべき大衆の一部である。

あらゆる点で大衆路線に従うという要請はそこで、革命的学生という大衆のなかへ入り、その見解を知り、綿密に分析し、まとめ、一般化し、誤った見解を批判し、正しい見解を強調し、一般化した形式で大衆に戻す、ということでもある。

過去三年の経験から革命的学生たちのもとで、国家暴力の性格について、革命的対抗暴力の役割について、被抑圧大衆の暴力行為の制約について、革命と反革命の権力関係およびその変化の条件について、さまざまな見解がくり広げられており、これを〔革命組織の〕幹部たちはよく検討しなくてはならない。

そのように検討し、そしてそこから得られるべき一般化は、革命理論をさらに発展させるための重要な一歩だ。

大衆路線に従うとは他方でまた、勤労国民の見解を知り、検討し、批判的に一般化し、そしてそれを大衆に戻すことでもある。ただこれを検討する際に注意を払わねばならないのは、プロレタリアの階級意識とはブルジョワ・イデオロギーの影響を受けており、舐めさせられた敗北の印象のもとで、客観的階級状況が幾重にも屈折し隠蔽され歪められて反映している、という点だ。批判的な一般化が可能となるには、敵のイデオロギーが引き起こした歪みを取り除かねばならない。なぜならば革命行動は、階級状態が正しく反映された基盤のうえでしかくり広げられないからだ。

大衆を信頼するとは、プロレタリア階級意識の歪みを大目に見ることでも、大衆の政治発言をすべて——この発言が反体制的であろうと——無批判に受け売りすることでもなく、現実に即さない大衆像を描くことでもない。大衆を信頼するとは、一見革命の諸要因に対立しているかのような大衆の考え方や歪んだ階級意識のなかにすら、生き埋めになっていただけの革命エネルギーを発見し発掘することだ。大衆のこのエネルギーは革命勝利の原動力となりうるからだ。

顕然とであれ隠然とであれいたるところに存する攻撃性のなかにわれわれはこうして、自分たちの被っている抑圧に対する大衆の歪められているにすぎない拒絶反応を見いだす。内部または外部の敵と見なされたものに向けられた暴力行使を顕然にも隠然にもいつでもくり返し是認し、広く感じられている脅威と不安を引き起こすと見なされた者たちにそうした暴力行使が向けられるよう要求すること、これは階級対立にあって階級利益の貫徹を決定するのは暴力であるという、根本で正しい意識の現れだ。

大衆は社会的対決の手段としての暴力のなかに倫理問題を見るほどには、ブルジョワ道徳の教えに蝕まれていない。その反対であって、彼らは自らの利益を貫徹するためになら暴力すら行使するのを、ブルジョワ教育を受けた連中などよりはるかに厭わない。それにもかかわらず彼らは、ときとしてかなり激しく革命グループの暴力行為を攻撃するが、それは暴力に反対しているからではなく、これらの革命グループへの感情的反撥で口を合わせているからにすぎない。

暴力に肯定的なこうした姿勢のもつ階級利益に相応する正しい方向性は、白日夢や仲間内での大言壮語であれば抑圧の象徴的人物である《上司》に向けて念じられた運命のかたちで表される。とっとと《職長》や《部長》や《支配人》の《皮を剝ぎ》追い払ってやりたいという気持ちが、本来の攻撃対象で実現せず、——誰が見てもより力の弱い——身代わりの人物、人種的少数派や政治的異端者の烙印を押された集団へと逸らされる、これは敵のイデオロギーの影響に因るところもあるが、階級闘争の伝統的形式のなかでは暴力行使で敵を打ち負かすことができず、逆に自分の社会的資産を危険にさらすのがつねで、それを失ってしまうこともしばしばであるという、プロレタリアートの経験にも帰される。諦念に充ちて変質にいたる大多数のプロレタリアートのこうした姿勢は、プロレタリア階級意識の構成要素だ。過去および現在の階級対決の経験と関連させてこの姿勢は理解されなくてはならない。その際に重要なのは、革命のさらなる発展にとってきわめて重要である大衆の意識内での矛盾であって、これを革命党は正しい理論で導かれた革命実践によって解決しなくてはならない。

大衆のなかに見いだせるこうした諸々の見解や雰囲気を批判的に一般化するならば、階級闘争の手段としての暴力への大衆の肯定的立場を強め、鎮撫などはいっさい厳しく退け、同時にプロレタリアートとブルジョワジーの不可避の暴力的対決で前者の資本家への勝利を可能にする手段と方策を明示することになる。

これらの展望なしに、プロレタリアートのなかに潜在する暴力を革命のために動員することはできない。

4　革命的前衛とプロレタリア階級

工業労働者が組織され革命闘争に着手するのを待ち受けても、今日いまだ消極的でいる階層を革命過程のなかに取り込む手段として役に立たないのはたしかだ。学生たちによる能動的にして現在なお決定的である反資本主義運動への参加を目の当たりにするなら、社会主義理論をさらに発展させる《権限》など学生運動指導者たちにはないと同志たちが異議を唱えるのはばかげており、階級概念を神秘化している現れだ。

プロレタリアートがすべての点で指導権を持つべきであるというスローガンは、もしそれを任意の社会集団に向けられた、プロレタリアートの指導と主導権に服すべきとの要請と理解してしまい、そこで言われているのがプロレタリアートに向けられた、資本主義の墓堀人としての歴史的役割に応じて自身の革命実践の水準を高めて革命における指導的立場を確保せよという訴えかけにすぎないと見ないならば、実践のなかで戯画と化す。プロレタリアート概念にしても工業労働者階層にいまだ限定されているなら、このスローガンの挑発的性格はまったく逆向きになってしまう。

プロレタリアートが指導権を握る必然性は、プロレタリアートのみが自らの客観的階級状態に基づいて生産手段私有を廃止し資本主義体制を超克するという一貫した関心を歴史のなかにそのまま持ち込む点にもとづいている。だがこの意味でのプロレタリアートには、いかなる資本所有権からも一時的にとどまらず引き離され、自らの労働力を売ることで再生産されているすべての階層が含まれている。工業プロレタリアートはこの階級の一部にすぎない。いつどこであろうとこうした階級の構成分子が革命闘争を開始するなら、彼らはプロレタリアート革命運動の一部となる。

すでに結集し闘争している反資本主義陣営諸派に対して抽象的な階級図式を挙げて、工業プロレタリアートはいまだ結集していないしそこから形成されるべき前衛はまだ存在していないのだから、連中はアナーキスト、ブランキ主義者、無法化した小市民にすぎないといった理由づけによって、彼らを妨害し、力ずくで引き戻し、中傷し、あるいはただ無視する者は、階級敵の仕事を果たしているのだ。

そうした立場には、指導問題の誤った見解が表れている。そうした見解では、重要な革命的諸力が包含されずに排除されている。指導は一定階層の特権、エリートの任務になる。だがプロレタリアの指導はひとえに前衛機能のなかで実現しうる。前衛は大衆の主導権を妨げるのではなく、それを発揮させるのだ。指導とは手本となるような行動によってなされ、この行動が一般化すれば前衛はつねに止揚される。この一般化は、肯定的にも否定的にも規定されえない。それは大衆闘争のなかで絶え間なく検証された結果なのだ。

そこで前衛とは、それを自称する、あるいはそう自己解釈する集団ではなく、その振る舞い、行動に即して革命的大衆が方向づけられるような集団のことだ。前衛による革命過程における指導は、革命の本質的な一要因である。

しかしこの機能が誰に割り当てられるかは固定的に定まっておらず、相続で決まるわけでもなく、過去の功績なりプロレタリアの系譜の問題でもない。これはいつでも変わりうる。今日前衛の機能を果たしている集団が、明日にはすでに運動の後衛であるかもしれない。ここからわかるのは、前衛の規定とは、一定の組織・活動の雛形が伝統的にはプロレタリア的である一階層によって発展させられ運動に持ち込まれるのかどうかによってなされはしない、ということだ。問いは次のように立てられるだけだ。ある政治集団の行為は革命的・社会主義的であるのか否か、この行為は革命的大衆にとって範となる影響をもつのか否か、それは運動を前に進めるのか否か、と。

われわれが学生幹部の役割を過去数年の闘争のなかでの前衛であると認めるとして、それが意味するのは学生を道徳的に過度に持ち上げることではない。学生層のあいだで（プチ）ブルジョワ的な影響が有害な効果を及ぼしているという事実は残っている。しかしこれもまた、学生に対する道徳的判断であってはならない。諸々のプチブル的影響は革命運動にとってつねに注意を払わなくてはならない危険である。プチブル的態度が顕著となったなら、それは批判と自己批判の対象である。だがここで重要なのは、《病気を治療するのは病人を救済するためだ》との毛沢東の言だ。

まさにこの意味でレーニンと毛沢東は知識人に対して抱いていた不信を処理した。ふたりにとっては知識人層を道徳的に非難することが問題だったわけではない。ふたりはつねに、革命的知識人層とプチブル急進主義知識人層を区別することをわきまえていた。革命的知識人層が運動のために不可欠であるのを両者は見極めていた。ボリシェヴィキが《インテリ集団》という非難から身を守りつつ自らの主張を貫徹せねばならなかったのは、決して偶然でもなければ、現在の議論にとってどうでもよくもない。レーニンは、《純粋労働運動》理論には改良主義の根があるのを暴いた。《[われわれは] 経済主義の最初の文書化された表明ですでに、極度に風変わりにして、今日の社会民主主義者のあいだにあるあらゆる意見の相違を理解するうえでこよなく特徴的な現象を観察できる。それは、〈純粋労働運動〉の崇拝者、プロレタリア闘争とこのうえなく緊密で[…]〈このうえなく有機的な〉結合の讃美者、非プロレタリア知識人層(たとえそれが社会主義知識人層であろうと)の敵対者が、自分たちの立場を守るにあたってブルジョワ的〈労働組合至上主義者〉の論拠を頼みの綱とせざるをえないことだ》〔『何をなすべきか』〕。

現在のところ組織の萌芽はまだあまりに未熟であり、実践はあまりに統一がとれておらず、文書による意見表明はまだあまりに貧弱であるため、疑いの余地なく〔資本主義的要素を採り入れた〕《新経済政策的》傾向であると診断できるわけではない。しかし危険は時機を失せずに認識されるべきだろう(改良主義は、その成立期にはいつでも急進的な決まり文句の煙幕に隠れて勢いを伸ばしてきた!)。

プチブル的境遇を出自とする社会主義知識人は、出自にともなうイデオロギーが重い負担であるのはたしかだが、彼らの多くは——そう見受けられるが——生まれつき敵のイデオロギーの影響を受けた一定数のプロレタリアよりも適切にこの遺産を処している。ここからプロレタリアートに対する非難が導きだされてはならない。とはいえ《プロレタリア》についての数少なくないロマン主義的な諸観念は訂正されなくてはならない。

革命遂行を義務とする革命家は、純粋培養器のなかで《完全無欠》に生み出されるのではないし、プロレタリアートが育成されるのもそうした純粋培養器ではない。革命家が徴募されるのは、ブルジョワ社会への順応過程を通してさまざまに歪められることを余儀なくされ、ブルジョワ・イデオロギーの影響にさらされた世代からなのだ。学生運動はまったく革命的でないと証明するために階級分析に努めながら、若い知識人層がどのような理由から労働者の放棄した赤旗を拾い上げて今日最先頭に立ってそれを掲げているのかを結局のところ理解しようとしない者たち、自らの傍観者的な姿勢や臆病風を正当化し、先を行く革命を目の当たりにしながら、革命運動も革命家も存在しないと主張するために階級分析に努める者たち、彼らはマルクス主義をひどく侮辱している。

　階級分析は革命家たちが手にした党の道具であり、階級状況を具体的に探求することで革命家は、どの階層を現在ないし近い見通しとして革命闘争に獲得できて、その階層の貢献によって権力関係を革命に有利なよう変革できるのか、あるいはまた、どの階層をどのような政治によって無力化できるか、これを見きわめなくてはならない。階級分析は革命理論の本質的な部分である。社会主義世界革命が拡がってゆく時代にあって、この理論が扱うのは、革命を《するかどうか》ではなく革命を《どのようにするか》だけである。

　アメリカ合衆国での革命は、人種的および民族的少数派のゲットーで始まった。それは社会主義理論家の分析から生じたのではなく、ゲットー大衆の革命的暴力行為のなかで生まれた。アフリカ系アメリカ人およびその同盟者は、以前には諸階級の力関係を揺り動かすことはなく、反革命の一部に相応した。彼らは自分たちに好機がめぐってくるとは計算していなかった。一瞬間だけ彼らはそれまでの自分たちのあり方から離れ、暴力行為を抑圧者に向けて反転させた。ワッツの街頭[*13]で彼らは、最終的に勝利するまで消えることのない革命の炎を燃え立たせた。いまようやく、《少数派叛乱》などに見込みはない等々の社会学者の無駄話と無関係な革命理論が具体化される道が開かれる。

革命状況が成立するのは、社会学者がそれを認識したから、というわけではない。その先触れとなるのは暴力行為が方向転換されるときだ。抑圧によって被抑圧者のなかで発生した暴力行為、搾取体制や支配者の暴力に対する暴力的抵抗が、個人での怒りの発散といった拘束を振り切り集団的傾向を帯びるとき、革命状況はそこにある。集団的抵抗は革命の萌芽だ。正しい革命理論はこれを生育させ形成しなくてはならない。革命家各自の義務は、大衆のなかでの集団的抵抗へのどのような兆しをも拾い上げ、よりいっそう生育させ、組織し、導くことにある。たとえ、勝利への展望がなくとも。

革命的態度の逆は怒りを鎮め怯懦にも宥めてみせる態度だ。《大衆組織を建設し訓練を積んだ後》にまで抵抗を延期することだ。小さな火花からでも燎原の火は起こりうる。毛沢東は中国農村を調査して農民蜂起のどのような展望が開かれるかを究めるまで、そしてその結果に基づき中国共産党を組織するまで、革命を《延期》などしなかった。そんなことをしていたならば彼の路線が勝利をおさめることはおそらくなかった。

理論にもとづいた従来のあらゆる構想に反して毛沢東は革命的農民の側に立ち、盗賊団の指導権を

＊13　一九六五年八月一一日から一六日にかけて、ロスアンジェルスの市区であるワッツで黒人住民の蜂起が起こった。合衆国政府は警察と州兵軍を投入、その結果、死者三四名、負傷者数百名〔一〇〇〇名を超えると言われている〕、逮捕者四〇〇名〔四〇〇〇名と言われている〕を出した。ワッツはアメリカ合衆国での黒人の戦闘的抵抗運動の始まりとして世間の注目を集めている。

握り、国家暴力と大地主に対する集団的抵抗を組織した。この闘争に身を投ずることで彼は、調査を通して革命の道を見きわめ、科学的な行動指導法を身につけた。しかも、一瞬たりとも革命とその実行可能性を疑うことなしに。見込みのないかに見える状況で彼は党指導部と対立し、最終的にはひとり、正しさが認められた。

革命家をつくるのは、まずなによりも革命への意志だ。この意志が欠如し、被抑圧者が敵に勝利する未来像がないとき、マルクス・レーニン主義と取り組んだところであいかわらず修正主義や日和見主義にいたり、《方法論的懐疑》、つまり大衆への懐疑に終わっていた。

《マルクス主義には二つの本質的な要素がある。それは、分析、批判という要素と、革命の動因となる労働者階級の行動の意志という要素だ。分析、批判を行為に置き換えるだけではマルクス主義を体現することにはならず、この学説を腐敗させたみじめなパロディーを演じるだけだ》（ローザ・ルクセンブルク「ロシア社会民主労働党ロンドン党大会における演説」一九〇七年五月二五日）。

われわれは第一に、革命の旗をすでに拾い上げた大衆をよりどころとしなくてはならない。闘争が正しく指導されるなら、今日ではまだ身を遠ざけているプロレタリアート諸階層を動員し巻き込むことができる。この過程が進めば、断断固としたもっとも信頼に足る革命の力である工業労働者が指導権を握り、社会主義革命をまっとうすることを請け合うだろう。

別の道はない。《賢い老人》である社会学者にはわれわれのことを《狂った翁》とでも呼ばせておこう。結局のところ山を動かすのは彼らではなく、大衆とともにあるわれわれだ。

《これらの山はたしかに高い、しかしこれ以上高くなりはしない。われわれが掘り崩せばそれだけ低くなる》（毛沢東「愚公、山を移す」一九四五年）。

5　本国における革命的介入方法としての都市ゲリラ

掘り崩されるべきはブルジョワ国家の戦闘能力という山である。この能力が世界大戦にもなりかねない国家間戦争で消耗しつくされるとは期待できない。そうした戦争が起こるならば、中央ヨーロッパでは階級敵の軍隊ばかりでなく、プロレタリア大衆も殲滅されてしまう。そうなれば革命などもはや議論の対象外だ。このような戦争はあらゆる手段をもって阻止しなければならない。これを阻止できるのは革命によってのみだ。

ブルジョワ軍事機構の廃絶が国家間戦争によっては期待できず、従来型の大衆蜂起によっても達成できないとき、考えを向けるべきなのは、士気を摩滅させるかたちでの敵軍事力の漸次消耗とプロレタリアートの独自な戦闘能力の育成とが同時に可能に思われる戦闘形態と戦術、つまりゲリラ戦という戦闘形態に対してだ。

農村ゲリラはこの考察では除外する。探求の対象となるのは大都市ゲリラの問題である。

ゲリラ戦の最重要原理は、戦闘部隊が人民に支持され、《海中の魚のように人民の海に潜り人民の海で泳ぐことができる》ことだ。ゲリラの政治力および軍事力は、人民大衆の革命エネルギーから生じる。毛沢東がまずもって定式化したこの認識に対する本邦での一般的な解釈は、ゲリラ戦に対して圧倒的多数のプロレタリアートは明らかに拒絶的態度をとると指摘がされ、そこから武装闘争をくり広げるための最重要な前提がまだ存していないという結論にいたっている、というものだ。原理の意味が具体的に探求されないままに原理が絶対的に定められ、探求以前に答えが出されている。

武装闘争についての毛沢東の教えは、この闘争を準備し開始する義務をわれわれから免除する理論ではなく、きわめて具体的な手引きなのであって、資本主義的社会編成が現在のように成熟したいたるところで、また階級闘争が先鋭化するあらゆる条件下で、武装闘争の道を可視化させている。

ゲリラが人民のなかに根づくことには、政治的側面と軍事的側面とがある。それらは一つの事柄の二つの異なる面にすぎないとはいえ、それでもさしあたりは区別した分析が必要だ。ゲリラ部隊の軍事的な敵対者は警察と軍隊だ。敵と比較するとゲリラ部隊はごくごく小規模だ。ゲリラ部隊が生き延びられるのは、敵に姿が見えていないかぎりでのことだ。

ゲリラ部隊が農村ゲリラであれば、ゲリラは辺鄙で人里離れた地域に身を潜める、あるいは敵への一撃の後に即座に姿をくらまし農民の一部のように見える必要がある。いずれの場合でも彼らへの補給を確保するのは住民だけで、住民の一部が事情をわきまえ救援活動に備えなくてはならない。農民のなかに潜伏するためには、より広範な支援が必要だ。

大都市では事情が異なる。大都市ではありとあらゆる必要補給物資が入手できるため、ゲリラ部隊は匿名状態から姿を現す必要がない。行動のあとでも住民の支援を頼らずともあらかじめ準備してあった住居に潜伏できる。大都市の街頭での運動は適切な予防措置がしてあればひと目につかず、行き交う他の住民の流れと区別がつかない。大都市の匿名性は都市ゲリラにとって決定的要素だ。情報提供者、支援者、敵機関内で特別任務を担うゲリラとの秘密接触は、他の地域と比べ大都市では容易になされ、維持される。このような接触は、直接関わっていない住民の行状にはまったく左右されない。

大都市のもつ決定的利点は、作戦地域と拠点地域とが一体をなしているところにもある。情報の入手はより容易で、より危険が少ない。同時に大都市には攻撃目標が集中している。農村ゲリラが脅かしうるのはいつも個別の点にすぎないが、大都市では敵のあらゆる弱点がさらされている。どの対象が攻撃されるか敵にはわからない。都市のなかではあらゆる対象がゲリラの攻撃目標なので、敵はすべてを守らなくてはならない。いちどきにあらゆる場所を守ろうとする敵の努力は、どこにあっても充分堅固でないという結果となる。少数の戦士で敵の強大な力を束縛できるのだ。

ゲリラの攻撃が向けられるのは原則として、階級敵のあらゆる機関、あらゆる行政機関と派出所、コンツェルンの管理中枢、さらにはこうした機関のあらゆる職務担当者、高級官吏、裁判官、重役等々に対してであり、戦争が持ち込まれるのは支配者たちの居住区であること、これをゲリラは適切な行動によって明らかにしなくてはならない。敵はこの不可視の前線で戦力を分散させて、まったく文字どおりの意味で粉々にせざるをえないのに対して、ゲリラはこの長く伸びた戦線のえり抜かれた個々の点のみを戦術的に攻撃するのがつねであり、ここに戦力を集中させ、敵に勝ることができるのだ。彼らは奇襲する局面をとらえ、作戦の場所と時間を決定する。

それに対して敵の作戦能力は、自分たちの領域である大都市にあって大幅に制約されている。内戦司令官は蚊を追いやるのに象を街路に放つようなものだ。反革命権力をいかにも恐ろしく見せかけている技術装置は、部分的には投入もできず、敵の敏捷さ、迅速さ、出撃力にとって妨げにすらなるだろう。

辺鄙な農村地帯では作戦地域に人間はわずかしかいない。容疑者集団の目星はつき、的を絞った手入れが可能だ。弾圧部隊は容疑をかけた村を爆撃と強制立ち退き措置で遮断するのに狐疑逡巡しない。大都市でならば戦闘部隊は容易に発見されない。手入れが功を奏するのは稀にすぎず、むしろその目的は住民に検察官の存在を見せつけるところにあるだろう。爆撃はまず考えられず、敵にとってまったく役に立たない。ゲリラが潜入した農村地帯は、反革命によって事実上敵地と指定され、それに応じて取り扱われることもあるが、資本家とその支配機構がさまざまな性格の仮面をつけて暮らしてもいる大都市でこれは無理だ。警察や軍隊が成果を上げるのは、偶然や裏切り、戦術上の失策、あるいは作戦中の個々の部隊そのものが相手を圧倒したことによって、というにすぎない。

大都市では武装部隊をいつでも形成できるということはもはや空論ではない。だが武装部隊の成立はひとつの過程の始まりにすぎず、これがさらに発展するためには、なによりも政治的性格を有したおびただしい他の条件がさらに前提されなくてはならない。ゲリラが大衆の政治・経済闘争と結合しているのは最重要な条件だ。この結合がゲリラ戦戦略の本質的核心となってはじめて、ゲリラは生き延び発展できる。

《抵抗戦争でのゲリラ部隊は通常、無より生じて小さな状態から大きな状態へと発展する、そこで彼らには自己保存原理と並んで拡大原理も重要だ》〔毛沢東「抗日遊撃戦争の戦略問題」一九三八年〕。

この原理を実現するための条件は、資本家権力に打ち克つ過程がおおむね想定されているときにしか探求できない。

国際的な革命の場では現在、この輪郭は多少なりともすでに明確になりつつある。革命はもはやゼネラル・ストライキに始まり、それが軍事蜂起に発展するのではなく、襲撃部隊の行動に始まり、抵抗中枢の建設を経て民兵団が形成され、長期的に敵を消耗させるゲリラ戦によって弾圧戦力の解体と士気の阻喪をもたらす。

最終段階になってはじめて大衆行動――デモ、ストライキ、バリケードはきわめて重要ながらも、さしあたりは補助的役割にとどまる――が決着をつけ、弾圧機関を完全武装解除できる。これはエンゲルスがすでに予見していた展開だ。《それ〔大衆蜂起〕が起こるのは、そのため〔戦争技術の発展と階級の前線の変化により〕大革命初期であるのは稀で、むしろ革命が経過してゆくなかであり、それまで以上の強大な戦力によって講じられなくてはならなくなるのだ》〔「『フランスにおける階級闘争』（一八九五年版）への序文」〕。

初期段階では、中心をもたず互いに独立して部隊行動を企てる個々のゲリラ・グループが形成される。こうしたグループを人口が集中する中心地のどこでも数多く育成することが、生成段階にしてすでに敵の戦力を分散させ、その捜査装置に重い負担をかけるために必要だ。

同時にこれらのグループは相互の連絡網を確立し互いの行動を調整して、より効果的かつ適切に戦力を投入できるようにする必要がある。この連絡網は地域ごとに抵抗の中心を形成する前提だ。この戦術によって敵の戦力を存分に弱めたなら、有利な状況下で秘密地域民兵グループを編成できる。これはどのように考えられるだろうか。

部隊が戦術的に正しく振る舞うなら、弾圧部隊、とりわけ警察は住宅地（警察管区）での個別警邏体制を放棄しなくてはならず、重武装部隊しか出動できない、つまり敵が部隊をふんだんに投入するのを一部撤回せざるをえない、というところにもってゆける。

他方でこれは、敵はもはやすべての地域をいつ何時でも効果的に守り統御できているわけではないことを意味する。敵は一定地区から――少なくとも一時的に、それも何度でも――撤退せざるをえない。統御不能を小さくとどめるため、敵は毎度の巡邏を最小限の規模で実施して回数を増やそうとするだろう。ゲリラはこうした巡邏隊攻撃に成功できるだけの、戦術上の判断からして満足ゆく部隊――自動小銃で武装した――を集結できるだろう。こうして敵は分隊を増員し、同時に巡邏地域を限定し、好ましくない地帯を避け、重点をつくる代わり他の対象を疎かにせざるをえない、等々となる。

このような条件下にあって、国家の弾圧機構は一定地域でもはや有産階級の利益を効果的かつ持続的に保護できなくなっていると、ゲリラは身をもって強烈に示すことができる。これらの領域でプロレタリアート政治組織は有産階級の支配を撃退すべく攻勢に転ずる可能性をもつ。国家には、労働者ひとりひとりの背後に巡査を配置できるわけもなく、個々の資本家、政府役人、裁判官、将校などに武装した歩哨の護衛をつけることもできない。

国家はもはや彼らの安全を保証できないという事態を搾取者のひとりひとりが理解するときには、それと同時に、労賃依存者たちは自らの政治組織を介して搾取者の個人的安全一般と学問活動を、生産ならびに分配過程の社会主義的変革までの過渡期という制約のもとで保証する姿勢を一定条件下でもっていると、正しい政治を通すことによって彼らに知らしめることができる。

地下活動のみに限定したゲリラ部隊にしてもあらゆる領域で活動するゲリラ部隊にしても、こうした展開の一般的条件をつくり出せるだけであって、実際に力を発揮する可能性は、そのときどきの生産企業や居住地域に根をおろし大衆政治組織で公然活動もできる構成員をもつ《現地》グループが担いうるときだけである、これは明らかだ。彼らは自分たちの《地区》で搾取者の行動を監視し、一部は公然の活動、一部は秘密の活動によって、人民の武装権力が現にあるのだという意識を目覚めさせておかなくてはならない。彼らは、大衆の決定した方針に対する個々の搾取者の違反行為に対して即座に、そして情宣行動（ビラ、壁のスローガンなど）に始まり怠業行為にいたるまでの段階をもうけた反応をなしうる態勢にあり、本来のゲリラ部隊はよくよくのところ局部的な領域での懲罰行動にただ例外的に動員されるようでなくてはならない。

有産階級に対して共同施設（共同保育所、医療福祉事務所、青少年保護施設等）の引き渡し義務をプロレタリア組織は課すことができる。この義務履行を貫徹し、襲撃部隊とともに適切な《説得手段》を講じ、反抗的な搾取者にこれを行使する、これが民兵グループの任務だ。都市の土地所有者から漸次的に力を奪い、家賃を引き下げ、賃貸共同住宅を賃借人が共同管理し、有効な労働者雇用保護、とりわけ企業などにおける政治活動を理由とした処分に対する保護、これらをこうしたやり方で達成することができる。矛先の向けられた者たちが国家による保護を求めようとしたところで、国家には効力ある保護を与えることなどもはやできないのが即座に明らかになるにちがいない。しまいには、大衆の利益を尊重して妥協の提案を受け容れたほうが安心かつ安全に暮らせると有産階級は悟るだろう。

同じようなやり方でゲリラと民兵が生産領域で共同活動をすれば、資本家に対する労賃依存者の行動を防衛できる。企業内労働者の行動に対して国家弾圧装置が行使されるようなら、財産および財産に責任を負う人物に対して制裁が下されるのは不可避であると、見せつけなくてはならない。同時にゲリラの適切な行動によって、国家弾圧装置の任務遂行者がもつ不処罰特権は一掃されざるをえない。狭義での《解放区》はこうしたやり方で生まれないにしても、大衆の現実的な権力は生ずる。これは反革命が集結するごとに暫時押しのけられもするが、弾圧軍が撤退を余儀なくされればすぐにふたたび自らの持ち場につく。

6　支配機構に対する攻撃《テロル》――大衆闘争における必然的要因

第一段階で生まれる出動部隊が正しい政治を追求するならば、武装行動が自分たちの利益を保証する好適な手段であると大衆は即座に理解する。この意識が拡がるのはもっぱら闘争のあいだ、闘争を通してだけだ。武装闘争の必然性への認識が一般化するのに応じて、おびただしい数の軍事細胞が形成され、それらが互いに敵には見えない網の目を徐々に形成し、弾圧軍との戦いのなかで作戦・戦術の経験を積み、次第に規模を拡大してこの経験を活かす。

この過程で必須である労働者大衆の連帯は、敵の傭兵を徐々に士気阻喪させるための最強の梃子だ。国家の抑圧に動員される傭兵はますます減ってゆく。警官や兵士という職業を安楽な仕事と見ている者たちは、状況が変化するなかでこの職業がもたらす危険性をいや増しに理解する。この過程が進行することで弾圧軍は次第に孤立する。

行政による弾圧を実施する匿名にして臆病、心にもおつむにも血のかよわぬ手練れたちが、いたるところで人民に敵対する行為に責任を問われるなら、《直列弾圧》機関での、行政官庁での士気崩壊はよりいっそう早く進行するだろう。そのときゲリラのとる振る舞いの原則はこうだ。《一人を罰し一〇〇人を教育せよ》。有産階級の支配権力、国家の弾圧暴力は、弾圧機構の管理的職務に就く被抑圧者が従順であることにもとづく。さらにこの従順さはといえば、この機構で生業にいそしむ決断をした者たちの不安に根をもっている。

資本家の支配は、《庶民》と接するにあたり自らの劣性を加虐趣味《サディズム》で埋め合わせるこの臆病者の大群なしには考えられない。彼らに対して革命勢力は、人民に敵対するいかなる行動様式にも、勤労大衆の利益に反するいかなる裏切りにも、個人の責任を問うと宣告する。彼らは自分の犯罪の度合いに応じた責任を適宜取らなければならない。こうして彼らの臆病さが反転されて、敵権力没落の速度を上げる梃子となる。プロレタリア青少年を《施設教育》で恐怖に陥れる保護司を、ゲリラはただでは済まさない。学校という権威を笠に着、かつ人民に敵対する教育運営を維持する教師を、建物所有者に法外に高い賃貸料の設定や退去権限を認め、一方で労働者の解雇を追認する裁判官を、以前に資本家から奪われたものの一部を奪ったとしてプロレタリアを訴追する検事を、ただでは済まさない。

しかしこれは《個人テロル》ではないか、あらゆる革命運動を台なしにするのではないか？ こうした考えゆえに革命を志した先祖たちは破門の憂き目を見たのではないか？ われわれはレーニンによるナロードニキ[*14]論駁を忘れたのか、あるいはそれを理解していなかったのか？

ここで《テロルだ》と叫ぶ者、ゲリラに後ろ指を指し、彼らを《アナーキスト、ブランキ主義者、過激派》と、《体制脱落者》《ロマン主義者》と非難する者は、革命の任務に対して自分がいかにおびえ怯んでいるかを示しているにすぎない。

テロル問題についてのレーニンの見解に対してはおびただしい数の誤解がある。この点に関して唯一拡がりを見せたのは、レーニンが革命的テロルについて実際に述べたことについての無知なのだ。今日反革命の軍事指導者あるいは文民指導者の処罰という問題がどこかで出されるなら、運動の訓詁学者の鞭が飛んでくる。どのような議論であれ、その種の処罰行動は《個人テロル》という項目に分類されると指摘され、袋だたきにあう。レーニンはナロードニキおよびバクーニン[*15]信奉者との論争で

＊14　ここでは「人民の意志」支持者に対する概念として使用されている。「人民の意志」または「人民の自由」はロシアの社会主義革命を目指す党であり、その執行委員会はツァーリズムの代表的指導者たちへの攻撃を実行、一八八一年にアレクサンドル二世を処刑した。その前身であるナロードニキは主に都市知識人であり、ロシアの農民に情宣を行った。彼らの目標としたのは、スラヴ農民共同体の原始共産制で達成されていた社会モデルだった。

個人テロルを壊滅的に批判し、どんな社会主義革命家にとっても万死に値する大罪であると称していたのは周知のとおりだ、というのだ。レーニンからの引用が思考の代用品として取り引きされている。《偉大なる巨匠》に誰が異論を唱えようものか。

こうして《個人テロル》というレーニンの概念が抑圧装置の個々の幹部に対する処罰行動を指している、《個人》という形容は、警視総監や検事として反革命に貢献している個人に攻撃対象を定めている、とのおおいなる誤解が何十年にもわたって抱かれたままだ。このような文脈でしばしば引用されるのは、歴史のなかでの個性の役割についてのマルクス主義理論で、抑圧が生まれるのは警視総監Xなり地方裁判官Yからではなく、もっぱら資本主義の搾取体制からであり、XやYには別の個人が代わるのだから彼らを片づけてもこの体制が是正されるわけでない、という指摘だ。革命的社会主義者とこうした議論を交わすと、彼らは革命的テロル一般の必然性と不可避性をむきになって正当化しようとする。彼らの論理の行きつく先といえば、テロルの加えられるべきはひとりひとりの個人ではなく彼らの束だ、ということになる。

レーニンが聞けば肝をつぶすところだ。議論の全体が実際には言葉の誤解から始まっている。もっともその誤解をおおいに歓迎している者もいるようだが。われわれの超自我の反映をまえにたじろぐのではなく、革命の要因としてのテロル問題について実質的に思案し、そのうえでレーニンの見解がその結果と対立するのかどうかを吟味するべきだ。レーニンが説得的な論拠で《個人テロル》を批判したとき、《個人》とは攻撃対象ではなく攻撃主体に加えられた形容だった。批判が向けられたのは、大衆とプロレタリアートの革命組織から孤立し、そのため散り散りになった戦闘員たちだった。彼らは少なくとも客観的に言えば、人民に敵対する政権への個人的憎悪を表現したにすぎず、プロレタリア大衆の革命闘争を指導するのではなかった。

人民大衆を革命へと動員し彼らを革命党に組織化することなど回避し、ツァーの専制支配をプチブル急進主義の諸個人の陰謀活動によって一掃できると信じていた、当時ロシアにあった潮流に対して、レーニンは戦いを挑み、勝利しなくてはならなかった。このような傾向は一九世紀末のロシア市民階級には避けられなかった。カール・マルクスはまだこの傾向を近づきつつある革命の予兆として歓迎していたものの、レーニンが批判した時点でこれはロシアでの革命の進展にとって危険を意味していた。このときにはロシアでは大工業の成立とともに、増大する産業プロレタリアートの自立的組織と、ブルジョワ民主革命にあっての労働者党の自律的革命戦略のための前提が成熟していたものの、労働者階級の活動分子はプチブル急進主義の陰謀活動小集団に吸収され、そのことで革命過程の進展を阻害していたのだ。

プチブル的テロリズムの物質的基盤は、ロシア市民階級の矛盾を抱えた階級状況のうちにあった。ロシア市民階級は、専制支配に対する革命と、反革命的プロレタリアート弾圧と、ツァーリズムに対立する自然発生的同盟とのあいだで、揺れ動いていた。

＊15　ミハイル・アレクサンドロヴィチ・バクーニンは集産主義的、革命的アナーキズムのロシア人理論家のひとり。彼は、一八四九年、ドレースデンの蜂起に参加したことにより死刑を宣告され、ロシアに引き渡された。シベリア流刑から日本、アメリカ合衆国を経てロンドンへと逃れ、そこで国際労働者協会〔第一インターナショナル〕の共同設立者となる。マルクス／エンゲルスとの内実的相違のため一八七二年に除名され、とりわけ、ラテン諸国とスイスで非合法の戦闘的階級闘争組織を組織内民主主義および連邦主義に基づいて組織した。

《形式上は市民革命でありながら、そのなかでは市民社会とプロレタリアートとの対立が絶対主義と市民社会との対立を圧倒していて、プロレタリアートの闘争は絶対主義に対してと同時に資本主義の搾取に対しても同様に向けられているという事実のうちに、この矛盾に満ちた関係は現れる〔…〕》〔ローザ・ルクセンブルク「理論と実践」、「ノイエ・ツァイト」誌一九一〇年第二巻二八号〕。

ブルジョワジーは、一方ではプロレタリアートが活性化し組織化されるのを恐れなくてはならず、他方ではツァーリズムに向かい突撃するときには砲撃の矢面に立つ労働者大衆に頼らざるをえなかった。プチブル的テロリズムの空論家たちは、《懲罰テロル》には大衆を熱狂させてバリケードへと駆り立てる力があると信じていたが、戦闘が終わればバリケード戦士を家に帰し、革命の果実を独り占めする余地を残していた。こうした連関を、革命的人民主義者〔ナロードニキ〕はまったく意識していなかった。そのためには、彼らのイデオロギーの根を断つ明快なマルクス主義分析が必要だったからだ。

この文脈からしてのみ、レーニンの《旧テロリズム》——そう彼は後に言い表した——拒絶は理解でき、またこの拒絶も正当になる。彼の批判が標的としていたのはプチブルのイデオロギーと、これ見よがしのテロル行為が特徴的になりはじめていた彼らの戦い方全般だった。自立したプロレタリア革命組織が当時まだ成立していなかったからには、自分たちの階級戦略に従っている組織された《赤色テロル》など問題にされようもなかった。

この戦闘様式を当時のレーニンは正面から検討していなかった。これは、彼自身が折々の表現で誤解を助長した原因かもしれない。革命的テロリズムに対するレーニンの態度を、そもそもこの問題に取り組んでいない著作から読み取るわけにゆかないのはたしかだ。そこでこの主題を扱った論文に当たるしかない。

SDAPR〔ロシア社会民主労働党〕の第二回〔「第三回」の誤記〕党大会の綱領案[*16]（一九〇五年）についてのレーニンの覚書では、《テロルは大衆運動と実際に融合していなければならない》〔「第三回党大会の諸決定の総プラン」〕と前置きされている。

一九〇五年初頭、人民主義の革命的相続人である社会革命党〔エスエル党〕はボリシェヴィキに共闘を申し入れ、自分たちの戦い方——テロリズム——をプロレタリア運動に持ち込もうとした。申し入れ書には次のように書かれている。《革命的テロリズムと大衆運動の緒に就いた融合が拡大し強化するように、大衆が可及的すみやかにテロリズムという闘争手段で武装して登場するように！》〔レーニン「蜂起のための戦闘協定について」内での引用〕。

この申し入れ書に対する態度表明でレーニンは、《こうした共闘を結ぶ試みが極力早くに実現するよう》期待を表明している〔同前〕。別の箇所で彼は、人民主義者に対して彼が行った論駁が歪曲されていることに断固として立ち向かった。なかでも、一九〇六年九月三〇日付のゲリラ戦についての論文が挙げられる。レーニンがゲリラ戦について語るとき、戦闘のどのような現象形態を考えていたかを知るのは重要だ。《ここでわれわれの関心を引いている現象は武装闘争だ。これを闘っているのは

*16 ロシア社会民主労働党の第二回党大会は一九〇三年にブリュッセルで開催され、ロシアのマルクス主義の全党派が結集した党創立大会と見なされている。第一回会議は一八九八年にミンスクで開催され八人が集まったが、直後に全員が逮捕された。一九〇三年になってようやくさまざまなグループ間の連絡が「イスクラ」紙を介して進み、ブリュッセル会議を開くことができた。

個々の人間や小集団だ。革命組織に属している者もいれば、〔ロシアの一定地域では大部分が〕革命組織に属していない者もいる。武装闘争は、厳密に区別するべき二つの異なった目的を追求する。この闘争は第一に、警察や軍隊の上級職、下役といった個別の人物（！）を殺害することを、第二には政府ならびに私人からも資金を没収すること、これを目的としている。没収した資金は党に流れ込みもすれば、特別に武装と蜂起準備にあてられもし、われわれがここまで叙述してきた闘争を担う人びとを養うためにもあてられる》〔「ゲリラ戦」、感嘆符は引用者によるもの〕。

レーニンが賛意を表したのは、とくに最初に挙げられた武装闘争の目的である、抑圧機構の個々の幹部を粛清することに対してだった。彼が重ねて引き合いに出した、統一党大会（一九〇六年）で可決されたゲリラ戦争問題についての決議では、私有財産の徴発は容認されず、国家財産の徴発も推奨されてはいないものの一定の場合には容認され、《暴力支配の執行人や黒百人組の活動家に向けたテロリズムを用いたゲリラ行動》〔「ゲリラ戦の問題によせて」一九〇六年〕は明確に推奨されている。

レーニンはこの決議について次のように記した。《われわれはこの決議を原則的に正しいものと見なし、論文「ゲリラ戦」でわれわれが展開した考えとこの決議が一致すると指摘しておく》〔「ゲリラ戦の問題によせて」〕。

そして、より明快にこう書いた。《党大会決議は〔…〕〈テロル〉を承認し、敵殺害を目的とした行動を承認する。〔…〕大衆のなかでの活動とならび、暴圧者との積極的闘争、つまり疑いの余地なく〈ゲリラ行動〉による彼らの殺害が承認されている。〔…〕われわれの党の多数の戦闘集団のすべてに向けて、不活発な状態はやめにして一連のゲリラ行動に着手し、〔…〕平穏に暮らす市民の〈個人的安全の毀損〉は極力少なく、スパイ、積極的な黒百人組、警察、陸軍、海軍その他等々の中上級士官の個人的安全の毀損をできるだけ大きくするよう、われわれは勧告する。しかし政府の所有する武器、銃弾は、その可能性がありさえすれば押収されなくてはならない。たとえば警官は政府のものである武器を所持している！　ある可能性が示されている〔…〕》〔「最近の事件に寄せて」一九〇六年〕。《マルクス・レーニン主義者》を自称するある種の集団が続出するのをまるで当時すでに目のまえにしていたかのようにレーニンはこう要約する。《ここでの考察対象である闘争に従来下されている評価では、それらはアナーキズム、ブランキ主義、旧式テロルであり、大衆から遊離した個々人の行動であり、そうした行動は労働者の士気を阻喪させ、広範な住民層を離反させ、運動を攪乱し、革命に害を与える〔…〕といったものだ》〔「ゲリラ戦」〕。

この評価を彼は《不当、非歴史的、非科学的だ》と誤解の余地なく判定し、無抵抗のほうが組織されたゲリラ戦より士気阻喪を招くのであって、《大戦闘》のあいだの大なり小なり長い休止にあってゲリラ戦こそ不可避の闘争形態である、と指摘する。

《運動を解体させるのはゲリラ行動ではなく、この行動を引き受ける術を知らない党の弱さだ。〔…〕蜂起という点でわれらの党のもつ弱さに対するわれわれの苦情〔…〕。内戦に向けられたいかなる道徳的非難もマルクス主義の視点からはまったく許容できない。内戦の時代、プロレタリアート党の理想は戦闘的な党だ。〔…〕マルクス主義の原則の名のもとでわれわれは無条件に要求する、アナーキズム、ブランキ主義、テロリズムといった陳腐な紋切り型を用いて内戦の条件分析を回避するな、いつやら〔…〕のどこやらの組織が用いたゲリラ行動の無分別な方法をもちだして、社会民主党をゲリラ戦一般に参加させないための威嚇手段にするな、と〔…〕》〔同前〕。

レーニンによればこのゲリラ戦は《組織的、計画的で、理念に支えられた、政治教育的な武装闘争》〔同前〕である。

マルクス主義の議論内に道徳的考察が占める場所はないものの、それでもより一般的な歴史的観点を考え、次のようなレーニンの発言を引用しておくべきだ。

《だが、社会民主党のある理論家だかジャーナリストだかが、（ゲリラ戦への）準備がされていないこの状態を嘆き悲しむことなく、誇らしげに自己満足に浸り、アナーキズム、ブランキ主義、テロリズムといった若いころに暗記した決まり文句をくり返して独りで夢中になっているのを目にするにつけ、世界でもっとも革命的である教説がかくも貶められていることに憮然とする〔…〕》〔同前〕。

論文「モスクワ蜂起の教訓」〔一九〇六年〕でレーニンは、そこで扱っているゲリラ行動に《大衆的テロル》という概念を適用し論じている。《一二月以後（つまり一九〇五年蜂起の軍事的敗北以後）ロシアのいたるところでほとんど絶えまなく行われているゲリラ戦、大衆的テロルは、大衆が蜂起の瞬間に正しい戦術を行使できるよう学ぶ一助となるのは疑いない。社会民主党はこの大衆的テロルを承認し、自分たちの戦術の構成要素としなくてはならない》。

マルクス主義者たる者、革命的テロルの問題に対してこれとは別な態度をとることはありえない。革命的テロルは当然ながら人民、大衆に向けられるものではないし、生活条件や階級状況からすればプロレタリアートの近くに位置しながら革命運動への参加を決断できないでいる階層にも向けられない。革命的テロルはもっぱら、搾取体制を代表する人物、抑圧装置の執行人に、反革命の文民ならびに軍事指導者・首領どもに対して向けられる。抑圧とは、資本主義体制が時々につけてみせる仮面の気まぐれによるのではなく、その編成そのものがもつ経済的強制法則から生まれる、という認識は正しいものの、真実の半分でしかない。

この体制は人びとを内側に取り込み、彼らを体制の器官に変え、人びとのほうでも抑圧機構での自分の職務に自ら同一化し、敵となってゆく。この体制が作動するのは、こうしたプロレタリアートの敵によってなのだ。この体制を破壊しようというのなら、その器官を無力化しなくてはならない。別の道はない。支配者たちはテロルで自ら引き起こした不安を利用してプロレタリアートを意のままにする。被抑圧者たちも同様にテロルで敵を不安に追い込み、それを利用してついには自らを解放することに何の不都合があろう?

7　人民大衆の力を具体的に発見し、そして大衆の諦念を克服せよ!

一揆主義者とは異なり、《テロリズムは革命家に政治活動の労を省いてくれる即決裁判のようなものではなく、むしろまずもってそれは政治活動の必要と条件を生み出し、ひいてはその出発点であるのだ。蜂起した者たちが孤立させられ一掃されてしまわぬよう望むならば、彼らは政治的前衛組織の機能を担わなくてはならない。ゲリラは政治実践の学校となり、革命の幹部を編成し、大衆の意識状態にかなった、そして闘争のなかで闘争を通じて意識水準が高まればつねにその程度に応じて更新される過渡期綱領をその場で仕上げるのでなければならない》〔アンドレ・ゴルツ「五月運動の限界と潜在力」原文初出一九六八年、『現代革命の可能性』所収〕。

大衆の利益と行動を武装集団が効果的に守ることには、新種の政治的大衆組織形態を形成し確立するにあたって決定的な意味がある。次の毛沢東の言葉は広く当てはまる。《共産党員一人ひとりが、銃口から政治権力は生まれる、という真理を理解しなくてはならない。われわれの原理原則からすれば、党が銃に命令を下すのであって、銃が党に命令するなど断じて許されない。しかし銃をもっていれば、たしかに党組織をつくることも可能で、〔…〕そうすれば幹部を養成し、学校を建て、文化を創造し、民衆運動を起こすこともできる》（「戦争と戦略の問題」一九三八年）。

このように成立する革命的プロレタリアート組織は、銃に依拠しながら階級敵の弾圧兵力を解体し、ついにはあますところなく打ち負かすことができる。過去数十年、敵は銃によってくり返しプロレタリアートの闘争精神を砕き、革命の中核幹部を処刑し、彼らの士気を奪ってきた。革命家は敵の銃口に無防備にさらされて、闘争への気力を阻喪していた。階級間対立の最後でものを言うのは銃だけだ。資本の傭兵は、労働者が銃を手にしているときだけは彼らのことを顧慮し恐れる。敵の権力には限界がある。それは抑圧装置のレバーを操縦する人間に負っている。完璧で技術的に複雑である資本の殺人機械は、それを操作しなくてはならない人間がいなければ無害だ。

過去にドイツのプロレタリアートが武器を手に資本に向かって蜂起したとき、彼らは英雄的ではあったが、誤った戦術原理にしたがい戦略展望もなく闘っていた。隊列を整えた敵に逃げ隠れすることなく立ち向かい弾が尽きるまで持ちこたえるよう革命戦士に命ずるのは、勇気と誇りであるように見えた。その結果は驚くべきものであるわけもない。プロレタリア革命は封建時代の馬上試合ではない。

ブルジョワジーの長い歴史のなかで、彼らがプロレタリアートに対して騎士のごとく振る舞ったためしはない。怯懦にして狡猾で良心などもたない敵に対する戦いで、支配者が自分たちに有利なよう案出し、しかし一度たりとも守ったことのない決闘作法に、革命家も則って振る舞えなどと、どうして求められよう？　エンゲルスは一八五七年、英国の清国との戦争〔第二次アヘン戦争（一八五六－六〇年）〕に関する論文でゲリラ戦の方法について自由党が上げている口先の悲鳴を分析した。中国人民はゲリラ戦によって、もしそれを継続するならば英国の勝利を不可能にしかねない方法を見いだしたと、彼は強調した。彼はこう記した。《いまや人民大衆が外国人に対する闘争に積極的に、それどころか熱狂的に加わっている。彼らはヨーロッパの植民地である香港のパンに、大量かつ冷酷な打算で毒を盛る。〔…〕中国人は武器を隠し持ち商船に搭乗し、出港してから乗組員とヨーロッパ人乗客を殺害し、船を乗っ取る。彼らは外国人なら手当たり次第に誘拐し殺害する。〔…〕このような戦闘手段に訴える国民に対して軍隊はどんな策を講じたらよいというのか？

自らは無防備の都市に焼夷弾を落とし殺人に強姦を重ねている文明の小商人どもは、このような方法を卑怯で野蛮で残虐だと呼ぶかもしれない。しかしこうした方法が成功を招くばかりだとするなら、そのような非難は中国人にとってなんだというのか。〔…〕彼らの行う誘拐や、奇襲や、闇夜の殺戮が、われわれの見解では卑怯と称されるとするなら、通常の戦争遂行手段では中国人はヨーロッパの破壊手段に打ち克つことはできないという、自分たちが証明した事実を文明の小商人自身は忘れるべきではない。〔…〕新聞報道がそうしているように、恐ろしい残虐行為に道徳家ぶってみせるのでなく、ここでは〔…〕人民戦争が行われているのを承認するほうが、われわれには望ましい。〔…〕そして人民戦争にあって叛乱国民が使っている手段への評価は、正規の戦争遂行での一般に承認された規則に従っても、なんらかの別な抽象的尺度をもってしても、できない〔…〕》〔フリードリヒ・エンゲルス「ペルシャ－中国」一八五七年〕。

革命には最高原理がある。人民の力を発揮・維持し、敵の力を破壊することだ。これによって赤軍の戦略と戦術は定められている。敵が隊列を整え集結して現れようと、ゲリラを見つけられず、したがってゲリラを掃討することもできないだろう。そして敵の傭兵が隊から離れ、警戒心なく個々に営舎や住居に戻ってみると、ゲリラが待ち受けて彼らに責任を問い詰めるだろう。ゲリラの攻撃は可能なかぎり敵の平兵士ではなく、将校や幹部役人に向けられるべきである。彼らにとって安全領域、《後方補給地》、平和な故郷、安全な私生活など、もうどこにも許されない。将校や役人は、隣人の誰がゲリラと接触し、いつどのような状況下で自分に攻撃が加えられるのか、知ることはないだろう。

人民の武装集団が《海中の魚のように人民の海で泳ぐ》のに応じて、人民の敵はこの大衆の海に溺死してゆくだろう。この過程で人民は己の力を発見し、この力をより意識的に使用するだろう、人民は軛《くびき》から、搾取社会の法規への服従から脱するだろう。この状況のもと、この重圧、この恐れと不安のもとで、目に見えない空恐ろしい敵を相手にして資本家の利益のために闘ってみせようという何万人もの英雄を、国家はいったいどこから集めろというのか？

人民大衆の力ばかりを問題にするだけでは不充分だ。重要なのは、この力をなんとか具体的に発見することだ。大衆がもはや無防備なまま資本の抑圧のための軍事行動にさらされることなく、自分のもつ真の力を具体的に発揮し敵に対抗して成功するだけの能力をもつ、そうした条件をつくり出すことが重要なのだ。敵軍事力の解体が充分に進んだなら、生産工場の大衆とプロレタリアート武装部隊の協調行動によって敵の最後の抵抗を打ち破り、人民の権力をあらゆる領域で固める展望も開ける。

いま述べた概略にそって、孤立したゲリラ・グループを組織して、武装した中核要員による包括的で調整のとれた組織へと赤軍を発展させるにはどうしたらよいかという問いを、もういちど取り上げよう。

今日、自らの個人的運命を断固としてプロレタリア革命の運命と結合させるだけの気構え、決意をもつばかりでなく、武装闘争に伴う個人的な危険を引き受ける覚悟すらもった若者が増加しているのは、偶然ではなく、資本主義体制内の敵対的矛盾の発現なのだ。その数は西ドイツではようやく数百、あるいはすでに数千人になっているだろうか？　この問いを決定するのは実践だけだ。ともあれ、彼らは——いまだ自然発生的であり無計画で、協調もなければ組織基盤ももたないが——実践の第一歩を踏み出した。彼らがまずは国家機構への恐怖を克服したならば、革命文士やはったり屋の悲鳴も、彼らがこの道を前へ進む妨げにはならないだろう。

ゲリラ部隊は無から生ずる。誰にも始められる。誰をも待つ必要がない。実際に開始し、果てしない議論にとどまらない戦士が数十人いるなら、政治の舞台を根本的に変革し、雪崩を引き起こすことができる。最初の局面で課される任務は、武装グループを形成し、国家機構に打ち克つことができると、また武装奇襲攻撃は抑圧体制に対する正当な利益達成に成功するための手段でありうると、適切な行動で実証することだ。つまり、武装闘争の手段は実践のなかで発見されなくてはならない。なぜなら、この《大衆の同意》を確保してはじめてこの手段を講ずるというのなら誤っている。《大衆の同意》を獲得できるのは闘争によってのみであるのだから、《大衆の同意》を待つとは闘争の全面的放棄を意味する。複雑きわまりない意識形成過程が重要であり、その探究のためには画一的で抽象的な《大衆》という概念はまったく役立たない。後期資本主義社会内の階級対立という文脈で《大衆》が指し示すのは実体をもつ抽象概念であり、多様に結ばれ交流しあう勤労者層の、媒介された全体のことだ。彼らは総じてときどきの階級状況を通じて共通の利害をもち——資本主義的搾取・支配の除去という利害だ——、この利害共同体ゆえに総じて反資本主義陣営を形成する。

この全体にはさまざまな階層が属しており、多くの点で違いをもち、資本主義過程の強制規則に身をさらす仕方も異なる、そのため意識過程にしても非同時的であり、この過程が進行するなかで彼らは異なった時期、異なった条件下で自分たちの階級状況の矛盾と、そこから生ずる利害を把握する。そこで階級分析の一部として意識過程を具体的に探究することが、特定階層に則り《大衆》概念を厳密化する前提となる。

たとえば、残虐行為を好む国立《教護院》の教官に対してゲリラがことを起こすなら、多くのプロレタリア階級の両親は腹を立て、こうした介入措置を非とするだろう。彼ら自身が国立教護施設の必要性と厳格な教育を信じているからだ。増加するばかりの自分たちの教育問題を公的機関に委ねてよいと彼ら自身しばしば考えるからであり、さらに言えば、社会的暴力に対するいかなる反抗も不適切で許されないと見なす教育を彼らが受けているからだ。それに対して直接に身をもって抑圧を受けている施設のプロレタリア少年、さらには懲戒手段としての施設教育の脅迫に日々恐れおののく多くの少年たち、彼らはこの行動を理解するだろう。加えて、少年たち自身が多大な労力を払わずに使える形式と手段で行動が遂行されるなら、彼らはいくつかの《教育劇》に従い、彼らの拷問者自身を規律訓練する側に転ずるだろう。さらに、もし当局が抑圧を昂じさせるようならゲリラが介入するだろうと少年たちが気づくことで、彼らはより激しく抵抗できる。

別の例を挙げよう。ゲリラが武装行動を通して強制立ち退き阻止の範を示し、以後この手の執行が戦車と機関銃の護衛のもとでしかなしえなくなるなら、今日ではいまだ多くのプロレタリアートは支配者の公式見解に声を合わせ、この行動は《無法《アナーキー》》であるとの烙印を押すだろう。しかし、国営ホームレス収容施設への道をすでに歩んだ、あるいはこの宿命を眼前にしつつ不当な高額賃貸料をまだ払うだけのために必要不可欠なものを断念している何十万もの人びとなら、この措置を理解し、ゲリラの行動様式に彼ら自身の利益をあらためて見いだすだろう。

労働者を路頭に迷わせたコンツェルンの支配人をゲリラ部隊が捕らえ、これによって解雇撤回を遂げるとすると、ここにも《犯罪》を見る労働者がまだいくらかいるだろう。こうした反動派をまえにして怯むようなら、彼らの発言に見られるのは《プロレタリアの階級意識》ではないし、反射的な奴隷的服従は《健全な階級本能》の表現でもなく、労働者の頭のなかのブルジョワ的上部構造の——ブルジョワ的超自我の、資本家の番犬の——表現である、ということが忘れられている。こうした反射は抑えられなくてはならない。これに服するなど断じて許されない。例示したような行動が適切な条件下、時宜を得て遂行されるなら、多くの労働者は、プロレタリアートの当然の利得を有効に押し通すことこそ結局のところ唯一の道であると理解するだろう。

そのように理解されるためには、複雑にして矛盾に満ちた過程を経ることになる。大衆のなかには暴力行為を厭わぬ姿勢が潜在的にあり、それは絶えず増大している（たとえば体制順応を拒否する者への攻撃）にもかかわらず、革命的前衛による資本家の機関に対する暴力攻撃はプロレタリアートの広範な層で多かれ少なかれ感情的な拒絶にしばしばぶつかる。その一方で、国家暴力が公然と労働者階級に向けられているときですら、国家の暴力独占は承認されている。この矛盾は、搾取社会への長期にわたる順応過程のあいだに味わったプロレタリアートの手痛い経験から説明できる。

この順応が引き起こすもっとも重大な帰結は、法規と社会的慣習に対する服従である。しかしそれらは支配者、つまり有産階級の利得のための法規と慣習であるにすぎない。他方で暴力によって弾圧から身を守るという自然発生的な傾向を、ブルジョワ社会の教育は完全に抹消できず、支配者にとって無害な方向へと逸らし歪めてみせるにとどまる。被抑圧者の潜在的暴力は除去されたわけでなく、とどのつまり服従させられることで抑え込まれているだけであり、《退行》のなかで強化され、正しい方向性でいつでもふたたび現れようとしている。広範にわたる服従がそれを維持するための本質的条件である。支配者の法規など被抑圧者のより高次の法を実現するために打ち破らねばならないという要求によって、こうした服従がひたすら執拗に、そしてあからさまに拒絶されるなら、規範の広範な拘束力はついには失われる。目下のところは単発的に現れている服従拒否は、まもなく《道徳的無能》の汚名をそそぐ。

こうした反応は、普遍道徳から逸脱した特別な集団道徳が成立するとき、さらにはごく一般的に社会的騒擾の時代にも、容易に観察できる。それを支配者たちは恐れている。

ブルジョワ法秩序に対する服従を断ち切ることが大衆の革命化のための本質的前提だ。これは理論を通じて理解する問題ではない。一九六七／六八年の抗議運動のなかで、ブルジョワ秩序の階級性格とそれを暴力によって除去する必然性が多くの人びとによってまたたく間に理解された。しかしそれによって、いわゆる心理的圧迫、刷り込まれた服従の反射が克服されるにはほど遠かった。そのためには、まずは規範侵犯を意識的かつ実践的にくり返すことが必要だった。こうした反射はプロレタリア層にあっては、プチブル知識人の場合のように著しくもなければはなはだしく小心翼々とした性格ではないにしても、それでも存している。労働者がこれを理論的省察によって克服するのは知識人にとってよりも難しい。直接経験という意味での労働者の実践のみが、この由々しき意識構造を切開できる。

革命的暴力の行使はその必然性を《労働者》が意識したときにはじめて許される、これを示すのに古典的著作の引用をすぐ使えるような同志がいまや少なからずいる。現在格別に重要な役割を果たしているのは、毛沢東の次のくだりだ。《大衆の意識がいまだ目覚めていないにもかかわらずわれわれが攻撃をするならば、それは冒険主義だ》〔「晉綏日報の編集部の人たちにたいする談話」一九四八年〕。

ここから引き出され、今日この地で一定の行動形式に向けられた異議は、二つの面で論駁できる。こうした異議ではまたぞろ《大衆》という形而上学的な抽象概念が用いられているが、学生たちは後期資本主義社会の階級構造に起きている変動にもとづき、反資本主義陣営であるこの大衆の重要な前衛部分を形成しており、一定の条件のもとであればまさに暴力行為を通じて前へと進みながら、プロレタリアートの別な層を国家暴力との革命的対決に引きずりこめる状態にある、という事実が無視されている。

一九六八年の復活祭騒擾[*17]のときに数千の青年労働者が対警察闘争に参加したことは、これを示すささやかな例かもしれない。フランスの青年労働者による革命的闘争の数週間後、とりわけフラン工場の戦い[*18]の後、この評価方向は歴史的に証明された〔原注3〕。

批判的な学生ならば総じて革命的暴力の必然性をすでに理解していた。革命過程が進捗するためには、彼らがこの認識を現実でも実践すればよいだけだ！

＊17 訳注――ルーディ・ドゥチケ銃撃後、それを煽動した元凶としてシュプリンガー社への激しい抗議行動が行われた。マーラーはこの行動を主導したとして告訴される。「テーゲラー・ヴェークの闘い」はこの公判に際して起こった。「前史に関する覚書」注21および23を参照。
＊18 六八年六月、労働者たちはフランスのフランにあるルノー工場を三週間にわたり占拠した。彼らが投票箱を破壊して工場主との協調に関する採決を阻止すると、警察は工場に突撃した。これを承けた労働者たちは、支援を学生たちに要請した。その後の一〇日間、大規模な市街戦や集中的な攻撃、とりわけ警察官舎への放火攻撃がなされた。

もうひとつはそうした異議では、先の引用文がいかなる大衆意識概念にもとづくものであるかが規定されていないという点がある。毛沢東が用いる《大衆の意識》概念は、われわれの議論のなかで決定的な役割を果たしている同名の概念と同じものであるのか?

毛沢東が出発点とするのは、国共内戦時の農村大衆と都市プロレタリアートの意識、すなわち、抑圧の原因となる社会制度からは彼らの意識そのもののなかでもいまだはっきりと分離している被抑圧諸階級のもつ意識だ。これらの階級は、この意味で自分たちの環境をいまだ二つの次元で体験している。彼らからは抑圧の意識、ひいては抑圧の概念がいまだに失われておらず、また、自分たちを抑圧制度の一部と捉えそれと一体となるほどにはまだ疎外されていないのだ。

毛沢東は別の文脈で中国の大衆意識を、こよなく美しい絵を描くことのできる《一枚の白紙》と呼ぶとき、ここでも彼は《処女》意識から出発している。この《白紙》のうえに毛沢東は実際こよなく美しい絵を描いた。中国大衆にはマルクス・レーニン主義の科学的世界観への偏見がなく、中国の社会状況にこれを具体的に応用することが大衆に絶え間ない《気づき体験》をもたらし、つまりそこに火をつけ、大衆の心をとらえ、こうして実質的暴力となった。

これに対して本国では、何十年にもわたる反革命の情宣、教育、学問、芸術がマルクス主義学説のひとつひとつの命題をさんざんくさし、通俗化し、手直ししたつもりでかえって悪くし、虚偽へと歪曲し、対極へと反転させることもしばしばであり、革命理論の中心概念のどれに対しても否定的な感情を盛り込み、そうすることで大衆内での革命的情宣・煽動にとって革命理論を無用物にして、変造した学説にもとづき社会的現実ではそれが《失効している》と《証明》してみせ、さらには、成果のない労働者党がこの学説に拠っていたため、西側工業国での労働運動の数々の敗北はマルクス主義理論への大衆の信頼を台なしにした。

この過程を通じて大衆の意識は、中国大衆の意識である一枚の《白紙》とはもはやわずかなりとも接点をもたない、それとは質的に異なった意識、免疫をつけた意識になってしまった。どのように、そしていかなる手段でこれを打ち壊しうるかという問題をわれわれは解決しなくてはならない。しかしことがプロレタリアートの意識であるとき、同志のなかからは錬金術めいたいかがわしい処方箋を引っ張り出してきて、それに従って講釈を始める手合いが出てくる。たしかに自分が被っている抑圧の社会的・経済的連関を労働者がつぶさに見るのを学ぶことは重要である。

とはいえ、プロレタリアのまえに立ちはだかり、今日『賃労働と資本』を手に、あなたは搾取され抑圧されていると説いてみせながら、同時にこの糞壺から脱出する道を実践的に示さないなら、そのような輩は——時間の問題にすぎないが——まさにこのプロレタリアから足蹴にされるだろう、そしてそれは当然のことではある。惨憺たる苦労を重ね、かててくわえて口をつぐまなくてはならない、これを労働者なら誰でもいつかは知ることになり、その意識を抑圧するために多大の労力を注いできた。いったい今日にいたっていまだ《労働者》と呼ばれるのを望む者がいようか？ こうした抑圧がうまくいった暁には駄馬が一頭——おそらく大学出ですらある——やってきて、みごとに生えた草をふたたび食い尽くしてゆく。これで良いわけがない。

プロレタリアートは資本主義の矛盾と衝突して傷手を負いそして革命に導かれる、こう素朴に信頼している者もいる。彼らは、産業資本主義が成立してこのかたプロレタリアートが衝突で傷手を負う機会などありあまるほどで、そうこうするうち彼らの全身は角質化してしまっているのを忘れている。だから革命の炎はそう素早く燃え上がりはしない。

われわれがこれから迎える数年のあいだに広範な階層の不満が迅速に増大するのはたしかだ。だがこの不満自体は、革命的な語彙をまとってみせはするだろう修正主義があらたな装いで現れる基盤にすぎない。状況変革が必然であるという意識は、革命意識の一要因にすぎない。歴史的爆破力にいたるためには、革命的変革が可能であるという認識が加わらなくてはならない。

プロレタリアの心理についての機械論的な観念は、結局のところは時代遅れにならざるをえないだろう。一九六八年五月のフランス・プロレタリアートの暴発は、少数のマルクス主義理論家が予想していたにすぎず、実践に携わる者の誰も可能であると考えていなかったが、これが——いったい何度目になるか？——対立をかかえるプロレタリア階級意識の弁証法を明確にした。一九六八年五月一三日、パリでは一〇〇万の労働者と学生がデモを行い、その後一〇〇〇万人がストライキに入ったとき、ヨーロッパただなかの典型的な新資本主義国でプロレタリア革命が支配者の執務宮殿の扉を叩いたとき、労働者は自分たちが被抑圧者、被搾取者であると知っていた。それを彼らに学生たちがあらかじめ教える必要はなかった。彼らは修正主義に堕したフランス共産党の講習会など受講せずとも、資本主義労働監獄での単調作業という自らの経験にもとづきこれを知っていた。ストライキへ、バリケードへと彼らを自然発生的に駆り立てたのは、五月一〇日のカルチエ・ラタンでのバリケード闘争を、夜闇を通して直接目撃したことだった。この夜、学生たちはＣＲＳ[*19]〔共和国保安機動隊〕という内戦向け政権護衛兵の暴力攻撃に対して英雄的に抵抗し、言葉だけでなく勇敢な行為によっても憎むべき政権を脅かした。

《警察による弾圧は原始的な粗暴さを全開させて始まった。学生たちはただの犠牲者にとどまらず、闘士でもあった。彼らは自分の身を防衛した、すると同情に賞讃が加わった。フランスでは警察それ自体よりも警察への恐怖が支配的なのだ。勇敢さのもつ伝染力は、社会を束ねる恐怖を分解する》〔アンドレ・グリュックスマン共著『一九六八年のフランス革命』〕。

支配は自明で、疎外された労働は避けられず、社会的貧困化を変えることはできないといった考え――疑問を抑え希望を抑圧して醸成された堆肥のうえに咲き誇るこの毒草――が叛乱の嵐のなかで枯れはじめた。解放行動の魅惑のもと、大衆はついいましがたまで激しい敵意をこめ身を遠ざけていた政治的な理論やスローガンに突如として心を開いた。このようにものわかりがよくなったのは、前衛が革命的決起をして激しく問いを立て、革命的な回答の余地をつくったことによる。ラジオ・ルクセンブルクは感動的で興奮を呼ぶ報道で、フランス・プロレタリアートにカルチエ・ラタンのバリケード上に立つ学生たちの団結した勇敢なる大衆的抵抗を伝えた。これは大衆に、自身の抑圧状況を変革するできるのだという意識を呼び起こす事件だった。自身の境遇を変えるのだという決意を固めたため、変革大衆の関心と感受性は、待ち望んだ変化のための構想が引き出された理論と行動指針へと向かった。反革命――とりわけフランス共産党の裏切りを通じての――によって社会はふたたび彼らの支配下に置かれたが、自らのもつ強さを経験した、連帯と民主的組織の人を動かす力を経験したというそれだけですでに、この叛乱はひとつの大きな勝利だった。その影響は長くつづくだろう。

他方で逆の傾向が現れる。一時的に敗北し、それゆえ失望した大衆は、逆説的に革命理論にふたた

＊19　共和国保安機動隊は約二万人を抱えるフランス憲兵隊の治安部隊。火災、鉱業・交通災害に出動するべく一九四五年に設立。六八年五月にはデモに対する増援部隊として投入され、その格別な粗暴性において際立った。今日に至るまで、ＣＲＳは内政騒乱時に登場する。

び心を閉ざしはじめる。彼らはプロレタリア的存在という灰色で未来のない日常への順応をあらためて果たす。具体的な希望が引き起こすこうした緊張に満ちた興奮状態の日常を、長期にわたって耐えることはできないと、大衆は明瞭に意識しないながらも感じているのだ。抑圧が長くつづくため、それは避けられず変えることもできないという誤った意識が生まれるように、この抑圧は運命によって定められているというまさにこの誤った意識によって、それは耐えやすいものとなる。具体的な希望は社会的現実とかかわることによって空疎となり、個人的な僥倖を白昼夢のなかで期待する姿勢につながる。この心的な順応過程が大衆を革命理論から遠ざけているならば、革命理論を情宣すれば諦念は解消されるなどと、どうしたらまっとうに想定できようか?

8　革命と若者社会

いま縷々述べた考察は、体制に対する心的順応と社会的統合がすでに首尾よくなされたプロレタリア諸階層を念頭に置いている。これら諸階層は今日でもなお資本主義的編成をまとめ上げる社会的重心と見られており、詳細に論ずるのは至当である。そこで、これらの階層ですら有している潜在的な革命エネルギーを指摘することが重要だ。これに関しては誤った考えが流布している。資本主義は後継世代を統合することに将来的にも成功するのだから、順応し統合された賃労働者は将来にわたっても革命的情宣・煽動が照準を合わせるべき原型でありつづけるだろうという、多少の差はあれこのような暗黙裏の期待から多数の同志たちの政治実践は出発している面もあるからこそ、誤った考えと対決する必要があった。

端的に述べよう。いま目の前にある大人像をもとにしているため、革命理論は若者を、時間的に制限された特別な行動型をもった若い大人として着目するにすぎない。このとき、資本主義的生産様式の矛盾が明確になるのは以前と異なり今日では世代間軋轢のなかであり、伝統的な順応・統合過程が疑問視されている、という事態が見落とされている。この矛盾によって社会の分裂の進行という社会革命の本質的条件が満たされるのだが。

これについていくつか細かい点を挙げる。年長世代のもつ権威は以前だったなら、年長者が技術・社会技術・科学領域での知識と経験に優り、合理的にして同時に物質的な基盤をもっていることによっていた。これらの領域で間断なく生じている変転が法外なまでに加速され、年長者とは今日では時代遅れの知識、古色蒼然とした経験、無駄な行動型（知識と熟練の《道徳的磨耗》による価値低下）を意味する。こうした要素に基づく権威の要求は——利潤を規準とする目的合理性の意味でも——充分に非合理的であり、それゆえ根拠をもたず、競争原理に規定された資本主義的蓄積過程との矛盾に陥った社会的な不活性の要因をなしている。年長者による権威の要求とはこの状況にあって、自分たちの物質的利益を年少者らに対して守るための武器であるにすぎない。資本主義の価値増殖過程に不可欠である最新知識と現代技術の能力・社会実践を担うのが年少者であるが、それだからこそ彼らに対して年長者は、よりいっそうすみやかに生産過程での自分たちの持ち場から排除し、資格を剝奪し、ついには零落させる。

この傾向は、生産過程そのものにおける精神と神経にかかる負担が昂じるばかりであることから、さらに強まる。こうした負担のため、求められている労働能力はよりいっそう摩滅させられ、年を重ねるうちにしまいには完全な回復はできなくなってしまう。この展開の影響は持続的かつ長期的に雇用構造がこうむる。それに対して、一連の主要産業国（合衆国やフランス）では《間歇的な相対的人口過剰》、失業者の大群のなかで若年層が占める数は平均値を上回っているという事実は、矛盾して見えるかもしれない。だがそれは見かけにすぎない。この事情はまずもって、法または労働組合によって保証されている解雇からの相対的保護は、先進工業諸国内の《体制化した》労働者階級が手にした社会的資産の一部であるということで説明できる。解雇から相対的に保護されているということは、不完全雇用の場合、まずもって若年労働者への負担を結果する（年長労働者の解雇が許されるのは例外に限られ、そのため若者は雇用されず、労働組合による調停を得られない、ないし年長者より先に解雇される）。もうひとつの要因は学校制度が不備であり、非熟練労働者の供給過剰を生んでいる点だ。

しかし、このような副次的な調整装置では《若者社会》への進展を押しとどめることはできない。若者社会とは資本主義的生産様式の経済的強制法則のなかに含まれているからだ。この傾向は今日すでに、資本主義的再生産の第二に重要な領域である消費領域を支配している。そこでは、体制が生き延びるために必要な資本転換の加速が、若さという要素に媒介されている——消費宣伝で優勢な紋切り型、《若く、精力的で、新しく、開けている、等々》で表現される事情だ。これらの語は広告心理学的には同義なのだ。

こうした成り行きがもたらす必然的な結果として、若年層自身に意識の変化が現れる。彼らの意識に、社会・経済過程内での青年の役割の変化、後期資本主義での彼らの存在の変化が反映されるのだ。変化した意識の革命的意義は、近年の闘争において大筋が現れている。ここから導き出されるべき理論的帰結はまだ不充分だ。しかし一点はすでに確実に確認できる。近年、《大人の世界》、つまり大人に期待される態度や規範観念とはもはや関連しない、若者固有の社会的自意識が育っている。若者らが自己形成する際に倣う崇拝の対象は、もはや大人の世界には棲息していない。それどころか崇拝の対象はたいていのところそれとは激しく対立している。かつて若年層はなるべく早く《大人に》なりたい、彼らの大人の模範と同じになりたい、と夢見ていた。それが今日では大人に身を重ねることは彼らに不安を呼ぶ。《いつか自分たちの〈親〉のようになっている、あるいはそうなる》のを恐れている。

資本主義のうちで作用する諸矛盾をとおして若者は、その独立した自意識のなかで絶え間なく己が確証されているのを見る。この自意識は抵抗力を育み、《生物学的》青年期を超えてもさらに長く作用しつづける行動型の基礎を形成する。この自意識によって、社会、生家、学校、教会という主要な順応装置は急速に精彩を失う。ほかの領域ですでに獲得された順応性を通常ならなんとか固定させてきたその他の社会的強制装置は、今日いよいよもって順応しない態度と衝突する。新たな《若者意識》を通じて、若者特有である一連の《順応しない》ふるまいと生の内実の像が彼らによって意識的に主張され、あまたの攻撃から防衛されて、その有効性を発揮する。若者たちのなかでは順応拒絶のイデオロギーが成立しており、それは——たとえ個々にあっては支離滅裂であっても——今日すでに広範な大衆をとらえている。

階級社会でこのイデオロギーは必然的に階級特性を帯びる。このイデオロギーが若者たちの実存的関心の表現として、資本主義的価値増殖過程に必要とされる行動様式の拒絶を対象に据えているため、それは反資本主義的かつ革命的な傾向をもつ。このイデオロギーは、大規模な暴力行使にまでいたる攻撃性を発露するような、若者に特徴的な姿勢と結びついている。ここにまずなによりも革命的暴力行使の潜勢力が求められ、見いだされなければならない。

《工場でストライキや占拠を組織する、あるいはCRS〔共和国保安機動隊〕と交戦するようなとき、大学で、街頭で、高校で、いたるところで、若者は誰よりも決然としている。同様に若い技術者や中堅技師が以前のストライキでは絶えてなかったほどに運動に参加した〔サクレー[*20]を思い起こされたし：引用者〕》。アンドレ・グリュックスマン[*21]はフランスの五月革命の経験についてこのように記している〔『革命の戦略』〕。

世代間の軋轢の新たな質をアンドレ・ゴルツ[*22]も見ている。《二五歳以下の若者の急進化は世界的な現象であり、高度に発達した資本主義諸国のどこでも同じ内容を持つ。このことからして、五月運動で起きていたのは原則的な事柄であり、決して些末なことではないとわかる。〔…〕

私の考えでは彼らの急進化を理解するためには、過去約一〇年の技術、科学および政治の領域で生じた急速な発展から出発する以外にない。〔…〕科学・技術・文化領域で起こった急速な発展は、とりわけて子どもや若者が生活様式という点で以前よりもはるかに両親から遠ざかる結果をともなった。加えて情報はより豊富となり、異なった職業養成を受け、異なった未来を自分の先に見る。若者たちにとってすでに自明で、彼らの現在とこれからの生に長く影響を与えるもの（それが数学や言語の領域での教育法であれ、消費財であれ、日常的に使っている機器の技術的性格であれ、あるいは次々と差し出されるイデオロギーや文化産業の生産品であれ）、それは年長者にとっては七つの封印の書のように不可解極まりないものなのだ。そこで、年長者の価値基準は完全に時代遅れとなっているのがはっきりする。その直接の結果として、両親の権威は揺らぎ、〈人生知〉と称される経験はもはやなんの価値もなくなる。その同じ要因が若者の叛乱には特別な刻印を与える。昔ながらのものがこれまでのように尊敬を集めることなく、肯定的な価値よりも否定的な価値を受けとる。それは時代遅れの、無理解の、いまこの瞬間の展開への無感覚の、過去の敗北と過誤への執着の象徴となる。年長世代がこのように客観的には権威を失うことで、伝統的経験をよりどころにせよと要求するあらゆる権威の拒否が可能となる。そこから両親、教師、制度等々の権威に対する抗議の姿勢が生まれた》〔ゴルツ「五月運動の限界と潜在力」〕。

アンドレ・グリュックスマンからは、事態に光を当てる思考がうかがえる。《学生たちの闘争には、現代生産力総体のブルジョワ的生産関係に対する反抗が含まれており、これに公然たる表現を与えている》〔『革命の戦略』〕。

グリュックスマンはこの思考を理論的に媒介するものをも示唆しており、われわれの見方ではこの媒介は正しい。社会的生産と私的占有のあいだに生ずる資本主義生産様式内での敵対的矛盾は、マルクスによれば、対象化され蓄積された過去の労働と、生き生きとした直接的労働のあいだにある、資本主義的社会構成を超えた矛盾の、特殊で歴史的な現れ方のひとつに過ぎない〔原注4〕。

生き生きとした労働が、すなわち《あまりに小さくなった》生産諸関係を革命行動のなかで粉砕する生き生きとした生産諸力が、人を動かす要素である。プロレタリアートとはこの革命的生産力なのだ。

＊20　サクレーはパリの南西郊外の町で、原子力研究所の所在地。
＊21　アンドレ・グリュックスマンはフランスの哲学者、著述家。古典哲学のなかの全体主義傾向を研究した。当初マルクス主義に影響を受け、後に全体主義理論の諸要因を主張した。
＊22　アンドレ・ゴルツは一九六八年以前から長いこと、知識人の労働運動との関係についての議論をくり広げていた。彼の考えでは、六八年五月は労働者階級を資本主義社会に統合するという知識人の信仰をごく短期的にしか揺さぶらなかった。

《すべての生産道具のなかで最大の生産力は、革命階級そのものだ》〔原注ではカール・コルシュ『カール・マルクス』が参照されているが、当該書内での『哲学の貧困』からの引用〕。

この生産力そのものの内部で、生産力の歴史の経過とともに構造的な変化が次々と起こり、生産諸力と生産諸関係のあいだの矛盾の性質が変わって対立は激化する。政治的労働運動は、そのつどの構造変化に従い、社会・経済的座標系のなかで支配的位置にある労働者階級の層がそのつど、運動の政治的性格を強く特徴づけてきた。

単純商品生産に基づいた資本主義発展の開始期にあって、賃労働者階級を代表するのは、同職組合親方になること、ひいては商品生産者として自立した存在となることを拒まれた手工業職人だった。彼らは職人組合のなかでの同職組合親方に対抗する労働者運動の政治的表現として組織された。手工業による商品生産が広範に崩壊することで、工場制手工業《マニファクチュア》とそれに伴う新しい型の労働者が発生して、この型の労働者が労働者階級の決定的要素となったのだ。手工業職人という階層は工場制手工業者と並立してなお存続していたとはいえ、いまや政治的労働運動の性格（機械破壊）を特徴づけたのは同職組合の職人ではなく、工場制手工業の労働者だった。工場制度が確立したとき、労働者階級の構造はふたたび変化した。資本主義古典時代の工業労働者階級が登場し、革命的労働運動を生み出し、その後の舞台を決定した。

手工業者の陰で《頭脳労働者》の役割が拡がり、彼らは第三次産業革命によって生産諸力のさらなる発展を担う役となった。この傾向のなかで、《生産を決定する原理としての直接労働とその量とは消失し、〔…〕量的には比率を下げられるとともに、質的には、不可欠であるとはいえ従属的な契機になる。それは一面では一般的科学労働、自然科学の技術的応用に対して従属し、また総生産のなかでの社会的構成から生ずる一般的生産力に対して従属するのだ》〔カール・マルクス『経済学批判要綱』〕。

労働者階級内部でのあらためてのこうした構造変化は、すでに説明した理由から、この階級の若年層に有利となる重点移動と必然的に結びついている。学生層では若者と将来の頭脳労働者という両側面が重なりあう。復活した革命的労働運動に学生層が決定的な影響をおよぼす理由はここにあるのかもしれない。そう見るならば手工業労働者階級とは一種の残余層となる傾向にある。彼らのもっていた組織化以前の結びつき、それは経営者の一元的な号令下で大労働軍団が集結することで生じ、産業プロレタリアートの政治的戦闘力をなしていたのだが、彼らは残余層としてこの結びつきをいたるところで失うだろうし、それにとどまらず、産業革命がさらに進行するなかで決定的な経済措置への直接介入によってでも排除されるだろう。

政治的労働者組織そのもののなかでの手工業労働者の《零落》は、この展開の現れとして不可避だ。ロマン主義的熱狂をもってしても、労働者なら誰でもいつどこで何を語ろうがいったん言葉を発すれば浴びせられる熱烈な拍手喝采をもってしても、この状態をなきものと思わせることはできないだろう（演説者が私は労働者ですと自己紹介しようものなら、口を開くや拍手喝采が押し寄せるのがつねだ）〔原注5〕。

労働者階級にあった生産力が構造変化することで、従前は副次的で充分に露呈していなかったおびただしい数の矛盾が階級間対立の焦点となる。若者は社会過程のなかにあって推進力をもった積極的契機となった。《しかしブルジョワ社会は若者を除外することで彼らを否定的に規定する。若者は社会に住まうことなく仮住まいする。社会に〈統合〉されることなく社会に搾取される。資本主義経済と国家行政はその局部的で変わりやすい必要に応じて境界標識を立て、どちらに属するか争われる領域は大きくなったり小さくなったりする》〔グリュックスマン『革命の戦略』〕。

若者の社会的役割の変化にもとづいて、過ぎ去った時代の境界標識をめがけた彼らの攻撃は、まったく異なる重みと直接的な革命的意義を持つことになる。なぜなら足枷となった生産諸関係は、より高度に発展した生産諸力ないしその展開に抵抗を企てるため、この生産諸関係を除去する必然性が若者の行動範囲のひとつとなるからだ。資本主義体制を疑問視しないままに教育制度を現代科学技術の要求に適応させることなどできないのは明らかで、これは資本主義体制の危機が呈する本質的な一局面だ。ここにいま、歴史的に時代遅れとなった生産諸関係が足枷となって作用しているのが明瞭に現れている。これからの一〇年に期される社会の教育への需要、そして同様にかなり正確に見込まれる社会がなし遂げうる教育を、少し思い浮かべてみるだけでよい。

階層として有産階級と結びついている少数派がもつ教育上の特権は、資本家による支配の必要条件だ。知的労働への需要が爆発的に高まることで、教育の特権化は必然的に解体される〔アメリカ合衆国では今日すでに六〇〇万人が大学に学生登録をしている。同時期のアメリカ合衆国での農業従事者は、自営業者と手伝いの家族を含めてもなお五五〇万人にすぎない。平均五年の養成教育期間を基礎に考えるなら、この根拠だけからでも大学卒業者が労働人口の相当数を占めることになる。この傾向は強まるばかりで、アメリカ合衆国では非熟練労働者の雇用が以前の一三〇〇万から四〇〇万以下に、それどころかおそらく三〇〇万以下に減少したという事実もまたこの文脈においては関心を呼ばずにはいない〕〔エルネスト・マンデル「アメリカ合衆国はどこへ行く?」、「時刻表《クルスブーフ》」誌第二二号、一九七〇年〕。

科学技術の急激な変化とおびただしい量の知識の洪水によって、事実についてかつて学んだ知識は急速に時代遅れで役立たないものにされている。したがって職業教育の重点は、専門領域を超えた可能な限り幅広い基礎研究と、批判的学習態度、柔軟で多面的な学習能力、自発的学習を育成するという意味での知的訓練に置かれなくてはならない。こうした職業教育をほどこすならば批判的合理性が獲得されよう。そして批判的合理性を身につけた者は、社会の権威主義的かつ階層序列的構成、ならびに資本の価値増殖過程のもつ利潤を基準とした目的合理性――社会の利害に照らせば極度の非合理性であるのだが――といたるところで衝突することになろう。この矛盾は有産階級の支配利害に直接関わる。そこでこの矛盾は資本主義体制内部では解決不能なのだ。

この展開に照らすなら、知識人層にこれまで注ぎ込まれた買収も概して効果がなかったと明らかにならざるをえない。買収ないしその効果の本質は純然たる買収額にではなく、大衆（ひいては大衆の利害）からの乖離を促す買収金の性質にある。買収は被抑圧者への支配に同意する共犯関係をつくり出す。買収なく存している利害共同体はこじ開けられ、贈与品を得るための競争のなかで生ずる支配の利害対立が利用される。知識人層がどれだけ拡張し、その意義があらゆる領域でどれだけ増大しているかの度合いによって、買収行為も拡大、すなわち一般化されざるをえないだろう。こうした条件下で買収行為は、賃労働者階級の一定層にとっての一般的な賃金引き上げに転化するので、彼らの共通の階級利害はもはや特定できなくなるほどだ。

何にせよ帰結するのは、一般的には青年、特殊には若い知識人層が、急速に増大している階級矛盾の先鋭化に見舞われ、彼らには戦闘的・反資本主義行動に参加することが将来においても、それもいよいよ増して期待されている、という点だ。革命的前衛はこの展開に応じなくてはならない。

9　武装闘争のなかで武装闘争を通じてプロレタリアートの革命組織を創設せよ！

大衆の日常を彼らの欲求に応じて具体的かつ革命的に変化させるはっきりとした可能性が彼らのまえに開かれる場合にしか革命理論は大衆を摑まない、このことを理解しないならば、それは革命家にとって不都合だ。それがいまやあらゆる面で謬見がたたき込まれてしまっているかに見える。というのも、革命的変革はことごとく全社会的規模で権力問題が解決されてはじめて可能であると考えられ、プロレタリアートによる権力掌握は多かれ少なかれかなり限定された出来事と理解されてしまい、あるときは恒常的で、あるときは飛躍的な長期にわたる過程とは理解されていないのだ。

しかしこの間さまざまな国で勝利のうちに終えた革命的人民戦争が活力の源としてきたのは、まさに長期的な戦争のあいだにすでに実現していた、つまり権力問題の究極的解決以前にすでになし遂げることのできた革命的変革だった。資本主義先進工業諸国の大衆はどのような革命的構造変革を《権力掌握》以前にして勝ち取れるのか、という考察に対して、中国、インドシナ、キューバでは革命的改革が人民戦争期間中、それぞれの解放区でのみ行われていた、だがわれわれの眼前に迫っているのは反封建的土地改革ではないし、半封建的農業国での革命運動を範にした解放区創設など不可能でもある、そのような指摘をしたところで理路は通らない。

革命の実例こそが大衆を革命化する唯一の道であり、そこから社会主義実現の歴史的な機運につながってゆく。そのとき、《権力の獲得を終着地点とする過程にとって、第一条件は少数派の革命闘争であり、第二条件が闘争を通じての多数派形成だ》〔原注6〕。

中国革命はこの道を歩んだ。そこでは前衛組織と大衆の自然発生性とのあいだの矛盾は、組織形成と、前衛組織に導かれた革命闘争への大衆の直接参加とが統一されることで解消された。革命家にとっての《海中の魚のように人民の海で泳ぐ》必然性のために、前衛と大衆は政治的かつ組織的に融合し、あらたな歴史的質をもつ弁証法的統一にいたった。大衆が党や赤軍と隊伍を組んでいない場合でも、彼らは長きにわたる革命過程のはじめにあってすでに活動的にして自らを恃む分子として、革命組織の建設（赤軍志願兵の徴募、自衛部隊と地域軍の編成、そしてゲリラ行動の自立的組織化と遂行、土地改革を遂行するための地域特有の軍事組織の育成等）と同時に、革命闘争そのものに取り込まれていた。この事実によって新しい型の革命が生み出された。この新しい型の革命は、中国における運動の道徳・政治・軍事のうえでの抵抗力と連続性を説明している。

一九六八年五月フランスで起こった出来事では、組織と自然発生性のあいだの矛盾が革命の中心的課題であると示されてはいなかったか？　それ以降、この課題についての議論はあらたに焦眉のものとなった。この議論では、この対立の〔弁証法的〕総合はあれかこれかの理論的立場を採る――片やルクセンブルク、片やレーニン、中庸としてはさらにトロツキーかもしれない[*23]――ことや、組織問題を新たな装いの無政府主義によって《清算する》ことでは達せられず、革命闘争の実践的要因によってのみ達せられるのは明々白々になっている。ローザ・ルクセンブルクは中国革命のはるか以前にすでにこの認識をはっきりと打ち出していた。《強力な組織がつねに闘争に先行しなくてはならないとは、機械的にして非弁証法的な見解だ。組織とはその逆の場合でも、闘争のなかにあってすら階級状況の解明と手を携えて生まれるものだ》〔「一九〇五年ＳＰＤイェーナ党大会での演説」〕。

そこでわれわれは大衆の革命意識を目覚めさせるよう着手しなくてはならない。その際にわれわれが抵抗に出遭うのは避けられない。順応状態を維持するため、抑圧状況のなかで苦心して手に入れた精神の平衡を保つため、虚偽意識が動員をかけて抵抗するのだ。この抵抗は――機械的な慣性モーメントと一定程度比肩しうるが――被抑圧者の頭のなかでは搾取システムの代理人を務める。抑圧機構に対する爆弾をわれわれは大衆の意識に向けても投擲する。

大衆の革命的覚醒は非同時的であるという古来の問題は、組織と自然発生性のあいだの矛盾がなす問題点ときわめて密接に結びついており、実践のうえで決定的な重要性をもっている。労働運動の――とりわけドイツの――歴史には《指導者たち《フューラー》》の諍いの声がこだましている。彼らはどんな自然発生的な大衆行動が起きても、比較的大規模な山猫ストが行われても、国内のどこかでバリケードが築かれても、《革命状況が熟している》かどうか、中央から一斉蜂起の合図が下されるべきか否か、ご託宣を発せずにはいられなかった。彼らは合意できなかった。運命の岐路にあって自己の考えを貫徹できたのはひとりレーニンだけだった――他の指導者たちの抵抗に逆らって。革命にあって《開始の合図》をいつ発するか、学問的に根拠ある基準など挙げられない。このディレンマを誰もが知っていた。《上層部にはもはやできず、下層部はもはや望まないとき》革命の機は熟している、というレーニンによる定式化は問題を文学的水準に変換しているだけである――それを解決していないのだ。

革命がゲリラ戦争から大衆蜂起に発展するならば、非同時性の問題は生じない。《ゲリラ部隊は無から生ずる。小さな状態から大きな状態へと発展する》。ゲリラ軍は時に応じて掌中にあるすべての戦力で闘い、闘いを通じてこれをより大きな部隊へと発展させる。泉が細流に、細流が川に、川が大河となり、ついには大河の激しい勢いが弾圧システムを押し流すだろう。

革命状況への待望と、その状況が生じたときの不可避的かつ致命的な躊躇は、人民戦争の諸経験に照らすならば、革命史の過去の未熟だった時代のものだ。中国革命以前にあったこうした態度は未熟な歴史経験の現れであり、その意味で避けられない誤りであったとすると、今日のそうした態度は回避しうる誤り、単なる不全であって、弁解の余地のない学習怠惰の現れだ。
無数の《マルクス主義者》が近づいてきてはマルクスの引用を並べ立て、ここに示された道は《純然たる冒険主義》《ブランキ主義》《一揆主義》《アナーキズム》であると《証明》することだろう。よろしい。あれこれの主義を弄ぶのをわれわれは訓詁学者に任せておこう。われわれはドイツの革命に一歩近づこうというだけだ。《かわいそうなマルクス、かわいそうなエンゲルス、彼らの著作の引用はなんという悪用がされてきたことか!》〔レーニン「社会民主党と臨時革命政府」一九〇五年〕。彼ら〔訓詁学者〕ときたならば、中国、インドシナ、アルジェリア、キューバ、ウルグアイ、ベネズエラ、ボリビア、ブラジル、アルゼンチン、アメリカ合衆国の革命経験をこともなげに拭い去り、われわれのもとでは状況がまったく異なると——われわれがそれを知らないかのように——もったいぶって説明するだろう。相違は戦術にとって重大だ。とはいえ戦略的観点にかかわりはしない。

*23 レフ・ダヴィドヴィチ・ブロンシュテイン(トロツキー)は、SDAPR(ロシア社会民主労働党)を経て、その後ボリシェヴィキ党員となる。一九〇五年、ロシアの革命家が評議会へと舵を切るのに決定的な影響を与えた第一次サンクトペテルブルク・ソビエトの議長となった。一七年の革命後、ボリシェヴィキの外務大臣と国防大臣を務め、社会革命党と無政府主義者に対して党の独裁政治を押し通した(クロンシュタット蜂起の鎮圧)。レーニン死後、ロシア共産党(ボリシェヴィキ)政治局の残党によって要職を奪われ、ロシア共産党のスターリン独裁政治への反対派を率い、ついには追放された。四一年、NKWD(ソ連の内務人民委員部)の工作員によって亡命地(メヒコ)で暗殺された。

なにしろドイツには姑息な責任逃れの伝統がある。一九一九年まではつねづね、ドイツの労働運動はもっとも先進的であり、ごく近い将来に熟した果実のように権力が掌中に転がりこむのは必定であるのだから、ロシアの《後進的》プロレタリアートが敵に向けて行ったような野蛮な階級闘争は不要だ、などと言われてきた。それが一九四五年以降、社会民主主義のクレチン病[*24]とは絶望と諦念で無為を飾り立てた口実であると露呈した。どの社会階層でも社会革命の必然性の意識が活発でなく、いく人かの個人（アーガルツ、アーベントロートなど[*25]わずかな人びと）だけが後期資本主義にあっても資本主義生産様式の敵対的矛盾が作用しているのを見ていたにすぎない時代に、革命的闘争行為の開始に思いもよらなかったことは、そのかぎりでならば正しい。

学生がプロレタリアートの一派として革命化してからこのかた、状況は根本的に変化した。今日でもいまだ労働運動をクレチン病などと称して論じ、《すでに長いこと、ここから遠く離れたところにいて、国家の枠を超えて抑圧に対する闘争を開始した者に力強い拍手を送りながら、自らの肥満した腹をさすり》つづけている、そうした者は、いつの間にか自らがクレチン病になる。

10 ファシズムへの恐怖を克服しその根を断て！

一定の《左翼》圏では、さらに別の異議にも高い評価を与えるのが流行だ。戦闘的少数集団による下からの階級闘争先鋭化はファッショ化過程を加速させ、支配者たちをファシズム・クーデターに促し、そのためのもっともらしい口実を提供する、というのだ。そこから大衆内での情宣・組織活動の合法性、さらに大衆動員もが危険にさらされるというのだ。このような主張では、階級闘争の条件が転倒した位置から考察されている。

ブルジョワ議会制民主主義、自由主義法治国家は、反封建主義・ブルジョワ民主主義革命の結果だ。この成果の受益者は第一に、競争資本主義のブルジョワ一派だった。工業生産の発展にともない、都市の工場プロレタリアートのなかに彼らと拮抗する敵対者が生まれた。この敵対者たちの経済・政治闘争が対立の初期段階にあって目指したのは、ブルジョワ的自由を一般化することによって、この自由から階級特権という性格を剝ぎ取ることだった。

ブルジョワ的な平等・自由原理は社会経済的に規定された仮象であるが、組織された階級闘争の生成期にはこれをプロレタリアートはまだ見抜いていなかった。それをできるためには、まずはこの闘争自体の経験が必要だった。この時代の階級闘争にあった中心的矛盾は、プロレタリアートの利得は資本家との妥協を不可能にする傾向にある――搾取と抑圧は人間の人間に対する支配を取り除くことで、すなわち資本関係〔資本と賃労働の関係の変革〕そのものによってはじめて克服される――のだが、資本家のほうは妥協の余地をもっていた、という点にあった。こうして階級闘争はなんらかの折り合いをつけるにいたり、労働者に形式的権利と社会的改善がもたらされたものの、資本主義の経済・政

*24 先天性知的障害〔正しくは先天性甲状腺機能低下症〕に対するフランス語由来の罵言。

*25 ヴィクトル・アーガルツ〔一八九七–一九六四〕はマルクス主義者にしてドイツの労働組合活動家、経済学者。一九四五年以降、労働組合とSPDの設立に決定的な役割を果たした。五九年、党から除名された。ヴォルフガング・アーベントロート〔一九〇六–八五〕は社会主義者にして憲法学者、社会科学者。五一年からマールブルク大学教授。

治基盤は侵害されなかった。

プロレタリアートからの組織的攻撃を回避し革命過程を鎮圧することが重要であるとき、価値増殖は不可能となり資本の支配が疑問視されるような地点まで資本家が退却する可能性はある。資本主義生産様式が発展するにともない、形式的自由が容認されうるようになる。

《資本主義的生産が進展するにつれて、教育、伝統、慣習に従いその生産様式の要求を自明な自然法則として認める労働者階級が発展する。充分に発達した資本主義生産過程の組織はどのような抵抗も打ち砕き、相対的な過剰人口が絶えず生み出されることで、労働の需要と供給の法則は、したがって労賃は、資本の価値増殖要求に応じた枠内にとどまり、経済情勢という無言の強制が資本家の労働者支配を確かなものとする。経済外の直接的暴力はあいかわらず行使されるものの、それは例外的であるにすぎない。ものごとが通常に進行するために労働者は〈生産の自然法則〉に、つまり生産条件そのものから生じて生産条件に保証され永遠化された、資本への依存状態に委ねられたままにしておける》〔『資本論』第一巻第二四章〕。社会的剰余生産物を分配する場合も、資本家全体の手には交渉の余地が相当あり、それを利用し尽くすことによって自分たちの支配の《法定期間》を、議会体制を、ひいては自らの生存そのものを、時間的に拡張できる。資本家とどのような協定を結んでも、プロレタリアートは資本主義社会の決まりごとを――少なくとも一時的に――承認するという代償を払う。資本主義社会の限界とそれが譲歩する可能性に彼らは、緩慢な歩みでようやく行き着く。この限界の領域に入ると、資本家の抵抗は頑なになる。階級闘争は先鋭化し、和解のできない性格を帯びることになる。

ブルジョワ法治国家・議会制民主主義が清算されるという事態（イタリア、スペイン、ドイツ、オーストラリア、ギリシャなど）は二〇世紀に多数生じた。ここからは、階級としての存在が危険にさらされるとき資本家は躊躇なく社会的妥協などいっさい投げ捨て、支配行使のあからさまな暴力的形態に移行するとわかる。強調しておかなくてはならないが、階級支配の隠蔽された形式をできるかぎり長く維持することは資本家自体の利害に重要であるという点だ。なぜならプロレタリアートの階級闘争のための活力が横道に逸らされ、資本主義体制に統合され、体制維持の改革へと偏向させられかねないのはファシズム独裁によってよりも、隠蔽された支配形式のなかでのことだからだ。ファシズム独裁であれば必然的に呼び起こす反撥もより大きく、階級対立を和解できないという意識もより強くなり、体制側の権力が使い果たされて余裕も失われる。恐怖独裁は——たとえ究極的には避けられないにしても——資本家が利害をよく心得ていれば望ましくないことこのうえなく、《非常ブレーキ》であるにすぎない。恐怖独裁はいつでも下からの階級闘争の先鋭化を予示しており、権力にしがみつく資本家の努力がより粗暴になることでその先鋭化ははっきりとする。これは悪いことか？　この展開に直面し、気後れして悲嘆の叫びをあげなくてはらないのか？

被抑圧階級を押さえつけておくために敵が戦力を注入せざるをえないなら、これは悪いことではなく良いことだ。というのも、プロレタリアートが階級敵に強力な打撃を与え奴らをおののかせているのがそれでわかるからだ。ファシズムは巨悪であり、資本主義的なあらゆる悪のなかでも最悪だ。けれどもファシズムに対する恐怖とは、すでにファシズム支配の一部だ。プロレタリアートはファシズムを恐れてはならず、それを撲滅しなくてはならないし、この戦いへの心構えをしておかなくてはならない。ファシズムへの恐怖から階級闘争の先鋭化を放棄するようならばまったくの間違いだ。そんなことをするならば、闘わずして資本主義をまえにすごすごと引き下がりその支配を保証することになり、果ては資本主義の諸矛盾によって人類は破局へと引きずり込まれ野蛮のうちに終えることとなってしまうからだ。

これは死への恐怖のあまり自殺するようなものだ。ブレヒトによる仔羊の比喩が思い出させられもする。羊の群れが指図どおりに屠殺場への道を平穏に歩むなら、見張りは鞭を振り上げる必要がない。だが彼らが決然とこの道から離れようとするほどに、棍棒はいっそう激しく舞うだろう。

ヨーロッパ《左翼》は、ファシズムの脅威をまえにして過去の過ちをくり返そうとしている。《この過程への介入を拒否することで［…］改良主義者と新改良主義者は、いかなる革命行動も大衆を弱体化し〈反動を強化する〉〈挑発行為〉であるとつねに見なさないわけにはゆかなかった。これは一九一九年、一九二〇年、一九二三年、さらに一九三〇年から一九三三年、ドイツ社会民主主義の決まり文句だった。ヴァイマル憲法制定議会でブルジョワジーが多数派を占めたのは〈左翼冒険主義者、アナーキスト、一揆主義者、スパルタキスト[*26]、ボルシェヴィスト〉の失策だった、なぜならば彼らの〈暴力行動〉が〈民衆をぞっとさせた〉からだ、とシャイデマン[*27]の一党は一九一九年に嘆いている。ナチが力を強めていったのは共産党員の失策だった、なぜならば革命の脅威が中産階級を反革命陣営に追い立てたからだ、と彼らは一九三〇－一九三三年にくり返している》（エルネスト・マンデル「一九六八年五月の教訓」）。

これでは不充分だ。当時《挑発者》として誹謗されていた共産主義諸政党、一九三三年にファシズムは三ヶ月後には経営破綻して社会主義革命の基盤が準備されると信じてドイツのプロレタリアートをファシズムに対して無抵抗にさせた、まさにこの《共産党員たち》が今日では、戦うことによって一九六八年五月、社会主義革命に対するきわめて強力にして生気あふれた希望をかき立てた者たちを《挑発工作員》と非難している。

「ユマニテ」紙[*28]は国粋主義的な怨恨を露骨に示しつつ、ダニエル・コーン＝ベンディット[*29]を《ドイツのアナーキスト》呼ばわりした。《コーン＝ベンディットをダッハウへ！》とは反動派からの呼応だった。セギー[*30]は《騒擾を引き起こす挑発分子》への反感を煽動した。労働者と学生の共同行動がル

---

*26　ルクセンブルクとリープクネヒトが一九一八年に創設したスパルタクス団の支持者を指す概念。スパルタクス団は、SPD内左派と、党首脳部の国粋主義的戦争政策への抵抗から生まれた。後に一部はUSPD〔ドイツ独立社会民主党〕に流れ、また別の一部はKPD〔ドイツ共産党〕を設立した。

*27　フィリップ・シャイデマン〔一八六五－一九三九〕は右翼社会民主主義の反革命家で、一九一一－二〇年までSPDの党首幹部だった。一九一八年一一月九日、リープクネヒトとスパルタクス団による社会主義共和国宣言に先手を打つため、ドイツ共和国を宣言した〔その後、共和国の初代首相を短期間務める〕。

*28　フランス共産党の日刊機関紙。

*29　ダーニエル・コーン＝ベンディット〔一九四五－〕は〔ナチ・ドイツからの亡命ユダヤ人の子どもとしてフランスに生まれ、戦後ドイツに戻るも、フランスの大学で学び、〕パリ一九六八年五月のもっとも有名な極左の一人として名をなした。彼は好ましくない人物として政府から国外退去処分され〔その後、フランクフルトを拠点として、ヨシュカ・フィッシャーらと活動をつづける〕、フランクフルトで雑誌「舗石砂浜《プラスター・シュトラント》」を発行した〔一九七六－九〇、六八年パリ五月のスローガンのひとつ「舗石の下は砂浜」を踏まえた誌名〕。コーン＝ベンディットは武装闘争を敵対視した国家による脱落者・恩赦計画に参画、緑の党の一員として現実主義的な政治家として頭角を現した。九〇年代には、フランクフルト・アム・マインで赤緑〔社民党と緑の党〕市政内部での《多文化局の責任者》を務めた〔一九九四－二〇一四年には緑の党選出の欧州議会議員を務める〕。

ノー・フラン工場の占拠・ストライキをCRS〔共和国保安機動隊〕に対して守り一部成功をおさめたところ、「ユマニテ」は《ジェスマル一派[*31]、ルノーのストライキ労働者への挑発を企てる》との大見出しのもとでこう書いた。《軍事組織化されたジェスマル部隊は、いまや労働運動への挑発に打って出た。彼らはド・ゴール派[*32]に加勢し、ルノー首脳陣と支配者たちの共犯者となり、金属産業経営陣の共犯者となっている》〔「ユマニテ」紙一九六八年六月九日〕。

CGT[*33]事務局はド・ゴール将軍を次のように非難した。《暴動と挑発を実際に起こした者たちの名を挙げるのを彼は忘れた。彼らの策謀を、労働再開を阻もうとする策謀を含め、政府は比類のない好意をもって見た》。

国家に対して一九六八年五月の革命家たちの《責任を問え》というほとんど誤解の余地のない要求だ。不快きわまりない！——しかしドイツ・プロレタリアートがまたしても無抵抗のままファシズムの掌中に陥らないように、背信や誹謗によって歴史的発展の道への視線が曇らされてはならない。《革命の進展は、反革命を結束させ強力にすることによって道を切り開く。つまり、敵が防衛のためによりいっそう極端な手段を用いるよう強いて、こちらもよりいっそう強力な攻撃手段を発展させるのだ》〔レーニン「モスクワ蜂起の教訓[*34]」〕。

どうだ、聞こえるか？　マルクスは攻撃について語っている。革命の進展は不可避的に反革命を生みだすと、彼はわれわれに教える。ブルジョワの似而非自由の見るも無惨な残骸を守ることにばかり汲々とする者は、他方で革命の進展をペストのように恐れなくてはならない。革命が進展するならば、革命を阻止するためだけになされた資本家のわずかな譲歩が破棄されるにいたるからだ。これはファシズムを放逐するプロレタリア階級運動の強さではなく、ファシズムなしで済ませる革命的傾向の弱

＊30　ジョルジュ・セギーは一九六八年時点でフランスの共産党に近い労働組合CGT〔フランス労働総同盟〕事務局長であり、六八年五月二二日、《世論は〔…〕労働者の名において秩序を回復するため生まれた強大にして静謐なる力をCGTのうちに見た》と宣言した。

＊31　アラン・ジェスマル〔一九三九-〕はフランスの工場を中心に活動したプロレタリア左派〔GP〕の主導的メンバー。《フランスのような近代国家では、人民ゲリラ戦術、ゲリラ活動——非武装から始めやがて武装する——は、ブルジョワジーの権力をゆさぶり、ついには打ち破る唯一の可能性だ》。

＊32　シャルル・ド・ゴール〔一八九〇-一九七〇〕は一九四〇年にフランス防衛次官補。フランス降伏後、亡命先のロンドンから戦争の続行を呼びかけ、自らをフランスの正統なる代表者であると宣言した。一九四五年に正式に首相となり、五八年に政府に対して、アルジェリア独立によって生じた危機を克服する統治を委託された。その後彼はフランスが大国の位置を復活させることに集中し、アメリカ合衆国に依存しないヨーロッパの創出、ドイツとフランスの接近、六六年にはNATO〔の軍事機構〕からの脱退、そして独自の核保有戦力を整備した。六八年五月のあと、国民投票によって解任された〔正確には六九年に提出した制度改革案が国民投票で否決されて辞任〕。今日にいたるまでフランスにはド・ゴール派が存し、強力な国家と直接投票による大統領選出を支持している。目下は「共和国連合（RPR）」のかたちをとる。

＊33　フランス労働総同盟の略称。フランス共産党と近しい労働組合。

＊34　訳注——原著者による原注ではマルクス「フランスにおける階級闘争」が出典とされているが、これは誤記で、引用そのものはレーニンの文章からになる。そこでレーニンは《マルクスの深遠な命題の一つ》として次の文章を挙げている。《革命の進展が道を切り開いたのは〔…〕敵を生みだすことによって、つまりそれを撲滅することを通じてはじめて、政体転覆の党が真に革命的な党に成熟することによってである》。

さだ。よく心するのだ。《暴力を行使できなければファシズムをまえに無力となる》〔グリュックスマン『革命の戦略』〕。

大衆を反資本主義行動に結集させつつも、同時にファシズムに対する軍事的抵抗が成功する条件を育まないならば、銃を持たせず自軍兵士を戦場に送るようなものだ。これは冒険主義であり、労働者階級に対する許しがたき犯罪だ。どうしたらファシズムを阻止しうるか、これ以上語るなかれ。ファシズムは阻止できない――けれどもこれに打ち勝つことはできるのだ。ファシズムを最終的に打ち負かすために何がなされるべきかをよく考えよ、そしてそれに従って行動せよ！

ファッショ化の決定的段階がヨーロッパで開始されるのは、ファシズムがアメリカ合衆国で一定の政治傾向となったときと推測される。アメリカ合衆国でファシズムを日常茶飯事とする経済的・社会的危機が、顕著になっている。

一方にあって合衆国経済は、世界市場での生産力独占を失い、そしてそれに伴い競争力を失う傾向にあった。ヨーロッパと日本という競争相手がほとんどすべての基幹領域でアメリカ合衆国の技術水準に追いついたあとでは、合衆国の資本にとっては三倍から五倍の実質賃金はもはや手に負えなくなっている。アメリカ労働者階級の収入に対する広範囲な攻撃がなされざるをえないでいる。

他方にあってアメリカの大都市住民は、必然的に増大している《公然たる貧困》によって衰微がはなはだしくなっている〔マンデル「アメリカ合衆国はどこへ行く？」〕。荒廃した住宅街では犯罪の狂宴がくり広げられているが、アメリカのファシストは広範な不満を背景にしてこれを利用し、自分たちに服従するものを募り、ファシスト突撃隊の機能をもつ武装自警団を編成するだろう。こうした事態の進展の端緒がアメリカ合衆国では今日すでに日々見受けられ、多くの人びとはそれをすでに自明なものと捉えている。われわれに残された時間はごくわずかにすぎない！

次に打つべき手は何か？

―武装闘争のための広範な情宣。なぜ武装闘争が必要不可欠であるか、そしてそれがどのように準備されうるか、これを大衆に説明する（非公然のビラと壁のスローガン）。

―武器製造、闘争戦術等々の手引きを同様に広める。

―特別部隊を編成する（三人組、五人組、一〇人組）。個人的関係にあっても政治的関係にあってもよく知っていなくてはならない同志により成る。武装闘争の要求と重圧に（とりわけ獄中で）耐えられるかどうか、どのような状況でも（ベッドのなかでも！）口をつぐんでいられるかどうか、これを判断できなくてはならないからだ。それ相応の実践によって秘密活動ができる瑕疵のない部隊であるとまだ証明されていない集団・組織内で、特別部隊構成について議論はできないし、いわんや決定することなどありえない。闘争参加への決意を自身で固めきれていない者たちに発言権を与えるなど、大きな間違いだ。武装集団を《合法》組織から生み出すのも不可能だ。そのような組織（指導幹部を含め！）にはおしゃべり、大風呂敷、優柔不断の輩が紛れ込むのが避けられず、彼らは自身の臆病や煮え切らない態度をごまかし正当化するため、武装闘争とその具体的な準備に反対する新たな理論をつぎつぎとこねくり出してくるからだ。その論拠を一から九九まで反駁するならば、奴らは一〇〇番目の論拠を持ちだすだろう。同じ理由から特殊部隊を《合法》組織によって《官僚的に》管理はできない。それにもかかわらずこれを試みるなら、代償として自らの自由や同志を失わずにはいないだろう。

戦闘集団はやはり戦闘そのものを通じてのみ成立しうる。「有事」という条件をはずして集団を組織・育成・訓練しようという試みはことごとく笑止千万な結果を呼び、ときとして悲劇的な結末を迎える。

戦闘員はできるかぎり工場、居住地域、大学での公然政治活動に参加するべきだ。
―闘争を開始し、諸グループの安全を脅かすことなく他の部隊との連絡を確立する。

決然と闘え！
決然と勝利せよ！
反動派をすべて
打倒しないならば
彼らが倒れることはないのだから。

原注1　毛沢東は戦争と戦略を扱った論文で、社会主義革命の中心課題は武力による権力掌握であるという基本的主張から始めている。この文脈のなかで、その課題は西側工業諸国でも生じている点を彼は明確に指摘しているものの、しかし《ブルジョワ階級がほんとうに無力状態に陥ったのでないかぎり、多数のプロレタリアートが武装蜂起を開始し内戦を遂行する決意に溢れているのでないかぎり》〔「戦争と戦略の問題」一九三八年〕武装蜂起や内戦を始めるべきではない、と限定をくわえている。

毛沢東の述べるところを正確に理解するには、一九六八年の本国で共産主義党派が内戦を開始するべきかどうかという問題に彼は取り組んでいなかった点を考慮しておかなくてはならない。むしろ彼は、中国の帝国主義者ならびに封建領主階級・買弁ブルジョワ階級に抗する中国人民の長期にわたる解放戦争のスローガンを中国共産党内右翼日和見主義から守ったのだ。

教条主義者の出発点は、プロレタリアート革命とは資本主義生産関係が充分に成熟した結果であるとのマルクスのテーゼにあるため、それは本国で始まり、ここだけで勝利しうるものである、そこで中国の社会的・経済的状況下で革命が起こるとすればせいぜいのところブルジョワ革命で、プロレタリアートはブルジョワ革命を規定することができない以上当然ながら自国のブルジョワジーが主導権を握らざるをえない、したがって中国での指導的役割は国民党[*35]のものであり、プロレタリアートは補助的機能を有するにとどまる、ということになる。これに従うならば、社会主義世界革命は本国プロレタリアートが革命行動を起こすまで持ち越されなくてはならない。先進工業国のプロレタリアートはいまだ武器を取るにいたらなかったという事実は、本国に革命状況はいまだ存在していなかった証明であると考えられた。毛沢東は彼の正しい立場を守るため中国でのプロレタリア革命の独自性を縷々語り、本国で共産主義党派がなぜ武装闘争をしてこなかったのか、それに対して中国共産党はどうしても武装闘争をしなくてはならないことを説明せざるをえなかった。

この議論のなかで毛沢東には、《進歩的共産党》が本国で占める位置の正当性に疑いを差し挟ん

*35 国民党は、日本による中国占領に抗するブルジョワ諸党の同盟で、総統蔣介石によって指揮された。コミンテルンの指示により中国共産党は、一九二七年の国民党による数万人の共産党員大虐殺〔上海クーデター／四・一二事件〕まで、ブルジョワ革命の貫徹という名目のためにこの同盟と協働しなくてはならなかった。

だり、部外者でありながらこの問題でも共産主義インターナショナルへの異端者として振る舞ったりすることなど、思いも寄らなかった。彼にしてみれば、西側共産党の路線をマルクス主義・レーニン主義・スターリン主義の図式で解釈し、条件が異なる結果と見るしかなかった。そこで本国プロレタリアートが必要とする唯一の戦争は内戦であり、彼らは実際その覚悟も固めなくてはならないという彼の正しい主張は、抽象論にとどまる。

それに加え、第二次世界大戦前夜、帝国主義戦争を内戦に転化せよ、というレーニンがくり広げコミンテルン[*36]が追求した政策には、まったくもって現実的な展望があった。この戦術が正しいことは最初の帝国主義戦争終結時に証明されていた。

《ブルジョワジーの本当の無力状態》と言ったとき毛沢東が何を理解していたのかは詳述されていない。何百万もの死者を出した第一次大戦にいたる資本主義の全般的危機、何百万もの失業者の大群と大規模にわたる貧困をもたらした二〇、三〇年代の深刻きわまる経済危機、大規模賃金強奪と何千もの餓死を生んだ一九二三年ドイツでのハイパーインフレ、これらはブルジョワジーの本当の無力状態ではなかったのか？　この数十年のあいだでブルジョワジーが無力でなかったのは一点においてのみだ。彼らは、本国プロレタリアートを混乱させ、分裂させ、意気阻喪させることはできた。この成功だけがブルジョワジーを革命から守ってきた。

しかし、この成功を共産主義諸党派の敗北と切り離して見ることはできない。資本主義体制がくり返し崩壊している（大量失業、インフレの急速な進行とそれに伴う大規模な貧困、惨たらしい荒廃と多数の死傷者を出す総力戦と、それにつづく広範な食糧難）にもかかわらず、本国で内戦が起こることはなく、それらの国々のプロレタリアートは今日、武装蜂起と内戦への準備をこれまでにもまして怠っている、という事実を避けて通るわけにはゆかない。

毛沢東は、プロレタリアート組織に対するファシストの武力攻撃にしかるべく応酬がなされないままだった理由を分析していなかった。これは実際彼にとっての問題などではなく、ヨーロッパの共産党の問題なのだ。

イタリア、ドイツ、スペイン、日本でファシズムが勝利し、フランスでは人民戦線が頓挫したあとの一九三八年時点で共産党は、資本主義国でのプロレタリアートの合法闘争への展望、ブルジョワ議会を階級闘争の舞台とする可能性がもはや存しないことを自覚せざるをえなかった。帝国主義戦争の勃発を阻むことが共産主義政党の中心任務であると、毛沢東は指摘している。ドイツ、日本、イタリアという強力な帝国主義国のプロレタリアート党派が——毛沢東がついでの折に推奨したように——《長期的合法闘争》で労働者大衆を動員できたとは、われわれには想像できない。

第二次世界大戦の終結はソヴィエト連邦と人民中国の決定的役割を不動のものとしており、このあとでは帝国主義戦争を社会主義革命の内戦に転化するという展望は新たに規定されなくてはならない。レーニンは帝国主義戦争を分析するにあたり、資本主義大国のあいだでの武力対立から開始した。この種の帝国主義戦争は時代遅れである。帝国主義による武力抑圧という新しい現象形式が前面に出てきた。民族解放運動・社会解放運動に対して——今日さしあたりは発展途上とみなされた国々に——資本主義大国が軍隊装置を投入しているのだ。

こうした状況下、黒豹党とアメリカSDS[*37]から発せられたスローガン《戦争を家に持ち帰れ〔Bring the war home〕》は、帝国主義戦争を解放的内戦へ転化するレーニンのテーゼを一貫させて発展継承したものだ。

＊36　共産主義インターナショナル〔コミンテルン〕とは、帝国主義によるソヴィエト連邦包囲を突破するためにボリシェヴィキによって一九一九年に設立された。「世界革命の指導部」として構想されたが、しだいにソ連の外交政策の戦術的な道具となっていった。

多数のプロレタリアートが武装闘争の決意を固めたときにはじめて本国の内戦は始まると毛沢東が述べるとき、形而上学的な形式民主主義を表明したわけではまったくなく、大都市圏での内戦は別の条件下では発展しようがなく、プロレタリアートの勝利に終わることもありえないと、彼が明らかに考えていたからだ。

そこで彼の主張の成否は、プロレタリア大衆が武装闘争に動員されるまえに、発展した本国という条件下で武器を手に闘う運動が形成・維持・拡大されうるか、という問いへの回答次第だ。

この問いは周到に検討する必要がある。毛沢東はこの点で本国の共産党への評価を信頼していた。だがこの評価は誤りだった。

原注2　ローザ・ルクセンブルクはドイツ一一月革命の砲火のなかで初めて反革命テロルの規模を感じとった。ローザ・ルクセンブルク「スパルタクス団は何を求めるのか?」参照。

原注3　《フランはバリケードの夜と一対をなすはずだった。バリケードの夜ではカルチエ・ラタンで青年労働者が学生側に立ち、大学を警察から解放するため闘った。フランでは学生たちが労働者側に立ち、工場(ルノー工場)を警察から解放し労働者たちの管理下に取り戻すため闘った。[…]学生と労働者は終日警察を相手に闘った。警察はフランとその周囲からデモ参加者を一人残らず追い出そうと試みた。ヘリコプターから地上の労働者・学生集団に向けてガス榴弾が撃たれた。フランへの道路は自動小銃をかまえた警察によって警備された。逮捕されたデモ参加者たちは意識を失うまで殴られ、何キロメートルも離れた場所でパトロールカーから投げ出された。[…]それにもかかわらず労働者と学生はいくつもの地点でCRS(共和国保安機動隊)への反撃に成功した。労働組合はフラン労働者の〈偉大な戦闘力を祝福〉しないわけにはゆかなかった[…]》〔Malte J. Rauch, Samuel H. Schirrmbeck, *Die Barrikaden von Paris : der Aufstand der französischen Arbeiter und Studenten*, EVA, 1968(未邦訳、マルテ・J・ラオホ/ザムエル・シルンベック『パリのバリケード——フランス労働者・学生の蜂起』)〕。

原注4　《文明の始まる瞬間から生産は、職業・身分・階級の対立に、ひいては蓄積された労働と直接労働の対立に基盤をもちはじめる。対立がなければ進歩もない。これが今日まで文明の従ってきた法則だ》〔カール・マルクス『哲学の貧困』〕。
原注5　下位階級へのこの《零落》が今後の経過のなかでどのような結果を伴うかは、緊急に検討されなくてはならないだろう。それが——懸念されていることだが——《頭脳労働者》という支配層に対する劣等感と結びついているのなら、そこからファシストによる宣伝は甘い蜜を吸えることだろう。アメリカ合衆国と〔ドイツ〕連邦共和国で見られるある種の徴候からはこの懸念に根拠があるように窺われる。
原注6　ルクセンブルクの伝記作家J・P・ネットルによるところのルクセンブルクの革命の弁証法についての解釈だ。J・P・ネットル『ローザ・ルクセンブルク』。

＊37　〔アメリカ合衆国の〕民主社会を求める学生同盟（SDS）は、産業民主連盟（LID）の後継組織として一九六〇年六月に設立された。これは（学生を主とした）左翼の結集の場へと発展し、公民権運動を行動でもって支援した。大学経営の改革を支持し、ベトナム反戦運動を担う重要な役割を果たした。その間に生じた急進化の流れのなかで、なかでも周辺ゲットー地域へのコロンビア大学敷地拡大や大学の軍事・諜報研究に反対する学生蜂起をSDSは組織した。六九年に黒豹党をめぐる議論からSDSは様々な分派に分裂した。そのなかでウェザーマンは後に都市ゲリラ行動を遂行した。

人民に奉仕する

都市ゲリラと階級闘争

一九七二年四月

死は誰にも与えられている。だがどの死も同じ意味をもつわけではない。昔の中国に司馬遷という文士がいた。彼はあるとき述べた。〈誰もが死にはするが、ある者の死は泰山より重く、ある者の死は白鳥の綿毛〔鴻毛〕よりも軽い〉。人民の利益のために死ぬならば、この死は泰山より重い。ファシストに雇われて人民を搾取し抑圧する者のために死ぬならば、この死は白鳥の綿毛よりも軽い。

毛沢東〔「人民に奉仕する」一九四四年〕

二万人が毎年死んでいる――自動車産業の株主がもっぱら自分たちの利潤のために生産をさせ、車と道路建設の技術的安全性に留意しないからだ。

五〇〇〇人が毎年死んでいる――職場で、通勤途中で、あるいは帰宅途中で。生産手段の所有者にとっては自分たちの利潤のみが重要であり、事故死者など概して重要でないからだ。

一万二〇〇〇人が毎年自殺する。資本に奉仕して絶え入るなどごめんで、自ら命を絶ったほうがましだからだ。

一〇〇〇人の子どもたちが毎年殺される。あまりに狭い住居は、ただ家主や地主が高額賃貸料を懐に入れるだけのためにあるからだ。

搾取者に仕えながらの死を人びとは自然死と呼ぶ。搾取者に仕えながら死ぬのを拒絶すると、人びとはそれを《横死》と呼ぶ。資本家が創り出した労働条件や生活条件ゆえの人間の捨てばちの行為を、人びとは犯罪と呼ぶ。彼らは言う、それには手の施しようがない、と。

人びとのこうした誤った見解が正しい見解に取って代わられないよう、連邦内務大臣、各州内務大臣、連邦検察庁はいま、警察の処刑部隊を編成した。それらの犯罪と死についての誤った見解がなければ、資本家には支配などできない。

ペートラ、ゲオルク、トーマス[*1]は、搾取者に仕える死に抗する闘いのなかで死んだ。資本家が心おきなく殺戮をつづけられるよう、それには手の施しようがないと人びとが今後も考えずにはいられないよう、彼らは殺戮された。

だが闘争は始まったばかりである。

1　ペルシャと新左翼内の矛盾

ブラント〔首相〕は〔一九七二年三月五‐八日〕テヘランに飛び、六七年夏にシャーを迎えた際に西ドイツと西ベルリンの学生たちのせいで引き起こされた感情のこじれの名残を一掃し、連邦共和国と西ベルリンにいたあの左翼たちは死んでおり残党は粛清されている最中で、イラン学生連合[*2]は充分に孤立し、その解散を合法化する外国人法を作成中だ、とシャーに伝えた。ブラントは自らの外交政策と国内政策を現状のとおりであると説明した。国内でも国外でも市場を支配し政治を規定するコンツェルンの外交政策と国内政策だ。テヘランでブラントは述べた。連邦共和国の外交政策は自国の利害から出発し、イデオロギー的偏見にとらわれてはならない、と。

ペルシャにおける連邦共和国の利害は、テヘランのドイツ植民者の利害だ。ジーメンス、AEGテレフンケン、バイエル、BASF〔総合化学メーカー〕、ヘーヒスト〔染料・製薬〕、ダイムラー・ベンツ、ドイツ銀行、マンネスマン〔鋼管に発した大コンツェルン〕、ホーホティーフ〔建設〕、クレックナー＝フンボルト＝ドイツ〔モーター類〕、メルク〔化学薬品〕、シェーリング〔薬品〕、ローベルト・ボッシュ、バイリッシェ・フェライン銀行、テュッセン〔鉄鋼〕、デグサ〔特殊化学〕等々——テヘランの日刊各紙に首相歓迎の広告を出したのはこれらの企業であり、首相をノーベル平和賞受賞者〔一九七一年に受賞〕として大々的に取り上げるようシャーが日刊紙に指示を出したのはこれらの企業のためであり、シャーもまたイデオロギー的偏見をもっていないのでこれらの企業はここにいるのだ。イランでは労働力が廉価であるゆえ、イランの政治情勢は安定しているゆえ、さらには原料ゆえ、一定の市場に近いがゆえ。

ドイツとペルシャの関係のなかでの両国人民の利害を、首相とシャーは《イデオロギー的偏見》のもとに従属させる。ブラント到着の三日まえ、テヘランでは四人の同志が、アウクスブルクではトーマス・ヴァイスベッカーが殺害された。ブラント帰国の一週間後、テヘランでは九人の同志への死刑が執行された。連邦検事マルティーン[*3]は、アウクスブルクとハンブルクでの大規模捜査で有能さを発

ルシャでのドイツの事業計画に融資する。ドイツの軍事援助によってペルシャ帝室兵器庫は近代化さ
れた。ペルシャのドイツ資本は、ペルシャの他国の資本よりも課税率が低い。ドイツの開発援助資金はペ
揮したとして警官たちを褒め称えた。

＊1　ペートラ・シェルム〔一九五〇–七一〕はAPO出身で一九七〇年にRAFに加わった。RAFに対する最初の大規模捜索中の七一年七月一五日、はじめて射殺されたRAFメンバーだった。吏員に対する控訴手続きは停止された——正当防衛。

ゲオルク・フォン・ラオホ〔一九四七–七二〕は西ベルリンの「ブルース」と「ハシッシュ叛逆者」〔両者については「序論」注19を参照〕の一員だった。長くヴィーラント通りの「コムーネ3」に住み、戦闘的シーンの発展に強い影響を与えた。一九七一年一二月四日、車両検問中の私服吏員によって射殺された。ゲオルク・フォン・ラオホは武器を検査された後〔何も発見されないまま〕、吏員が一メートルの距離で背後から頭を撃った。警官は無罪となった——正当防衛。

トーマス・ヴァイスベッカー〔一九四九–七二〕は、ベルリンのAPO周辺から「ブルース」を経て、一九七一年にRAFに参加〔フォン・ラオホとも盟友だったヴァイスベッカーが属していたのは「六月二日運動」であってRAFではなかった。ただしRAFによる七二年五月のテロ攻撃は「ヴァイスベッカー部隊」を名乗っている〕。七二年三月二日、アウクスブルクで警察による監視後、《逃走中》に二メートルの距離から射殺された。同年八月、警察官に対する訴訟手続きが停止された——正当防衛。

＊2　訳注——多数の西欧国にわたる毛沢東派の反イラン政府組織で、SDSとも連携した。

＊3　ルートヴィヒ・マルティーン〔一九〇九–二〇一〇〕は一九六三年から七四年まで連邦検事総長を務めた〔ナチ時代は党員ではなかったが、軍務に就くまで帝国最高裁検事を務めていた〕。ブーバク〔同職でRAF捜査を指揮、一九七七年にRAFによって殺害される〕の前任者となる。

れた。一九六九年、ペルシャの軍需産業に注ぎ込まれた二二〇〇万ドイツ・マルクは、二億五〇〇〇万ドイツ・マルクの追加注文をドイツの軍需産業にもたらした。自動小銃G－3および汎用機関銃MG－3を用いたシャー政権によって――ペルシャにおける《犯罪》との闘いで――、将来にわたってもペルシャの賃金は低く抑えられ、政治状況は安定し、ドイツ資本のイランでの価値増殖条件が有利に保たれることになり、またドイツで賃金を抑制するときには、生産を外国に移転することもできるのだという脅迫を、ドイツで世論に圧力をかけるときには、シャーに対する反ファシズム的抗議はドイツの外交政策、ドイツ連邦共和国の利益を損なうという脅迫を、持ち出すことができるようになる。

首相はポーランド〔ワルシャワ・ゲットー記念碑まえ〕で跪いてみせたあと、今度は殺人者であるシャーに跪く。ポーランド、ロシア、チェコ、ハンガリー人民のドイツ・ファシズムへの服従は、もはや焦眉の問題ではない。ペルシャ人民のドイツ帝国主義への服従が焦眉の問題なのだ。ニュルンベルク法[*4]はもはや焦眉の問題ではない。イラン人学生に対する法律、ファシスト政権の国々出身のギリシャ人、トルコ人、スペイン人労働者に対する法律が焦眉の問題なのだ。ドイツのコンツェルンはこれらの国々のファシズムから利益を得て、それらの国々の労働者がファシズムに押しつけられている事柄によってドイツの労働者に圧力を加える。この国で拘留されている同志たちは死刑判決を免れつづけているが、それはペルシャ、トルコ、ギリシャ、スペインで死刑が執行されているおかげだ。

西ドイツ左翼はブラントのペルシャ訪問について沈黙した。ブラントにペルシャで無駄口をたたくのを許した。彼らはフワイダ[*5]に、死刑判決が下されるのは単純刑事犯だけである、などと無駄口をたたくのを許した。シャーの立場は脆いにもかかわらず。すでに〔一九六七年〕六月二日によって連邦共和国とイランの関係は少しばかり波立っていたにもかかわらず、シャーの世評はこれ以上ありえないほどに劣悪であるにもかかわらず、人民の敵は人民の敵と呼ばれることほど恐れていることはないのがわかっているにもかかわらず。ブラントにしても、この猫かぶりにすっかりいい気分でいたわけではないと推測できるにもかかわらず。ドイツの資本家はファシズムの前歴を負っているにもかかわらず、イランのファシズムとイランのドイツ資本とのつながりを描くのは比較的容易であり、自らの信頼を危うくすることなくこの関係を弁護できる者などいないにもかかわらず。

この状況を自分たち左翼知識人には変えられない、シャーのファシズムから利益をあげ、シャーのファシズムもその利益に与っているコンツェルンを接収できるのはプロレタリア大衆のみ、西ドイツ大衆のみである、このような認識をいだいたこれらの左翼は、シャーのファシズム、第三世界での西ドイツ資本の支配を批判するのをやめた。資本の支配に対する西ドイツ大衆の抵抗は第三世界の問題で燃え上がるわけではなく自国の問題でのみくり広げられる、このような認識をいだいた彼ら自身、第三世界の問題をこの国の政治対象とするのをやめた。

これが一部左翼のもつ教条主義と偏狭さだ。西ドイツと西ベルリンの労働者階級が一国的枠組みでしか考え行動できないという事実は、資本家が多国籍的に考え行動しているという事実と相補的であ

＊4　一九三五年のＮＳＤＡＰ〔ナチ党〕ニュルンベルク党大会において可決された《帝国市民法》と《ドイツ人の血と名誉を守るための法律》の総称。それに従えば、公民権は人種的にドイツ人と定義された者のみに認められた。同法は犯罪の行為要件としての、いわゆる《人種恥辱罪》の導入を含み、ユダヤ人、ロマおよびその他多数の迫害と絶滅のための法的根拠と見なされている。

＊5　フワイダはレザー・シャー・パフラヴィー支配下のイラン首相。

るわけでなく、むしろプロレタリアートが分裂している現れ、弱さの現れなのだ。資本家の国内政治だけを批判対象にしてその対外政治を等閑視する左翼は、自ら労働者階級の分裂を内面化させており、体制の性格について、また労働者階級が日常的にかかわっており、近い将来には賃金闘争でかかわる資本家の政治について、労働者階級に向けて真理の半ばしか語っていない。新左翼の経済分析と政治的評価は、西ドイツ左翼が六六年、六七年の景気後退まで生み出していたすべてよりも徹底的で根底的で綿密であるということ、こうした新左翼は、再建段階である戦後期は終わって西ドイツ帝国主義が強化されているのを知っているということ、彼らが尋常ならざる階級闘争を準備しなくてはならないとわかっていながらも、情宣のうえでも組織のうえでも一国的枠組みに自己限定することで、革命的な介入方法として思い描きうることがらに関して想像力を欠き偏狭であること、これが新左翼のなかの矛盾だ。彼らは高校や労働組合、ＳＰＤにまでおよんでいる反資本主義抗議に学問的方向性を与え、大学における自分の立場を維持・拡充し、マルクス主義をわがものとしてそれを職業訓練生や高校生に通暁させ、労働運動の歴史を洗い直し、工場や学校に足場をもとうと試みる。こうした活動では、行動し介入しようという彼らの姿勢は顕著ではあるのだが、その姿勢は他方で彼らがあいも変わらず、競争的資本主義と議会主義の段階で労働者階級が発展させた方法しか介入法として思いつかない点と矛盾する。このような介入法は、ローザ・ルクセンブルクが一九〇五年のロシアでの大衆ストライキを範として政治闘争でのストライキの計り知れない意義を認め、レーニンが労働組合闘争の意義を認めたときのものだ。この矛盾は、彼らがドイツ労働者運動を自分たち自身の歴史として引き合いに出すことと、西ドイツ帝国主義としての西ドイツ資本による組織化の進展が彼らの歴史的現在であることとのあいだの矛盾だ。

一部の革命左翼がいまだＲＡＦをバーダーとマインホーフの個人問題と見なし、武装闘争の問題をフワイダのように「ビルト」紙やＢＺ紙の陣営で犯罪として議論し、この目的のためわれわれが誤った動機づけに則っているかのように考え、われわれが誤った立場にあると中傷するとするならば、そのとき彼らは、自分たちのもつ階級闘争の状態についての認識と革命的介入方法に関する考えのあいだの矛盾を解決していない――そのとき彼らは、自分たちにとってもわれわれにとっても客観的問題である事柄を主観的問題としてわれわれに押しつけている。そのときの彼らの態度といえば、自分たちに課せられた任務の重さに不安を感じている者のそれだ――頭を砂に埋めてそれ以上何もよく考えようとしない。一部左翼内での都市ゲリラ構想への排撃はあまりに表面的でおざなりであるため、われわれとしては彼らの認識とわれわれの実践とのあいだにある空隙をおいそれと増大させることに甘んじるわけにはゆかない。とはいえこの空隙をわれわれの努力によってのみ埋められるとは思っていない。彼ら自身がこの努力に加わるよう要求するのは、彼らの自己理解に即してもわれわれの自己理解に即しても、当然と考える。

われわれは一年前に次のように述べた。都市ゲリラとは国内階級闘争と国際階級闘争の結合である、と。都市ゲリラとは、人びとの意識内に帝国主義支配の諸連関を確立させる手段なのだ。都市ゲリラとはすべて合わせても弱々しい諸力による革命的介入方法だ。階級闘争で進歩があるのは、合法活動が非合法活動と結合するとき、政治・情宣活動が武装闘争の展望をもつとき、政治・組織活動が都市ゲリラの可能性をうちに含むとき、そのかぎりでのみだ。以下では一九七一年の化学労働者ストライキの例で具体的に示すことにしよう。社会問題の客観的な切実さと、資本主義的所有ならびに連邦共和国階級闘争の軍事化の問題という主観的な切実さをまえにして、《歴史の現段階にあっては、いかに小規模であろうと武装集団は、革命教義の告知に限られた集団よりも大規模な人民軍へと変貌しうる可能性をはるかにもつことを、もはや誰も否定しえない》（「トゥパマロス一員への三〇の問い」[*6]）。

2　一九七一年の化学労働者ストライキ

一九七一年、化学産業と金属産業——西ヨーロッパのもっとも先進的な産業に属する——での大規模ストライキ行動は今後数年で、何が労働者階級の問題となるかを明らかにした。このストライキ行動では、労働者層には闘うだけの態勢がおおいにあること、ただ同時に化学・金属産業経営者が労働者階級に対して経済的・政治的優位にあることも示された。労働組合による官僚政治は社会民主党－自由民主党政権と共犯関係にあり、当政権の役割はこの《コンツェルン国家》の執行機関であると示されたのだ。労働者はストライキに敗北した。彼らは一一％から一二％の賃上げを求めてストライキを闘ったが、労働組合は七・八％から七・五％で経営者と妥結した。連邦共和国と西ベルリンで今後数年、社会主義者がかかずらわなくてはならない状況の特徴が、このストライキで顕著になった点を通じてはっきりとした。主観的には労働者階級の闘争態勢が先鋭化しているが、客観的には闘争力は減少している。客観的には賃金引き下げ、《社会資産》の損失、主観的には階級対立意識や階級憎悪の拡大、というように。

化学産業が強力であるのは、経済的には〔資本の〕集中と資本輸出が進んだ結果だ。資本輸出は、西ヨーロッパ経済の全体が北アメリカでの競争という重圧のもとで強いられたものだった。政治的には、フランス六八年五月と六九年九月の山猫ストライキから西ドイツ産業界が得た教訓の結果だ。九月ストライキによってこの国の労働者の階級意識が強まっていることが顕著となり、産業界が反攻に転じたのだ。

集中

アメリカの大手企業では依然として賃金が比較的高いにもかかわらず、大規模であり技術的に優位にあるため生産費用を低く抑えられている。「タイムズ」紙のヒュー・スティーブンソンは次のように述べる。《規模の問題は工場設備に関してというより、財政的・経済的な規模と理解されるべきだ。売上高が大きいというだけではまださほどの意味はない。だが売上高が大きければ結果として市場で支配的位置を占めるという利点を伴う。そしてこの特典がないならば、近代産業での大規模資本投資

＊6　ウルグアイの都市ゲリラ「トゥパマロス民族解放運動」（MLN‐T）は六〇年代の初頭に成立した。一九八五年以降、軍事独裁政権は民主的大衆運動によって退陣を強いられ、MLN政治犯は釈放され、今日では合法的に活動している。トゥパマロスは六〇年代、いわゆる《ロビン・フッド行動》によってウルグアイの住民の強い共感を集めた。一九六八年以降ゲリラと準軍組織とのあいだの紛争が激しくなり、七三年に軍は議会を解散した。トゥパマロスは後に結成された世界中の多くの都市ゲリラ組織の範であった〔「トゥパマロス一員への三〇の問い」は Alain Labrousse, *Les Tupamaros : guérilla urbaine en Uruguay*, Éditions du Seuil, 1971（未邦訳、アラン・ラブルース『トゥパマロス――ウルグアイの都市ゲリラ』）に掲載されている。一九六九‐七〇年には「トゥパマーロス・ミュンヒェン」「トゥパマーロス・西ベルリン」が生まれてテロ活動を行い、RAFの先駆けとなっている。「序論」注18も参照のこと〕。

は、たとえ先進的科学技術の領域に属していなくとも、支持されることはない。自動車、化学、石油といった先進的産業部門のあいだでの競争のあり方は根本的に変化した。新規投資にかかる費用は高額であるため、熾烈な競争下でありうるよりも安定した将来の需要が当該の会社に確保されなくてはならない。こうした状況下、将来ヨーロッパの産業は集中がさらに進んだ段階で、少数でより大きなグループへと統合されてゆくのは不可避である》(「ヴェルト」[*7]七二年二月二三日付)。

公的資金

集中は第一の問題点である。第二の問題点は、研究開発費用に公的資金が流入していることだ。北アメリカの企業は規模が大きくアメリカ合衆国の軍事経済が持続的であるため、より多額の研究開発資金が自由になる。一九六三年から六四年の期間、アメリカ合衆国は研究目的のために国民総生産の三・三%を支出した――それに対して西ヨーロッパ平均は一・五%にすぎない。ヒュー・スティーブンソンは述べている。《先進科学技術の領域は研究開発費が巨額でありかつますます増大しており、公的資金の絶えざる注入が保証されなければヨーロッパは成功しないだろう》。そうであるならば、アメリカの会社とはじめから企業協定を結ぶのが良策だというのだ。これは今日、経済から国家に行使されている圧力だ。集中と国家の助成金は、西ヨーロッパ資本主義国の死活問題となった。

資本輸出

第三の問題点は資本輸出だ。つまり、より廉価な原料調達を目的に、他国でのより低い賃金水準を利潤として徴収し、国外市場での商品販売の運送費を節約するための、外国企業への出資と外国での自社生産施設の設立である。

化学産業はこの発展の頂点に位置するため、一九七一年の化学労働者ストライキには範例的な性格があり、この例を手がかりにその間の展開の全体を把握することができる。七〇年一二月、化学産業経営者のストライキ対策準備から、DKP教員の公務員からの解雇と連邦国境警備隊の連邦警察への変更まで、芽生えはじめた連邦共和国のファシズムから、バイエルン放送でのキリスト教社会同盟（CSU）の権力掌握、ベルリン自由大学へのマンデル招聘の拒否まで[*8]、赤軍派への死刑執行までの展開だ[*9]。このような結果となっているのは、この先何年か実際ますます多数の人びとが、それも資本所有者を除くあらゆる階層で、資本主義的所有関係に不満を抱くだろうからだ。このような結果となっているのは、所有問題をいたるところで持続的に際だたせることをせず、共同決定やら[*10]《芽のうちに摘

＊7 訳注――シュプリンガー社により発行されているドイツの日刊新聞。ドイツ敗戦にともない従来の新聞はすべて禁止され、各地で占領軍によるドイツ語紙が発行された。「ヴェルト〔世界〕」もそのひとつで一九四六年イギリス占領軍によりハンブルクで創刊され、五三年にシュプリンガー社が引き取った。政治的には「ビルト」などの同社タブロイド紙ほどには俗悪、煽情的ではない保守派の立場をとる。

＊8 長年、第四インターナショナルの活動家だったエルネスト・マンデルは、一九七〇年から七一年までベルリン自由大学の客員講師を務め、七二年に教授に推薦されるも〔大学管轄当局である〕ベルリン市政府が拒否。マンデルは七二年から七八年までBRDへの入国を禁止された〔本編注58をも参照〕。

＊9 訳注――この時点では警官による射殺を指すだろう。西ドイツに制度的な「死刑」はなかった。

＊10 訳注――「前史に関する覚書」注2を参照。

め》[11]といった戯れ言の議論やらを弄んでいるのは誤りである、戦術的にも戦略的にも誤りであるからだ。このような結果となっているのは、そこで利益を得ている者たちには隠蔽できない展開があるからだ。

バイエル－BASF－ヘーヒスト染料会社

化学産業は、西ドイツでもっとも集中が進められた産業のひとつだ。IGファルベン後継三社[12]のバイエル、ヘーヒスト染料会社、BASFの売上高は、当業種の五〇%を占める。この化学コンツェルン三社は、連邦共和国で最大規模である四つの株式会社のなかに入る。五九万七〇〇〇人にのぼる当業種従業員のうち、大コンツェルン三社で働くのは二〇万人にすぎない。化学産業での企業独自の研究開発費のうち五〇%以上がこの三社のもとで使われている。BASFだけでも一九六五年から七〇年の期間、四〇億ドイツ・マルクに相当する売上高の企業・コンツェルンを自社に組み込んだ。これは一九六五年の自社売り上げ以上の額になる。

国家と化学コンツェルンの協働について、「一九六九年連邦研究報告書」では次のように記載されている。《国家助成による基礎研究と産業研究の真の分業を語りうるのは、まさに化学産業のなかでのことだ。化学産業が従来の成長率と国際的意義を維持できるのは、(国家助成の)基礎研究が高水準を保つ場合にのみである》。

化学産業での資本輸出は次のような状態である。一九七〇年の西ドイツの全産業は、売上高の一九・三%が外国であげられたのに対して、ヘーヒスト染料会社は四四%、BASFは五〇%、バイエルは五六%にのぼった。三社の生産は、とりわけ南アフリカ、ポルトガル、トルコ、イラン、ブラジルでのものだ。ポルトガル、トルコ、イランに対して連邦共和国は同時に軍事援助を行っている。この軍事援助によってこれら諸国での西ドイツ資本の価値増殖条件が確保される。つまり低賃金が保たれ、他方で戦闘的労働者が壊滅される。これは周知のとおりだ。この軍事援助が六〇年代半ば以降は《治安部隊》拡充のため、すなわち警察のために支出されているのも、この間に知られている。反ゲリラ戦争が犯罪に対する戦いとしてなされている、ということなのだが、言語規制のもとにあっては抵抗など存在せず、大衆はすべてに同意しており、犯罪者と犯罪があるだけだ、との主張が可能なのだ。イランにアメリカが軍事援助をしたのは麻薬取引・密売に対する戦いを援助するためであって、革命家への死刑判決が犯罪者に対する宣告であるなどと謳われるとき、ブラントは《イデオロギー的偏見》をもっていない。シェール[*13]は先ごろようやく、連邦共和国とブラジル軍事政権の《テロリズ

＊11 訳注——元来はオウィディウス『愛の治療』内の言葉。第二次大戦後はしばしばファシズムへの警告として使われる。

＊12 訳注——「IGファルベン」は一九〇四年に成立した化学産業コンツェルン。第二次大戦後、連合国より「ニュルンベルク継続裁判」で、ツュクロンB生産をはじめとする軍需産業への参加、強制収容所収容者への労働強制などを問われ、多数の幹部が有罪となる。コンツェルンはここで記されている三社などに解体された。Hoechst は日本では「ヘキスト」名で知られているが、ここではドイツ語読みの表記にする。なおフランクフルトにあった本社社屋はアメリカ占領軍司令部として使われCIA本部も駐留、七二年五月一一日RAFは「五月攻勢」の一環でここのカジノに爆弾攻撃を実行した。二五二－二五三頁参照。

＊13 ヴァルター・シェール（一九一九－二〇一六）（FDP）は一九六八年から七四年にFDP党首、六九年から七四年にはSPDとFDP連立政権で外務大臣兼副首相。七四年から七九年には連邦大統領（ナチ時代は党員だったが、大統領在任中に発覚後も本人は隠蔽を謀った）。

ム》と《破壊活動》に対する共通利害を公式に述べた。これは連邦共和国がブラジルのウラン資源入手を保証する契約が締結された際のことで、念頭に置かれていたのはBASF社屋に爆弾を仕掛けたラテンアメリカ・ゲリラだった。西ドイツの化学産業はアメリカのコンツェルンと手を携え、イランの化学・製薬関連のほぼ全市場を管理下に置く。西側世界はイランでは最高の成長率を、南アフリカでは最高の利潤率を呈している——たとえばフォルクスヴァーゲン社は過去数年、平均三〇％の、一九六八年にはそれどころか四五％の配当金を払っている。西ドイツの化学・製薬産業は現地で生産し販売している商品だけで南アフリカ市場の一〇％から一二％を制している。

賃金の抑制、売上高内の賃金経費負担削減が果たされるのは、外国での低賃金水準を悪用し、外国人労働者を使い、化学産業では過去数年に七五％の生産能力拡大と合理化つまり労働者解雇に貢献している国内投資を行うことによってである。数字で見てみよう。一九五〇年から七〇年までの化学産業での被雇用者数の増加は一〇〇％にすぎないのに対して、売上高の増加は六三六％にのぼる。全般的に被雇用者数が減少する傾向がある。フリクス工場〔一九三八年に設立されたレーヨン工場〕の閉鎖は世間を賑わせた。ヒュルス社〔一九三八年に設立された化学産業会社〕は今年二月、従業員数を一九七二年には三％から四％削減すると発表した。化学産業経営者たちは《人件費負担の意味が増大している》と述べている。彼らが念頭に置いているのは解雇と賃金引き下げだ。一九七一年の賃金交渉で彼らは、《人件費負担》についての自分たちの考えを押し通そうという意図で、言い換えるなら、労働者階級を激しい攻撃で守勢に追い込もうという意図で席に臨んだ。

交渉の場で資本側が強い姿勢で出られる前提には集中がある。つまり市場を支配している企業のバイエル、BASF、ヘーヒストが経営者団体を牛耳っているかぎり、雇用者側は一元的に行動するということだ。化学産業経営陣と対峙する労働者階級は、化学産業内で剰余価値を生む唯一の階級というわけでない。そのかぎりで資本輸出とは〔資本側にとっての〕利点を意味している。賃労働者間の競争は労働争議のなかで止揚されるものの、それは国民国家の国境にいまだ事実上の境界をもち〔それを越えたかたちでの国際的な労働者間の連帯で競争が止揚されることはなく〕、そのかぎりでストライキによる剰余価値生産の停止は、資本家にとっては部分的なものにすぎない。労働者はすべてを賭しているのに対して、資本家の賭け金はごく一部だけだ。

化学産業経営者は賃金交渉で自分たちの利点を容赦なく繰り出し、政治的な賭けをする術を心得ていた。これに不平を言ってみせるいわれなどなんらない。化学産業経営者はアフリカ、アジア、ラテンアメリカでの奴隷労働を搾取して賃金水準を抑え、投資によって労働力をお払い箱にし、集中を通じて経済・政治での行動の自由と柔軟性を確保しようと努めている。ここに特段の悪意を見てとるのは誤りだ。搾取、政治弾圧、商品再生産経費である労働力を最小限に抑える努力、といった彼らの蛮行は、北アメリカの競争を西ヨーロッパ経済に押しつけてくるような体制の合理性に、産業部門とその製品・市場の合理性に見合ったものだ——こうした蛮行は非人間性、犯罪行為として体制に内在しており、体制ごと撤廃するか、まったくしないかのどちらかでしかない。

化学産業経営陣は細部にいたるまでストライキ対策を整えており、ストライキを望んだのは労働組合ではなく彼らのほうだったし、ストライキに勝利したのも労働組合ではなく彼らだった。労働者は敗北を喫した。労働者には、資本家、政府、労働組合の官僚主義のすべてを敵に回す役割があてがわれていた。

ストライキ対策

七一年二月、労働組合はヘッセン州、ノルトライン[*14]、ラインラント＝プファルツ州で定めてある賃金体系を三月三一日までで破棄すると通告し、一一から一二％の賃上げを、ヘッセン州では一律一二〇マルクの賃上げを要求した。ヘッセン州での要求はあらゆる賃金層ひとしなみの賃上げであり、賃金格差の凍結、労働者階級の統一を打ち立てる一歩を意味する。化学産業経営者からの提案はなかった。

七〇年一二月段階ですでに化学産業経営陣は、ストライキが打たれた場合に備えた企業の《相互援助》策を講じていた。原料や中間生産物の業務委託や、生産施設と輸送手段の提供というかたちをとるものだ。たとえば生産品を購入先のもとで最低八週間備蓄したが、これは薬局や大学にいたるまで行われた——デュッセルドルフ大学学長が研究所・研究室に対して万一に備えて買い置きをするよう勧めていた例もある。経営側の措置が仔細に練り上げられもした。ストライキ破りのための手引を作成し、盗聴防止の施された電話を設置、労働組合職場委員の氏名、ビラがどこで印刷されるか、地方紙や教師、牧師、各種団体といった世論への影響力をもった人士・団体とどう接触しているかを掌握した。こうして《地下の政治勢力》を具体名で掌握し、これを憲法擁護庁や警察に伝え、警察、政府機関、内務大臣との連携を進めた。《ストライキによって職場が脅かされる》といった一連の論拠が用意された、等々。

ヘーヒスト染料会社の労働組合職場委員たちは七〇年一二月、目前に迫った賃金交渉に向けて組合員アンケートを要求した。協約交渉委員会——化学産業組合[*15]代表者と従業員側選出の経営協議委員からなる――はこれを拒否した。労働者の共同決定に基づいて拒否された採決結果は、僅差とはとうてい言えない四対一だった。ダルムシュタットのメルク社労働組合職場委員は、一六〇マルクまたは一二%の賃上げを要求した。これもこの社の協約交渉委員会を通過しなかった。

資本家階級に対する国家支援

経営者団体は国家支援を受けていた。もともと九%〔の賃上げ〕で計画されていた賃金指針が年始には七・五%に削減された。ブラントは五月一一日、連邦議会で述べた。《賃金コストがあまりに嵩むなら、目下の段階では不完全雇用を招く恐れがある》。専門家は、化学産業経営者支援についての特別所見で確言していた。《賃金上昇率の減少があまり緩慢であるなら》充分ではなく、《中断が必要である》と(七一年五月)。

五月に化学産業経営者たちは五%の提案を切り出してきた。五月に化学産業労働組合は報道発表で、一一から一二%に固執するつもりはなく、八ないし九%でも満足である旨をほのめかした。

＊14 ノルトラインとヴェストファーレンは第二次大戦後、行政単位としては「ノルトライン＝ヴェストファーレン州」となっている。ルール工業地帯は州で見ればその中央部、ヴェストファーレン西部に位置する。

＊15 訳注――西ドイツでは諸分野での「産業別労働組合(IG)」が組織されており、化学産業組合(IG Chemie)はそのひとつ。

それに対して五月二四日、ラインラント＝プファルツ州では——世間を驚かせたことに——一〇ヶ月間で七・八％〔の賃上げ〕という労働協約を締結した。これは実際の就業期間である一二ヶ月で見れば六・五％であり、シラー[*16]の経済政策指針値より低い。ラインラント＝プファルツ州を支配しているのはBASFだ。BASFはストライキを必要としなかった。バイエルとヘーヒストでも、この後ストライキは行われなかった。大企業従業員にはストライキ敗北の屈辱感など必要なかった。彼らは幾重にも拡がる鎮撫措置によってよくしつけられている。社宅、表向きの利益分配、職業訓練中の若者への手当、組合側職場委員とならぶ企業側職場委員、従業員を業務ごとに空間的に分け、細かく分断する労働組織、従業員を賃金ランクで分断する給与体系、軽労働層はさらに男女で分断する、というように。

化学産業労働組合がこの締結に際して組合員に配布したビラを、ヘッセン州では化学産業経営者が従業員に配布した。ノルトラインとヘッセン州の協約交渉委員会は、ラインラント＝プファルツ州での締結に怒りを表してみせはした。彼らは争議行為などと口にしたものの、その準備はなかった。化学産業労働組合が組合員に求めたのは、組合費を正常に戻し、新規組合員を獲得することだけだった。

ストライキ

ノルトライン、ヘッセン州、のちにヴェストファーレンとハンブルク市での連邦調停機関の斡旋は、化学産業経営者の抵抗で結局のところ不調に終わった。調停不成立を承けてストライキが開始された。六月初頭から七月初頭まで、この四地域で合わせて五万人の労働者がストライキに入り、一五万人が行動に参加した。ノルトラインでは九％、ヘッセン州では最低一二〇マルクの定額賃上げ、少なくとも一一％、他の地域では一一から一二％を求めて、ストライキが実施された。これは化学産業では四〇年ぶり、二〇年代のはじめとおわりにあった賃金闘争以来、はじめてのストライキだった。

組織的な先導をしたのは労働組合ではなく労働者だった。オーバーブルフのグランツシュトフ社〔人絹製造会社〕では六月三日に自発的に罷業した一二〇人の手工業労働者から起こされた。後に労働組合が基幹産業での生産停止を推奨すると、実施中のストライキに別部門が自発的に合流している。トロースドルフのノーベル・ダイナマイト工場では、可燃物工場の手工業労働者が自発的に罷業することで行動が開始された。四週にわたりストライキが行われたケルンのクロウト・ゴム工場では、開始したのは圧延機労働者だった。ヴォルフガングのデグサ社では、手工業労働者が自らいくつもの小集団をなして生産工場を練り歩き、事業所委員・委託委員の集会[*17]に労働者を招集した。メルズンゲンのブラウン社〔医療・医薬品製造〕では、器具組み立て作業の労働者が開始した。ケルスターバッハのグランツシュトフ社では、数人のスペイン人の座り込みで行動が始まった。メルク社で、ヘーヒスト染色工場で――どこでも活動的な小集団から行動が起こされた。いくつかの工場では、六月いっぱいストライキがつづけられた。

＊16　訳注――当時経済大臣兼財務大臣だったカール・シラーについては「都市ゲリラ構想」注43を参照。

＊17　訳注――事業所委員は雇用側を含まない労働者側から選出され、組合員とはかぎらない。委託委員（Vertrauensperson）は事業所委員制度が確立される以前からあり、労働組合員から選ばれている。

六月八日、一万人の労働者がケルンの室内競技場で化学産業組合の大集会に参加した。六月一四日にはノルトラインで一斉行動があった。三八の工場で一万九〇〇〇人の労働者がストライキに入った。六月一六日、ケルンでは化学産業組合の第二回大集会が開かれ、またしても一万人の労働者が参加した。時を同じくしてヘッセン州では一万六〇〇〇人が行動に参加した——ヘーヒスト染色工場の労働者四〇〇〇人がデモ行進をして労働組合の集会に加わった。ヘーヒストで——わずか数時間とはいえ——ストライキが実施されたのは五〇年ぶりのことだった。六月末、ヘッセン州、ノルトライン、ハンブルク市、ヴェストファーレンで三万八〇〇〇人の労働者がストライキを打った。労働組合の官僚たちが曖昧な態度をとっていた様子、ストライキ決行が小集団から起こされた点を考慮するなら、これは感慨深い数字だ。

それに対してメルク社では、従業員の圧力のもとでようやく事業所委員会委員長は労働組合の要求を支持した。レーヴァクーゼンのバイエル社のストライキ指導部は、ストライキ地区指導部でストライキ決議を通すことができなかった。

多くの者はストライキを望まなかった。彼らにしてみれば要求は充分なものでなかったからだ。多くの者はストライキを望まなかった。どうせ最後は腹立たしい妥協で終わるだろうと考えたからだ。ヘーヒスト染色工場とレーヴァクーゼンのバイエル社では——ヘッセン州とノルトラインの最大企業として——個別行動にとどまったことが、多くの者を落胆させた。コンツェルンの鎮撫措置が功を奏した。

労働者のストライキ期間中、化学産業経営陣は攻勢に出つづけるべくあらゆる策を講じ——労働組合は守勢にとどまった。労働者に対する最大の圧力は、ストライキの賛否を問い決議するための全組合員による直接投票が行われていなかったのでストライキは違法である、という主張によって加えられた――化学産業組合はこの投票を実施する法的義務がない点で金属産業組合とは異なるのだが。ヘーヒストでは、《賛否投票なしのストライキはありえない》との論拠でストライキは行われなかった。メルクのストライキ指導部は階級闘争での権力問題として権利の問いを立てた。《労働争議では、その言葉がすでに言い表しているように、多数派の、とはつまりストライキ参加者の意見にもとづいたわれわれの権利が優先する》。化学産業組合には、定款を示すことしか思いつかなかった。

化学産業経営者にとっては、合法的手段も非合法的手段も同じに正当だった。メルク社では、負傷者が出た、工場引き込み線に置き石がされた、《よそ者分子》が破壊工作をした、ピケ要員は自転車のチェーンやメリケンサックで武装している、といった噂が拡められた。オーバーブルフのグランツシュトフ社では、銃の乱射があったとの噂が立てられた。警察が出動することでスト破りの工場入構が可能となり、メルク社やグランツシュトフ社では刑事がピケ要員を撮影し、ピケ要員に襲いかかりもし、スト破りを載せたバスがピケ隊のなかに突入した（グランツシュトフ）。メルク社の経営陣はピケ要員同士の無線通信を妨害し、工場保安員を増強したし、機動隊が待機し、よそ者がストライキ破りとして集められ、在庫品が工場構内から疎開させられた。グランツシュトフ社では警察出動が苛酷をきわめ、若い警官たちが泣きはじめ、警察がスト破りに道を開けるにあたって年長の警官に交代せざるをえなかった。

階級司法

労働裁判所の仮処分では、スト破りの工場入構が保護され、警察の出動は適法とされ、ストライキ行動は違法とされた。メルク社では化学産業組合は仮処分が出たあと和解を結んだが、これは仮処分内容――スト破りの入構――を失効させることなく、それどころか司法の介入を労働組合の側からも認めてしまうものだった。こうしてメルク社の労働者を背後から襲ったのは労働組合だった。メルク社ストライキ指導部は仮処分に対して次のように表明していたのだが。《法の目〔警察〕は、支配階級の顔色をうかがう》（エルンスト・ブロッホ）[*18]。《経営首脳陣はわれわれが暴力を行使しているかのように言い立てるが、暴力はまさにこの経営首脳陣から、彼らだけから振るわれてきたし、振るわれている》。和解については次のように表明した。《和解によれば、労働意欲があるとされる者、つまりストライキ破りに権利があるかのようである。だが経営者たちは本当の労働権を認めるのを明確に拒否している。一九六六年から六七年の危機にあって、労働権がどこにあっただろうか？》

ダルムシュタット市長は国家と警察の中立宣言を、休暇を病院で過ごしたいと望む労働者などいないだろう、という脅迫と結びつけた。

メルク労働者はストライキ破りの入構を阻止することにくり返し成功した。警察と対抗し、ときとして学生の支援を得て。彼らがストライキを攻撃的に遂行しているとき、労働者のあいだではその適法性についてなんら疑いが抱かれることはなかった。それに対して、ストライキ終結後メルク社の一七名の職業訓練生・若年労働者が解雇されたのは違法だった。

労働者のストライキ中、組合は漸次要求を引き下げていったのに対して、化学産業経営陣は賃金を六月一日から六・五%引き上げる旨を早々に表明した。一種の買収工作ではあったが、労働者に対してほとんど功を奏さなかった。しかし彼らも労働組合指導部の策謀にはかなわなかった。組合指導部は、ストライキを敗北で終わらせる要求にも等しい六月共同行動の公式発表に同調した。《共同行動の話し合いに参加した者がまったくの自己責任によって経営者と労働組合に働きかけるのは、参加者全員が好況にともない期待される物価と所得に従うのではなく、経済全体の強化段階の必然性に従う、という目的があるからだ》。

これにより七月初頭に化学産業の労働組合最高幹部と経営陣とのあいだで交渉妥結にいたった。七・八%という賃金指針で示されたのと同率、ラインラント＝プァルツでの成果と等しいものだ。メルク社ストライキ指導部は組合最高幹部に退陣を迫る抗議電報を送った。クロウト・ゴム工場では組合代表が妥結を公表する際にやじり倒された。ストライキは終わった。

化学産業経営陣は望んだものを達成した。彼らの望んでいたのは、化学産業で初のストライキにあってその推移と内容を自分たちが決定する、そしてこの世代の化学産業労働者にとって初のストライキ経験が敗北の経験になることだった。なぜならば彼らは《人件費負担の意味が増大する点を考慮に入れて、化学産業の将来の賃金交渉では深刻な対立、場合によっては労働争議も避けられない可能性を計算に入れている》（出典「労働争議支援」）のだから――化学産業経営陣にとってこのストライキは個別現象ではなく、労働者階級に対する闘争における長期戦略の一段階だったのだから。ドイツ銀行広報担当〔フランツ・ハインリヒ・〕ウルリヒの言葉ではこうだ。《目標――あと二、三%にすぎない

＊18　エルンスト・ブロッホ〔一八八五－一九七七〕はマルクス主義哲学者。一九三三年から四八年の期間、亡命生活。その後、DDRに戻り、国家功労賞を受賞した。レーニン主義を批判しポーランドとハンガリーの評議会共産主義路線での変革に共感を示したため、DDRでの彼の言論・出版の自由は著しく制限された。一九五七年には大学の定年退職を強制された。六一年、BRDに移住。

上昇率——を間近に達成するために必要とされるのはもう数歩ではあるが、とはいえ一歩一歩は充分に大幅でなくてはならない》(七二年二月)。

労働者は望んだものを達成しなかった。さらなる統一——これがヘッセン州での一律一二〇マルク要求の内実だった——、物価上昇を下回らない賃上げ——これがストライキ運動の内実だった。団結——バイエル、BASF、ヘーヒストの労働者を除いてではなく、彼らとともに。これは成功した。

この賃金交渉妥結には、階級間にある現在の権力関係があらわれていたのはたしかだ。ここで言いうるのは、資本家はほとんどすべてを手中にしており、労働者はほとんど何も手にしていない、という点だ。資本家側は団結し《共同》歩調をとり、労働者階級は千々に分裂している。資本家には強固な組織がさまざまあり、これをしっかりと掌握している。労働者には労働組合があるもののそれを手中にしておらず、組合官僚・指導部は現政権と手を携え労働者に敵対的な路線を歩んでいる。資本家には国家があるが、労働者階級にとって国家は自分たちに敵対するものだ。資本家は国際的に組織されているが、労働者階級が行動できるのはいまだに国家の枠組みのなかにすぎない。資本家は明快で長期的な戦略をもち、これをあらゆる領域で宣伝し、決然と労働者階級に攻撃を仕掛ける。労働者は資本家に対して怒りをぶつけるだろう——だがこれが、そのとき彼らのもつすべてでもある。

階級闘争の軍事化

資本家がこのように強固であるにもかかわらず、労働者階級がこのように弱体であるにもかかわらず、国家は軍備拡張を進め、階級闘争の軍事化に対して準備を整えている。政治的な措置というものは経済上の事実、資本の攻撃性に見合ったものだ。政治的事実が伝えるのは、攻撃の規模と激しさだ。

すべての人びとが豊かになり、所得を増大させ、生活条件を改善させるといった公共利益は、資本側の政策からおのずと生ずるわけでない。〔資本家は〕それをしない分、よけいに笛太鼓で大騒ぎをしてみせなくてはならず、〔労働者階級は〕その分、資本家の措置への批判ができなくなる。だからこそ批判的新聞記者はいたるところで馘首され、だからこそ学校から左翼教師が一掃され、だからこそCSU〔キリスト教社会同盟〕はバイエルン放送協会に手を出す。そしてこれはARDのZDFとの強制的同一化の始まりにすぎない可能性がある[*19]——他の連邦諸州ではこれほどすみやかに進行しえないにしても。

体制に対する大衆の忠誠心をもはや金銭では買えないのに応じて、忠誠心が強要されざるをえず、それが自発的に生ずることはもはやなく、暴力の脅しがかけられる。連邦国境警備隊は連邦警察へと変容し、二万三〇〇〇人から三万人に増員される。警察は自動小銃を装備し、市民は官憲が自動小銃で武装して街角に立つことに納税をするのと同じように馴らされ[*20]、拘禁法が強化され、実弾の飛び交う非常事態演習が実施され、同志たちは未決拘留され、RAF容疑者には死刑が執行される。西ドイツで資本主義がいったん強いられてしまったあとでは、人民には今後も引きつづき自発的に

＊19 訳注——ARD（ドイツ公共放送連盟）の番組は傘下にある複数の国内公共放送局の協働による。バイエルン放送協会もそのひとつ。同じく公共放送ながらZDF（第二ドイツ・テレビ）は全国網を一社で運営している。
強制的同一化（Gleichschalatung）とは、当初は一九三三年にナチが政権を獲得したあとで制定された、諸州（ラント）を国家機構（ライヒ）に順応・従属させる法律に用いられた語だが、後にドイツ政治社会全体をナチ世界観に適合させる措置に拡大されて用いられるようになった。

反共産主義である理由がなくなり、これに応じて共産主義者は人民から暴力的に孤立させられざるをえない。それゆえ左翼は企業から放逐され、それゆえＤＫＰ〔ドイツ共産党〕が合法性のために支払わなくてはならない代償はよりいっそう上昇し――（そして彼らはいかなる代償も払っているように見える）――、それゆえ化学産業は、ベルリン自由大学に平穏と秩序が回復しないかぎりその修了者を採用しない、と脅しをかけている。

共産主義思想という選択肢は、体制そのものが生み出す矛盾にもとづき勢力を伸ばすが、その拡大に応じてこの思想を情宣できる余地は閉じられざるをえない。それゆえマンデルの自由大学招聘は許されず、フランクフルトでは産業界の求める筆記試験を実施するために大学学長が官憲を呼び、レーヴェンタール[*21]はスパルタクス〔ＤＫＰの学生組織〕への反感を煽動し、レーヴェンタールの撮影クルーは学生たちを攻撃して騒乱場面を映像に収め、民衆煽動に利用する。

連邦共和国で外国人が雇用されるようになってこの一〇年[*22]――一九六一年の壁建設[*23]以降――、外国人の事故発生率はあいかわらず、そうでなくとも充分に高いドイツ労働者での発生率の二倍であり、宿舎はあいかわらずゲットーであり、工場や市街地での差別待遇はあいかわらず完璧であり、いまや外国人労働者はよりよく自衛できるよう組織をつくりはじめたところだが、ここにきて基本法が改変され、ファシズム的外国人法と反共産主義結社法に基づいてすでになされているよりもいちだんと巧妙に外国人組織を監視し、いちだんとすみやかに撃滅できるようになる。

こうした成り行きを眼前に見るならば、赤軍派が情宣によって資本家に与えているわずかばかりの口実を問題の核心と考えたり、階級闘争の先鋭化をわれわれとの因果関係に位置づけたり、極右勢力の擡頭をわれわれに対する反応と捉えたりすることは、客観的には階級敵の議論であり、主観的にはブルジョワ新聞・雑誌が呈しているような、事態の外的現象のみから出発するまったく表面的な観察法だ。

＊20 訳注――一九七一年一月二日、ノルトライン＝ヴェストファーレン州内務大臣のヴィリ・ヴァイアー〔「都市ゲリラ構想」注45参照〕は《市民は自動小銃で武装した警察官を目にするのを、納税するように馴れなくてはならない》と発言している。

＊21 政治的極右に位置づけられるテレビ番組司会者。〔ゲーアハルト・〕レーヴェンタールはテレビ番組「ZDFマガジン」で政治動向を、主としてDDRに関して論評し、とりわけ左翼と論争した〔西独国内問題ではブラント政権の東方外交やAPOを攻撃したほか、東独住民からの政府批判の声を読み上げる「向こう側から救助を求める叫び」というコーナーが番組内に設けられていた〕。長年のうちにそれにとどまらず、DDRで匹敵する人物〔カール・エードゥアルト・フォン・〕シュニッツラー〔報道番組「黒いチャンネル」〕とメディア上で激しい議論がくり広げられていった〔シュニッツラーが司会を務めた「黒いチャンネル」は、東独の国営放送だったドイツ・テレビジョン放送が制作した、西独のテレビ報道を風刺したプロパガンダ報道番組〕。

＊22 訳注――戦争によって打撃を受けた西独の労働力不足の解消は、戦後当初「東方難民」によって、次いで東独からの人材によって、その後は「外国人労働者」に依るところが大きかった。送り出し国との協定を結んでの「外国人労働者」の政策的導入は一九五五年のイタリアに始まり六〇年にはスペイン、ギリシャ、六一年にはトルコ等々とつづくが、六六／六七年の景気後退にともない募集は減少、七三年の石油危機で募集は停止された。

＊23 一九六一年八月一三日、DDRはベルリンの西側連合国が管理する地区の周りに壁を建て、東西交通遮断措置を講じた。この措置は、同国の増大する経済的疲弊、密輸と制御不能の専門家の人材引き抜き、そして低賃金労働を睨んでのものだった。壁建設までに、何万もの東ドイツ人が西側で低賃金労働に就いていた。これは、為替相場の落差によって割に合うものだった。

合法左翼と第一級国賊

合法的な活動をする左翼は資本家のこの攻勢に対して守勢に回っているだけでなく、客観的にも行き惑っている。彼らは資本家に対抗してビラや新聞を労働者への宣伝活動として配布している。労働者に向けた情宣で述べられているのは、資本家にすべての責任はある――たしかにこれは正しい――、労働者は組織化されなくてはならず、労働組合内の社会民主主義的路線を克服するべきであり、経済闘争を闘うことを学び、階級としての意識を取り戻さなくてはならない――これは必要な政治活動だ――、といった点だ。それだけが政治活動であるなら彼らは近視眼的だ。彼らは自動小銃を見ては言う、経済闘争をくり広げよ、と。非常事態演習を見ては言う、階級意識を、と。ファシズムを見ては言う、階級闘争を先鋭化させるな、と。戦争準備を見ては言う、中産階級との同盟政策を、と。将来のストライキを非合法化することになる労働裁判所、連邦労働裁判所の一連の判決を見ては言う、合法活動を、と。

反革命は自分たちがつくり出すあらゆる問題を解決できると思い込んでおり、そのためにはどんな手段も彼らにとって汚すぎることはない。けれどファシズムが実際に勢力を拡大するまで、大衆が反革命に動員されるまで、彼らは待てないし、武装と武装闘争が自分たちの独占であるとの確証を彼らは必要とする――その確証とは、彼らが引き起こしてやまない労働者階級の怒りが、革命的ゲリラとして武装闘争を行うという着想を理解することはないし、着想にともなう手段も理解しない、というものだ。不意打ちの戦闘をして捕捉されない、彼らの責任を問い、警察の士気を阻喪させ、彼らの暴力への対抗暴力として抵抗をする、そんな武装闘争の着想など理解しない、と。

もしも《われわれの身動きをとれなくする》ためのまったく信じがたい努力をゲンシャー[24]が企てていなければ、もしも第一級国賊であると証明できる行為をわれわれが実行する以前に彼がわれわれをそのように宣告していなかったなら、もしもわれわれを左翼、労働者階級、国民から孤立させるべくいっさいを、それこそ一切合切を彼がしていないなら、もしも彼がわれわれを殺害させていなければ、彼とて支配階級の内務大臣ではいられない。彼のしてきたことは、ただよりいっそう悪い結果を呼びうるだけだ。

しかし彼らは戦争準備をもはや秘密裏に遂行できず、彼ら自身の合法性という基盤のうえでなすことももはやできない。彼らは自分たち自身の秩序を破るよう、自らの本性そのままに人民の敵として現れるよう余儀なくされている――そしてテロルの向けられているのはRAFにではなく労働者階級に対してだと左翼が言うとき彼らは、本来そうしようとしているよりも弁証法的に高次の段階で正しい情宣を行っている。いかにも、テロルはRAFに向けられているのではない、それは差し迫っている階級闘争を睨んだ準備なのだ。重要なのは、体制が目下なしうるあらゆる暴力をもって、武装闘争の理念を労働者階級から遠ざけることだ。急いでいるのはわれわれではない。体制は苛立っている。

＊24 訳注――ハンス＝ディートリヒ・ゲンシャー（一九二七－二〇一六）はFDPの政治家、元ナチ党員。六九年のSPDとのブラント連立内閣で内務大臣を務め、「黒い九月」のミュンヒェン・オリンピック襲撃を踏まえて反テロル部隊GSG9を設立する（GSG9は一九七七年〈ドイツの秋〉でのハイジャックに投入されて成功をおさめた）。次いでシュミット内閣で七四年より外相・副首相を務めた。八二年にはCDUとの連立組み替えを推進し、コール内閣でも九二年まで外相・副首相を務めた。

資本家はファシズムが力を発揮するまで待てない、アメリカという競争相手は待っていない。体制がヒステリーを起こしてみせてもわれわれの戦略・戦術が間違うことはない。大衆のなかにゲリラが根を張ることを体制は無限に困難にしているが、それによってわれわれの戦略・戦術が間違うことはない。この戦争は長期戦であるが、それによって抵抗行動が間違うことはない。

アウシュヴィッツを無抵抗に甘受した国で同志たちはいったい何を期待しているのか？　自分たちの労働運動がドイツ労働運動の歴史を持ち、自分たちの警察はSSの歴史を持つことを、か？

《共産主義者は、すぐ目の前にある労働者階級の目的と利益を達成するために闘う、しかし同時に現在の運動のなかで運動の未来を代表している》（「共産党宣言」）。

人民に奉仕するという標語をわれわれはこのように理解する。

3　所有権問題と紛争の軍事化

連邦共和国はラテンアメリカではないといった論拠は、この地の状況を露呈させるというよりは覆い隠すものだ。そうした言い方で含意されているのは――ただのおしゃべりのため討議に付されたのでないかぎり――ラテンアメリカを席捲しているのと同じすさまじい貧困がこの地であるわけではない、この地での敵は外国勢力ではない、この地で政府は人民にさほどは憎まれていない、この地ではまだラテンアメリカ諸国の多くでのように軍事政権が支配しているわけではない、ということだ。含意されているのは、ラテンアメリカの状況は耐えがたいものであり、暴力だけがかろうじて頼りだ――こちらでは状況はまだゆうに耐えられるもので、暴力を正当化できない、と。ローヴォルト社から刊行されている時事叢書の一巻『第三世界の富裕地帯を打ち砕け』〔未邦訳、*Zerschlagt die Wohlstandsinseln der Dritten Welt*〕にはマリゲーラの「都市ゲリラ教程」も復刻されており、その前書きでは、これを復刻するのはブラジルでの逮捕と拷問に抗議をするためであって、《たとえ議会制民主主義がいかに脆弱でそれ自体の経済秩序に脅かされていようとも》この地での行動の手引書としてではない、と書かれている。《資本家の恐怖支配体制に向けられた〔ラテンアメリカ都市ゲリラの〕こうした対抗暴力を、少なくとも共同決定が議論されている国で行使するならば、地に呪われたる者たちを嘲ることになる》。この顰《ひそ》みに倣うなら、〔本社のある〕ルートヴィヒスハーフェンでのＢＡＳＦに対する爆弾は、ブラジルでＢＡＳＦに爆弾を仕掛けた者に対する嘲りだ。ラテンアメリカの同志たちはこれとは考えを異にする。ＢＡＳＦの側でもまた然り。

連邦共和国はラテンアメリカではないといった論拠は、月収が保証された見地から自分たちの月収の保証に向けて時事問題を論評する輩によって唱えられる。これは、この地の人民の問題に対する人間的冷淡さと知的傲慢の現れだ。そのとき連邦共和国の現実は、事実のうえでも分析のうえでも議論にはならない。

この地の状況分析は、社会問題の客観的な切実さ、所有問題の主観的な切実さ、そして階級闘争の軍事化を出発点としなくてはならない。

連邦共和国における貧困

社会問題の客観的切実さ、それは連邦共和国における貧困のことだ。この貧困が広く声を上げていないという事実は、貧困が存在しないことを意味しない。貧困から社会革命の可能性を導くことができていないという事実は、貧困とはかかわらずにあたかもそれが存在しないかのように振る舞う根拠ではない。

ユルゲン・ロート[*25]は著書『連邦共和国における貧困』〔未邦訳、*Armut in der Bundesrepublik*〕で、貧困という主題について語りうるほとんどの論点を集めた。それによるなら、連邦共和国と西ベルリンでは今日一四〇〇万人が貧困のうちに暮らしている。一一〇万人が農村地域に暮らしており、月一〇〇から四〇〇マルク[*26]でやりくりしなくてはならず、小農家族や引退農民である。平均三人家族の四六六万世帯が使える実質所得は六〇〇マルクに満たず、これが全世帯の二一%を占める。五〇〇万人以上の年金生活者の年金月額は三五〇マルク以下だ。加えて、貧窮院には六〇万人が収容され、住所不定は四五万人、施設の子どもが一〇万人、施設に収容されている精神病者が一〇万人、獄中の成人が五万人、矯正施設の青少年が五万人いる。これは公式の数字だ。この領域での公式数字が端数を切り下げたものであるのは誰もが知るとおりだ。ブレーメンでは一万一〇〇〇人が石炭を自費で購入する金にこと困るため、燃料費補助を得ている。ミュンヒェン市住宅局は、ホームレスの数が現在の七三〇〇人から二万五〇〇〇人に上昇する事態を予測している。ケルンでは一九六三年にすでに一万七〇〇〇人が貧窮院に入っていた。

フランクフルト北西地区〔大規模集合住宅地区〕では今日、約六〇平方メートル二部屋の家賃が四六〇マルクだ。北西地区では地下室に電気メーターが掛かっている。ほとんどの高層住宅で、そのなかの住宅に幼児がいるかどうか、冬であるかどうかにかかわらず、少なくとも一台のメーターは止められている。フランクフルト市は一日当たり五〇戸の送電停止を伝えており、月に約八〇〇世帯の電気が止められている。

フランクフルト・アム・マインには五〇〇〇人の野宿者がいる。彼らは夜ごとハウプトヴァッヘ[*27]地下商店街の寝場所から水をかけられて追い出されている。警察が去ると彼らは戻ってきて、濡れた床に新聞紙を敷いてあらためて眠る。

連邦共和国の住居七〇〇万戸には浴室もトイレもない。八〇万世帯は仮小屋《バラック》に住んでいる。フランクフルトでは二万人が、デュッセルドルフでは三万人が住居を探している。

連邦共和国で六〇万人が精神分裂病〔当時の日本語での呼称で、現在は統合失調症〕を患っている。精神分裂病が治療されなければ就業不能になる。人口の三％は精神疾患によって労働および就業不能である。五〇〇万から六〇〇万の人間が何らかのかたちで精神上の援助を必要としている。患者一人あたりのスペースを〇・七平方メートルと想定している精神科病院もある。

労働者家庭の全児童のうちの八〇％は、彼らの教師の見解からすれば中等教育学校進学にふさわしいが、そうはしていない。

連邦共和国における貧困は減少ではなく増加の一途をたどっている。住宅難が増大している。学校不足が増大している。児童虐待が増加している。

＊25　訳注——ユルゲン・ロートはドイツのジャーナリスト。組織犯罪を経済システムと関係づけた著書を多数出している。

＊26　訳注——ドイツ・マルクと円の交換比率は時代によって一マルクが七〇円から一三〇円くらいまでの幅があったが、ごくおおまかな生活感覚のうえでは一マルクは一〇〇円程度。

＊27　訳注——フランクフルト中心部の旧警備本部で二〇世紀初頭以降カフェとして、そのまえの広場ともども観光名所のひとつとなっている。

一九七〇年末に児童虐待は七〇〇〇件を数えたが、実際には一万件だったと推定されている。年に一〇〇〇人の子どもが体罰によって死亡していると推定されている。

《連邦共和国の学校を記述することは、富裕な国における貧困を記述することだ》とリュク・ヨヒムゼン[*28]は、具体的な資料を含んだ著書『国家の裏庭』〔未邦訳、*Hinterhöfe der Nation*〕で述べている。《公教育制度は、窮乏、欠乏、不足、老朽化、過多、腐蝕、不満、諦念、鈍麻、無慈悲といったあらゆる貧民街の特徴を備えた貧困領域だ》。《今日、連邦共和国の基礎学校で六歳、七歳の子どもたちに生じている事態は、義務教育に補助された教育・職業教育を受ける権利の拒絶を目的とするもので、それも義務教育の力を借りつつ意識的かつ将来にわたって計画されており、教育犯罪だ。処罰のくだされない犯罪。訴追されることのない犯罪》。

ベルリンのメルキシュ街区[*29]の住民は一九七〇年には三万五〇〇〇人だったのが、一九八〇年には一四万人になると見越されている。住民は言っている。《ここの様子ときたら粗野で、ひどく下品なもので、すさんだ気分になる、どことなく――でも家のなかに入れば住まいそのものの間取りは良くできている》。メルキシュ街区では何もかもが欠如している。児童公園、交通機関、学校、安価で購入できる商店、医者、弁護士と。貧困、児童虐待、自殺、集団犯罪、不機嫌、困窮の温床なのだ。メルキシュ街区は社会の未来だ。

（われわれがここで引き合いに出している成果を上げたブルジョワ著述家たちは、自分たちの観察を資本の運動から分析し、銀行、保険会社、不動産所有における資本集中を貧困化の原因として暴く労を払っていない。彼らは言葉の抗議によって自分の調査結果と折り合いをつける）。

貧困の切実さは革命の切実さとは一致しない。貧者は革命的でもなければ直接的でも自発的でもない。彼らの攻撃性は抑圧者に対してよりも自分たちに向けられ、攻撃対象はより貧しい者たちであって、貧困から利益を得る者でもなければ、住宅建設会社、銀行、保険会社、コンツェルン、都市計画責任者たちでもなく、彼らの犠牲者だ。次に挙げる例では元気づけられることなく、むしろ意気阻喪させられ怯ませられる。「ビルト」紙とZDFのファシズムを示す材料だ。

ZDFは次のような放映をしている。ヴィースバーデンの貧民街で、子どもたちがZDFの撮影班のため泥濘にまみれて遊び、殴り合い、泣き叫ぶようさせられていた。大人たちは怒鳴りあい、つかみ合いをさせられていた。この放映は、《連邦共和国はラテンアメリカではない》という命題に、連邦共和国の貧民には自己責任がある、彼らは犯罪者であって貧民などわずかしかいない——こうした明白な証拠を具体的に挙げている。シュプリンガー社は同様の内容を活字で後追いしてみせる。ファシズムを示す材料だ。

所有問題の切実さ

しかし、貧困の客観的な切実さは、主観的には、資本主義的所有の問題を、戦後数年——CDUのアーレン綱領[*30]——以来なかったほどに切実にさせた。無媒介にということではなく、さまざまな要因に媒介されて。貧困にあえぐ者たちのあいだではほとんど現れていないにしても、社会のそれ以外の

＊28 訳注——リュク・ヨヒムゼンはドイツの社会学者、ジャーナリスト。政治家として二〇〇五年から一三年には左派党の連邦議会議員を務め、その間、同党の連邦大統領選候補になっている。

＊29 訳注——「赤軍の建設」注2参照。

ところや、市民運動なり日々口にされる常套句なりで広範に拡がっている。まだほとんど組織されずに漠然としているが、もはや抑えつけられはしない。

二万人の交通事故死者は、道路建設の拡張を顧みず生産する自動車産業の利益追求の犠牲者であること、保険会社の御殿は、疾病を利益に変えてこれを建てた資本家をよく表しており、その裏面は病院の悲惨な状況であること、地方自治体が抱える負債と、それを生産の元手にするコンツェルンの利回りとのあいだの矛盾、外国人労働者搾取と外国人労働者宿舎のあいだの矛盾。子どもの悲惨な状態と玩具産業の利益とのあいだの矛盾、賃貸住宅による利潤と賃貸住宅が呈する悲惨な状態のあいだの矛盾——これらはどれもすでにほとんど常套句と化しており、「シュピーゲル」誌が毎週さんざん扱いもすれば、「ビルト」紙は毎日個別例をあくまでも個別例として記事にしている。多くの人びとはこうした状況に腹立ちを覚えているため、これ以上口を閉ざしているわけにはゆかないのだ。ドイツ銀行広報担当ウルリヒは、《利益を悪魔に見立てること》について、《私たちの経済体制への攻撃》《収益批判》について不平を漏らす。《経営者の利益の意義を誰にでも理解させるため強く訴えることを、私たちは皆、いまだ充分にしていない。経営者の利益なしには自由市場経済で進歩と発展はありえないのだ》——これでもって公益が考えられているなどと信じるのは、資本所有者自身を除けばほとんど誰もいはしない。

エプラー[*31]は高額所得者課税をふれ回ることを通じて評判の悪い消費税増税を守ろうとしている。CDUは、東方条約[*32]によって連邦共和国内でイデオロギーが切り崩される結果を招くのではないかと恐れている——シュレーダー[*33]が中心に据える論拠によるなら、共産主義を悪魔に見立てたことが信憑性を失いかねないからなのだ、というのも共産主義とは生産手段の接収と国有化を意味しているのだから、と。CDUが撲滅せんと戦っている相手は東方条約の内容ではなく、そのなかにある資本主義の宿敵である思想に対するイデオロギー的寛容なのだ。

一九六八年以降の左翼運動では、その基盤がより広範だったかぎりで所有問題は課題のひとつであり、資本主義的所有に攻撃が向けられ、激しい摩擦が生ずるのは資本主義の利潤追求という点であり、それらに批判を向けることで合意が成り立っていた。そこで連邦共和国内多数の都市での家屋占拠、

＊30 一九四五年以降のCDUの最初の綱領は軍国主義の基盤としての資本主義への批判を含み、とりわけ、基幹産業の国有化や経済と政治における強力な社会的共同決定を要求した〔ドイツ敗戦直後に結成されたCDUは当初ナチの被迫害者たちが中心になっており、カトリック社会主義の力も強かった。一九四七年二月のアーレン綱領は英国占領地域のCDU綱領で、《資本主義とマルクス主義の克服》が謳われていた〕。

＊31 エーアハルト・エプラー〔一九二六－二〇一九〕（SPD）は一九六八年から七四年に連邦経済協力大臣を務め、「左派」と見なされていた。平和運動・エコロジー運動の一翼を担い、八一年までドイツ福音教会会議の議長だった。

＊32 訳注――ブラント政権下で推進された東方外交により、七〇年にはソ連、ポーランドとの条約が結ばれ、西独はポーランドとドイツ（実際には当時の東独）との国境としてオーダー＝ナイセ線を認めるなどして、「東西融和」がはかられた。言い換えれば、東側社会主義国の資本主義国西ドイツに対する敵対態度が軟化されたことでもあった。

＊33 ゲーアハルト・シュレーダー〔一九一〇－八九〕（CDU）は、一九五三年から六一年まで内務大臣、六一年から六六年まで外務大臣、六六年から六九年まで国防大臣、六九年から八〇年まで連邦議会外交委員会委員長。EEC〔欧州経済共同体〕とNATO〔北大西洋条約機構〕の設立に尽力した〔一九九八年から二〇〇五年まで連邦首相を務めるSPDのシュレーダーは同名異人〕。

都市再開発に対抗する市民運動、メルキシュ街区、フランクフルト北西地区といった都市周辺部での公益施設のための運動、住宅地域近隣での工業団地への反対市民運動などが起こされた。ハイデルベルクのSPK〔社会主義患者集団〕[*34]は、集団的な認識・行動過程を通じて病と資本主義の連関を徹底的に批判したために、SPK幹部は刑法一二九条〔犯罪結社の結成〕を適用されて七一年七月以降収監されている。資本が強制する試験実施規定に反対する学生の闘争、地方での保養地区私有化に対する社民党青年部の宣伝活動ですら、資本主義的所有を批判対象としている。もっとも有意義だったストライキは六九年九月、高額株式配当で火のついたものだった。学生運動でもっとも強力だったスローガンは、シュプリンガー・コンツェルンに対する《シュプリンガーを接収せよ》[*35]だった。カッセルのベルギー人住宅地域での家屋占拠[*36]では、残忍きわまりない警察出動により女性や子どもが殴打のうえたたき出され、ハノーファの家屋占拠者はいまや損害賠償訴訟で痛めつけられている。ゲオルク〔フォン・ラオホ〕[*37]殺害後ベルリンにはこう書かれた貼り紙があった。《銭惜しさから殺人ブタどもはわれらが兄弟ゲオルクを殺害した》。

社会民主主義と改良主義

改良への約束は宗教の代用品となってしまった。人民のための阿片だ。より良き未来の約束とは、じっと忍耐して待ち望む姿勢を支える心理的動機、つまり受動性をもたらすのに役立つにすぎない。改良を達成するために必要とされる労力をもってするなら、革命そのものをなし遂げられよう。社民党青年部のごとくこれとは異なったことを人びとに語る者たちがいる。そして社民党青年部が有効な改良を達成する力であると見なす者たちがいる。彼らは体制の抵抗力を見誤っている。体制は、社会

＊34 社会主義患者集団〔SPK〕は、一九七〇年に〔ハイデルベルク大学病院〕勤務医ヴォルフガング・フーバーによって〔同僚、学生、五二名の患者をともない〕ハイデルベルクで設立された〔七一年七月に解散〕。同集団は自助組織であり、病気を生み出す社会の構造を主題とした。資本主義社会の不安や情動的な歪みに対する攻撃的措置は、《病を武器に変えよ》というスローガンに表れている。SPKはRAFと連帯し、犯罪集団と見なされ瓦解したあと、メンバーの一部は非合法活動に入った〔ここからRAFにはクラウス・ユンシュケ、マルグリト・シラーらが移行している〕。

＊35 訳注——「接収する（enteignen）」という動詞は原義的には「所有を奪う」ということになる。このスローガンはとりわけ一九六八年四月一一日、ルーディ・ドゥチケが銃撃され瀕死の重傷を負った際の抗議行動（復活祭騒擾）で叫ばれた。APOとその指導者ドゥチケを口汚く罵る「ビルト」紙などを出しているシュプリンガー・コンツェルンに対して、ドゥチケ暗殺を煽ったことへの怒りが高まり、ベルリン本社前などで搬出阻止行動が行われた。なお二〇〇八年、ベルリンのシュプリンガー社まえの「アクセル・シュプリンガー通り」と交差する街路名は市政府議会での議論の末、「ルーディ・ドゥチケ通り」に改称されている。

＊36 訳注——「ベルギー人住宅地域」はカッセル市内にある七〇戸を超える列状住宅地で、空き家住宅を一九七一年五月から学生たちが大規模に占拠した。同年七月六日に警察が動員されて家屋占拠者は排除された。

＊37 訳注——ゲオルク・フォン・ラオホ（一九四七－七一）はベノ・オーネゾルク殺害を機にベルリン自由大学に移りSDSで活動、一九六八年にボミ・バウマンといわゆる「ヴィーラント・コムーネ」を結成、ここから「彷徨ハシッシュ叛逆者中央委員会」が生まれ、さらに「トゥパマーロス・西ベルリン」として活動を行う。彼の死後この集団は七二年一月には「六月二日運動」を形成する。七一年一二月四日、ベルリン市街で職務質問にあい、警官に射殺される。当時は無抵抗のフォン・ラオホが処刑されたと喧伝され、彼の盟友で七二年三月二日にアウクスブルク市内でやはり警察官に射殺されたトーマス・ヴァイスベッカー（一九四九－七二）とならんで〈権力に虐殺された同志〉の象徴とされた。

を資本の価値増殖条件に順応させようとするのであってその逆ではなく、それももはや《法治国家のあらゆる手段を用いて》といった段階にとうていとどまらない決然たる姿勢でいるのだから。さらになんと言っても彼らは、社民党青年部こそまずもって若い世代の社会民主主義者であるなどと見誤っている。

それでもSPDとCDUの相違はある。労働者階級に対する評価、人民に対する評価が異なっている。SPDは言う、飴と鞭だ、と。CDUにとっては鞭だけのほうが望ましい。SPDは労働者階級を引き回す術に長けており、ヴェーナー[*38]は左翼を出し抜いて追い払う術に長けており、ブラントは運動の最先頭に立ってみせて運動をより巧妙に圧殺する術に長けている〔たとえば一九五八年ベルリンの反核兵器運動〕[*39]――彼らは人民に対してCDUより巧妙に策を弄してみせる。SPDは特赦法案を通過させ、これにより学生たちの裁判に連帯する危険を自覚に封じ、連綿とつづいていた司法への批判を断ち切り、司法・行政に対立する左翼との連帯を拒絶し、そのためもはや立ち上がる者のいないところでは個別に公職から左翼を追い出している。SPDは東方政策によって改良政策の失敗に対する批判を免れている。ベルリン市政府は、ベターニエン病院の占拠とそのゲオルク・フォン・ラオホ館への改称の際[*40]、警察を投入せず、その代わりに建物を市当局が買い取り左翼を窮地に追い込んだ。ハイネマン〔大統領〕はペルシャ訪問に対する抗議を受け、外交的眼病に罹ってみせた[*41]。ブラント〔首相〕が動き回り、外国人組織の禁止がすでに準備されていた。労働組合を通じて労働者に与える影響という点でSPDはCDUよりも自信を抱いている。労働組合は剰余価値を搾り取るのではなく、自由意志の組合費で資本形成する機能をもったからくりであると、CDUは不信感を募らせているからだ。ポッサー[*42]によるマーラー[*43]は《ともに生きている同胞》であるという嘘を信頼する者がまだいる一

方で、ブリギッテ・アスドンク[*44]はポッサーの勢力範囲で虐待をされていた。SPDとCDUの相違を

＊38 ヘルベルト・ヴェーナー〔一九〇六－九〇〕は、一九二七年からKPD党員で、〔ソ連の路線に忠実な〕エルンスト・テールマンの側近だった。三三年以降、非合法KPD機関およびコミンテルンの諜報部に所属。彼は英国諜報部との協力および背信があったとしてKPDから除名され、一九四五年にSPDに入党。SPDではクルト・シューマッハー派に属し、六六年から六九年まで〔大連立内閣の〕全ドイツ問題相、六九年から八三年までSPDの連邦議会党院内総務を務めた。五〇年代以降、SPDの戦略に強い影響を与えた。彼は、〔一九五九年の「ゴーデスベルク綱領」で明確な指針となった〕「国民政党」へのSPDの転向すなわちマルクス主義綱領路線からの離脱を支持し、またアーデナウアのNATO・欧州政策への同意を支持した。

＊39 訳注――一九五五年に連邦軍を創設し軍隊を復活させたアーデナウア政権は、さらに西ドイツの核武装を企てる。これには広範な反対運動が起き、SPDもこれを牽引した。運動の盛り上がりのなか、一九五八年四月SPD西ベルリン地区党大会で核武装をめぐる国民投票が提起されたものの、当時西ベルリン市長だったブラントはこれに一貫して否定的で、結局早期の国民投票実施は僅差で否決される。このことを指しているかと思われる。なお学生だったマインホーフの政治参加は五〇年代後半の核武装反対運動を機にしている。

＊40 訳注――ゲオルク・フォン・ラオホ殺害直後、ベルリンで旧ベターニエン病院看護婦寮が家屋占拠され、「ゲオルク・フォン・ラオホ館」と名づけられた。たびたび警察から介入されつつも自主管理がつづけられる。その後市当局から青少年ホームレスのための施設としてこの名称で認知されている。

＊41 訳注――一九七一年一〇月、建国二五〇〇周年式典への列席のためペルシャ訪問を予定していたハイネマンは眼科手術を理由に欠席した。

ペストとコレラの違いであると定義した同志たちがいる。この両者のあいだで西ドイツ人民は自由な選択をする。

社会の現状維持のため、体制は武装して臨む。現状維持が意味するのは、ヨーロッパでの企業の集中によってアメリカの競争相手に屈しないことであり、税金を投じた基礎研究により利潤率を高く保つことであり、資本輸出を通じて市場を維持し、第三世界への武器供与で解放運動を封じ込め、外国での生産で自国の賃金を低く抑えること、ジーメンス株主総会でカボラバッサ計画[*45]への出資に対する批判を封じ、ペルシャでの死刑の件でシャーへの批判を抑えることだ。現状維持が意味するのは、貧しい人びとをして所有問題を言い立てる者たちから分断させておくこと、労働者階級を分裂させておくこと、労働者階級を財産形成と改革の約束で釣っておくこと、消費財と生産財は等しく、私有財産への攻撃はどれも生産財への攻撃に等しい、との主張を堅持することだ。私有財産に対する攻撃はすべて犯罪であり、資本主義生産様式は自然な出来事であり、それはありうるなかで最良の、考えうるなかで最良の生産様式であり、資本主義批判が資するのは個々人・個別集団の単独主義的で自己本位の利益に対してであり、インフレーションは賃金のせいであり、経営者の利益は公益に資する。別の見解をもつ者は奇矯で孤立し、つまるところ犯罪者だ。これが、階級闘争を軍事化して左翼を犯罪者

＊42　〔ディーター・〕ポッサー〔一九二二－二〇一〇〕（SPD）は一九七二年から七八年までノルトライン＝ヴェストファーレン州の法務大臣〔本編注48で触れているハインリヒ・ベルの文章をポッサーは七二年一月二四日付「シュピーゲル」誌で批判し、さらに同誌の翌号にはベルがその大筋を受け容れつつ再論した文中に、ベルのもつ情緒的感覚、誰に対しても抱く同情心に対して《ポッサー博士とホルス

ト・マーラーは――おそらくこれが二人を結ぶ唯一の点だが――一致して哄笑するだろう》という箇所がある。二月六日付同誌の読者からの投稿欄には一読者からの、この記述を意識してであろう《マーラー氏と私を結びつけるのは、彼と私が人間であるということだ。私は彼の政治的見解と闘い、彼の罰せられるべき行動を強く批判するにもかかわらず、彼の人間としての尊厳を尊重する。国民社会主義とスターリン主義の思考世界では政治的な敵や犯罪者は〈下等人間〉〈害虫〉になったが、民主主義的法治国家にあって彼はともに生きている同胞でありつづける》との意見が載っている。ただしポッサー自身のそのような発言は確認できていない〕。

＊43 ホルスト・マーラーは、APOの弁護士として、RAFの創立メンバーのなかでよく知られた一人である。彼は一九七〇年一〇月に逮捕され、獄中でKPD／ML〔ドイツ共産党マルクス・レーニン主義〕に加わる。〔「六月二日運動」による七五年二月のペーター・ローレンツ〔CDUのベルリン市長候補者〕誘拐に際して、〔釈放要求をされていた一人であった〕マーラーは国外逃走を拒否することによって、武装闘争から身を遠ざけてみせている〔彼以外の「六月二日運動」の五名は解放要求を受け入れ釈放される〕。内務大臣バウムと協働することによって、八〇年に釈放された〔編者注のこの記述は、両者による二日にわたる対談を含む共著『大臣とテロリスト――ゲーアハルト・バウムとホルスト・マーラーの対談』（一九八〇年、未邦訳 *Der Minister und der Terrorist*）を揶揄していると考えられる〕。

＊44 ブリギッテ・アスドンクは、供述の強要と拘留された他の同志との接触阻止のため、冷たい監獄の独房に何ヶ月も完全に隔離されていた〔エッセンの刑務所で九ヶ月にわたる未決拘留のあいだ陽光にあたることも許されなかったという〕。彼女はベルリンのAPOで政治活動を開始し、RAF第一世代の仲間に加わった〔バーダー解放行動の一員でもあった〕。別のメンバー〔マーラー、イングリト・シューベルト、モーニカ・ベルベリヒ、イレーネ・ゲルゲンス〕とともに一九七〇年一〇月八日にベルリンのクネーゼベック通りで逮捕され、懲役一二年の刑に服し八二年に釈放された。

＊45 訳注――「都市ゲリラ構想」注35を参照。

に仕立てることなしには維持できない、所有関係と理念の現状なのだ。

シュプリンガー新聞

階級闘争軍事化にあたりシュプリンガー新聞が果たす役割は、一九六八年の《シュプリンガー社接収》行動ですでに正確に説明されていた。《シュプリンガー新聞が世論を生み出す際の図式ならば単純に言い表すことができる。後期資本主義の強制力から人間を解放しようという試みはどれもが犯罪であるとシュプリンガー新聞は述べる。政治革命を遂行する者には暴力犯罪者の特質が与えられる。政治闘争は個人主義的かつ抽象的テロルとして、帝国主義的妨害作戦は害虫駆除活動として現象する》。《シュプリンガー・コンツェルンは攻撃的反共産主義宣伝活動の前衛をなす。シュプリンガー新聞は労働者階級の敵であり、政治的な意思表示と連帯行動への能力を損壊する。正義を求める読者の願望をシュプリンガー新聞は私刑衝動に、自由な社会への憧憬を、それを打ち立てようという者たちへの憎悪に変える。シュプリンガー新聞は戦争準備へと人心を駆り立てる。敵をでっちあげることを通じて、こう言おうとしている。おまえたちが身動きでもしようものならば、おまえたちが離婚を離婚専門弁護士に、賃上げを賃金交渉に、住居を住宅局に、不正を裁判官に、身の安全を警察に、自分の運命を後期資本主義に委ねないというならば、そのとき起こるのは殺人、拷問、強姦、犯罪であると》〔出典不明〕。

六八年二月のモロトフ・カクテル集会[*46]以降、状況は激化した。「ビルト」紙は、「みなさまのために闘うビルト！」[*47]という欄を設け、不当な高額家賃、外国人への犯罪者扱い、多子家庭に対する賃貸住宅契約解約、早期退職者・年金生活者の抱える絶望、これらとの闘いの最前線での日々の成果を伝える。搾取されている大衆が法治国家の制度に見切りをつけるよりまえに、「ビルト」はこの制度に見切りをつけた。階級国家の制度に対する不満が階級意識として構成されうるよりまえに、「ビルト」は不満の先端に位置してみせる。そこはナチが一九三三年に立っていた場所だ。任命したのはプロレタリアートではなく資本家だった。ベル[*48]が誤解を避けるべくファシスト的であるとして挙げたのは、《煽動、虚偽、汚物》だった。彼はこれによって分析的にも政治的にも核心を衝いていた。それに対する反応は、体制がいかに過敏になっていたか、現状がいかに不安定か、「ビルト」がいかにファシズム的か、シュプリンガー・コンツェルンの雰囲気がいかに神経質であるか、を示した。

革命と反革命の弁証法

われわれが反動派の軍事力増強を望むか否かが問題ではない。問題となるのは、彼らにファシズム

＊46 シュプリンガー新聞の大規模煽動への応答としてベルリン工科大学大講堂でティーチインが開催され〔二月一／二日〕、そこで火炎瓶の製造法を映した映画が上映された〔マインス監督作品「どのように火炎瓶をつくるか」、ただし当時製作者名は示されていなかった〕。この映画にはとりわけホルガー・マインスがかかわっていた。マインスはベルリンのAPO出身で、ドイツ映画テレビアカデミー・ベルリンで学んだ。RAFに加わり、一九七二年六月に逮捕された。七四年のハンガーストライキに対する強制栄養補給施行中、計画的に栄養失調が起こされ医療処置が拒まれた末に殺害された。

＊47 訳注——「ビルト」紙が一九七一年八月一六日に開始して二〇二五年時点でもつづいている、読者が抱えている諸問題をつのりその解決策を模索する欄。

的な軍事力増強を強いる状況を、われわれが革命派を結集させるために利用できるかどうか、反動派の軍事力増強を革命派のそれへと首尾よく転化できるかどうか、《つべこべ言わずに横たわり死ぬのと、立ち上がり抵抗をするのと》（金日成）どちらがよいか、だ。

大多数の人びとは言う、そうはゆかないと。大多数の人びとは言う、大衆は望んでいないと。多くの者たちは言う、いま戦うのはファシズムを誘発することを意味する、と。ベルは言う、《六人対六〇〇〇万人――資本家はすべてを持ち、われわれは何も持たない》[*49]と。彼らの目の前にあるのは単なる現状だけだ。体制の暴力行為のなかに単なる暴力行為しか見ておらず、体制の不安を見ない。彼らは軍事力増強のなかに単なる武力しか見ておらず、自分たちの大衆基盤が崩落しているのを見ない。彼らは「ビルト」による煽動のなかに単なる煽動しか見ておらず、「ビルト」読者の不満を見ない。彼らは自動小銃をもつ官憲のなかに単なる自動小銃をもつ官憲しか見ておらず、ファシストの大衆行進が起きていない事実を見ない。彼らはわれわれに向けられたテロルのなかに単なるテロルしか見ておらず、《芽のうちにむしる》ことが必要なRAFの社会的起爆力に対する不安を見ていない。

彼らはプロレタリアートの政治的無関心のなかに単なる無関心しか見ておらず、自ら進んで関与するに値しない体制に対する抗議を見ない。彼らはプロレタリアートの自殺率が高いことに単なる絶望からの行為しか見ておらず、抗議を見ない。彼らは経済闘争に対するプロレタリアートの不興に単なる闘争への不興しか見ておらず、笑止な賃上げ額とくだらない消費のために戦うことへの拒絶を見ない。彼らはプロレタリアートが労働組合に組織されていないことに単に組織されていない事実しか見ておらず、資本家の共犯者としての労働組合官僚に向けられた不信を見ない。彼らは国民の左翼に対する攻撃性に単なる左翼に対する攻撃性しか見ておらず、社会の特権層への憎悪を見ない。彼らはわれわれの大衆からの孤立に単なる大衆からの孤立しか見ておらず、われわれを大衆から孤立させるべく体制の企てる狂気の沙汰の努力を見ない。彼らは同志たちの長期未決拘留に単なる長期未決拘留しか見ておらず、自由の身のRAF同志にいだく体制の不安を見ない。彼らはDKP教員追放に単なる

＊48　西ドイツの作家ハインリヒ・ベルは、BRDのポストファシズム社会、特にカトリック主義と結ばれた精神的態度を批判し、〔一九七二年一月一〇日付「シュピーゲル」誌上で〕RAFの闘争を「六人〔のRAF〕対六〇〇〇万人〔の西ドイツ全人口〕」の闘争であると理解し、RAFを批判的に分析した〔引用箇所でベルは「ビルト」紙を指して《これはもはや隠然たるファシズム、ファシスト的といったものではなく、むき出しのファシズム、煽動、虚偽、汚物だ》と述べている〕。彼は、一九七七年の「ドイツの秋」におけるピーク時期のBRDの雰囲気を『カタリーナ・ブルームの失われた名誉』にて描いた。〔ここに挙げられている「シュピーゲル」掲載の「ウルリーケが望むのは恩赦か自由通行か?」でベルは「ビルト」紙のRAFに対する煽情的報道を批判したが、その後これによって「テロリズム同調者」の烙印を捺されてジャーナリズムから袋だたき状態となった。その経験を踏まえた小説『カタリーナ・ブルームの失われた名誉』の出版は一九七四年であり、編者注のここの記述は誤り。オムニバス映画『秋のドイツ』中、フォルカー・シュレーンドルフが監督したアンティゴネ・モティーフを用いた箇所のシナリオをベルが担当しており、そのなかでテレビ製作界を舞台として「ドイツの秋」当時の西ドイツを覆った雰囲気の一端が描かれている。これとの混同であろう〕。

＊49　訳注――《資本家は》以下の箇所はベルの発言のなかに確認できない。「シュピーゲル」誌での当該文章で《六人対六〇〇〇万人》という数字が挙げられた箇所は次のようになっている。《この間この戦争は六人対六〇〇〇万人だ。無意味な戦争だ。私の考えでそうだというだけでなく、一般的にそうだというだけでもなく、公表された構想〔RAF「都市ゲリラ構想」を指す〕の意味でも》。

「制度内長征」[*50]の終焉しか見ておらず、圧殺されんとしている子どもや両親を革命化する端緒を見ない。彼らはなにごとにも単なる現在の運動しか見ておらず、未来の運動を見ず、単なる短所しか見ておらず長所を見ていない。要するに革命と反革命の弁証法を見ていないのだ。

ゲリラ戦が容易であるとか、大衆はゲリラに加わることをひたすら待望している、などとわれわれは言わない。また、状況がおのずと転化するなどとは、ことのほか思っていない。大衆闘争からゲリラ戦が自然発生的に生じうるとわれわれは思っておらず、そのような観念を非現実的であると考える。大衆闘争から自然発生的に生ずるゲリラ戦など無差別殺戮であって、ゲリラ戦ではない。ある合法組織の《非合法指導部》としてゲリラが形成されるとわれわれは思わない。指導部が非合法であるなら組織の非合法化に、つまり組織の清算にいたってしまい、それ以外のなにものでもない。ゲリラの概念が政治活動からおのずと成立しうるとわれわれは思わない。ゲリラが階級闘争のなかでもつ可能性と特殊機能は、意識産業によるテロルに直面したときに、そこにゲリラがいるという事実によってはじめて集団的に考えられ、集団的に把握できる、そのようにわれわれは思う。

われわれは次のように述べた。われわれについての成功の報告は、逮捕か死か、それだけだと。これによってわれわれが考えているのは、闘争を行い行動し、士気を阻喪させず簡単にひれ伏さない者たちがまだ存している、そのときにのみ、ゲリラは広まり地歩を固め、階級闘争の発展そのものが構想を貫徹する、ということだ。

われわれは次のように考える。毛〔沢東〕、フィデル〔・カストロ〕、チェ、〔ボー・グエン・〕ザップ、マリゲーラが発展させたゲリラ思想はすぐれた思想であり、もはや一蹴して済ませることなどできない、われわれが格闘しなくてはならない困難をまえに怯むばかりであるなら、その思想を実践のうえで貫徹する困難を過小評価していたし、それはまた、ゲリラがより広く大衆に根づいているところで闘わなくてはならない困難を過小評価していることをも意味すると。われわれは次のように考える。接触不安は、資本の価値増殖条件を確保することが必要なとき、資本家が企んでいる事柄を自ら漏らしてしまうことに対して抱かれていると。その点に関して彼らはこれまでためらうことがなかった。パリ・コミューンで、一九一八年のドイツで、一九三三年に、アルジェリア、ベトナム、コンゴ、キューバ、ラテンアメリカ、モザンビーク、アッティカ、ロスアンジェルス、ケント、アウクスブルク、そしてハンブルク[*51]でもためらうことはなかった。

所有問題をあらゆる運動で中心問題とせよ！

反動派の軍事力強化に抗して革命的ゲリラを情宣せよ！

《いかなる党も武装闘争に向けた準備がないなら、それも党内のあらゆる層でその準備がないなら、革命党とは称しえない。これが、革命過程のあらゆる段階で最大限の効果をもって反動派に対抗する唯一の手段だ。この観点を少しでもないがしろにするならば、革命状況の好機を取り逃がしてしまう》（「トゥパマロス一員への三〇の問い」）。

＊50　訳注――「制度内長征」とは、そもそもはルーディ・ドゥチケが一九六七年に唱えた、APOを学生運動の《おしゃべり》にとどめず、制度を内側から破壊してゆくべく長期的・日常的闘争として継続する《永久革命》を含意したスローガン。運動の後退・解体の過程で多くの元活動家はこれを名目として市民社会の生業に就いていった。ここに六八年世代の変節、体制化を指摘する冷ややかな見方もあるが、緩慢ながら実際に社会を変えてゆく力につながったと積極的に評価する見方も強くある。

4　焦眉の個別問題について

ルーラント裁判

連邦共和国にまだ自由で偏見のない報道機関があるなら、この裁判は大醜聞だったはずだ。ルーラント[*52]は、彼が申し立てるほどには赤軍派の近くにいたわけではない。彼の勤勉さ、自身の記憶ではなく捜査結果の援用、マーラーの弁護人シリー[*53]が本裁判への入廷を許可されなかった事実、連邦検察庁も国選弁護人も争わない判決がくだされるだろうと審理開始当初より確定していた事実（FAZ〔「フランクフルター・アルゲマイネ」紙〕がこのことを報道している）、「フランクフルター・ルントシャウ」紙にとって《やさしい教師が聞き分けのよい生徒と以前からよく知っている作品について論評しているかのよう》に映る公判手続き――いっさいが真実解明や法治国家とはもはやまったく関係していないこと、これらは明々白々だ。必ず真実を述べるとのルーラントの宣誓、彼の供述が有罪を方向づける人びとは真実を語っていないという脅迫、階級司法に協力しない者は自ら罪ありと認めているとの

＊51　アッティカは合衆国にある刑務所。一九七一年、刑務所暴動中に、主として黒人とプエルトリコ人の囚人一五〇〇人が刑務所を占拠し、収監環境の改善を要求した。三日後、州兵軍が刑務所を襲撃し、三三名が殺戮され、三〇〇名以上が負傷した〔資料によって挙げられている人数に異同

がある〕。

ロスアンジェルスは「西ヨーロッパの武装闘争について」注13参照。

ケントでは一九七〇年五月、ケント州立大学の学生が合衆国のカンボジア攻撃に対する抗議デモを行った。州兵軍がデモ隊に発砲し、四名が射殺された。

アウクスブルクでは一九七二年三月二日、トーマス・ヴァイスベッカーが警察によって〔四週間にわたり〕監視された末に射殺され、〔ともに行動していた〕カルメン・ロルが逮捕された。カルメン・ロルはRAFに加わる前、社会主義患者集団（SPK）に属していた。七六年の釈放後、イタリアに向かった。七二年同日ハンブルクで、マンフレート・グラースホーフ〔一九四六―〕が撃たれて重傷を負い〔その際彼に撃たれた警官は三週間後に死亡〕、ヴォルフガング・グルントマン〔一九四八―〕ともども逮捕された。マンフレート・グラースホーフは、ベルリンで逮捕された連邦国防軍脱走兵のひとりだった。彼らの西ドイツへの強制送還〔西ベルリンは一九九〇年まで英米仏の占領地域であり西ドイツに属していなかった〕への反対運動がAPOによって行われた。グルントマンは「ベルリン黒色救援会」〔「赤色救援会」がもっぱら左翼政治犯対応であるのに対して、「六月二日運動」周辺から刑事犯全般の救援組織として結成される〕出身。グラースホーフは〔終身刑を受けて入獄していたが〕八九年、ラインラント＝プファルツ州政府首相によって恩赦を受けて出獄。

＊52 〔カール＝ハインツ・〕ルーラント〔一九三八―〕はRAFの元メンバー〔中古車販売店の機械工としてRAFの用いる乗用車の改造を手伝っていた後、活動に入る〕。一九七〇年末に逮捕され、RAFの囚人に対してBAW〔連邦刑事局〕が思いのままの供述を得られる最初の「共犯証人」だった〔「共犯証人」については「序論」注12を参照〕。裁判後すぐに釈放され〔正確には懲役四年半の刑を受けたが一九七四年に恩赦で出獄〕、それ以来、匿名で過ごしている。

＊53 オットー・シリー〔一九三二―〕は、かつてのRAFの弁護人。一九八三年から緑の党の連邦議会議員、八九年にSPDに鞍替え〔し二〇〇九年まで務めた。一九九八年から二〇〇五年のあいだシュレーダー政権の内務大臣〕。

偏見――これこそが階級司法であり、見せしめ裁判であり、この裁判を――荷の重すぎる機能であるが――連邦共和国および西ベルリンにおける労働者階級の前衛としての左翼に対する資本家の総攻撃にとっての構成要素にしている。

階級矛盾によって両極化が進行している一般大衆に対して、かつての共産主義者裁判でのように、ウーアバッハ[*54]のごときV要員[*55]になるよう勧めることなどもうできない。左派大衆は、ボン治安分隊[*56]のでっち上げた共犯証人に怯えるようお膳立てされ、そして実際そうなる。そのとき完璧に破滅するのはルーラント自身なのだ。彼にはもはやこのかた、友と敵、上と下、革命と反革命、惨めなブタである自分と、その協力を得てブタの皮を剝ぐ者たち、その区別をできずにいる。

都市ゲリラ戦を行うとは、体制の暴力に士気を殺がれないということだ。まさに士気の阻喪を目的とした裁判が開催されているからといって、政治的にも道徳的にもわれわれの正しさを裏書きする裁判によって士気を阻喪させせられる理由などない。歴史的発展のただなかにあって、階級闘争の発展のただなかにあって、都市ゲリラ戦を行うことこそ正しい発展のただなかにあって、ルーラント裁判はきわめて皮相なひとつの事件にすぎない。

裏切りについて

ホーマン[*57]やルーラントが触れまわっている事柄にも真実が含まれているのではないかと信ずる人びとがいる。そうした人びとは、少なくともホーマンの脳髄には藁だけが詰め込まれているわけではないと考える。「シュピーゲル」誌で彼が振る舞ってみせた姿、《政治的教養人》と彼を捉えているのだ。誘惑する側も誘惑される側も同じ語彙のなかで語っている。この特質は階級対立とは関係ない。ある供述が教養人によってなされている、「シュピーゲル」記者の技術に応じることのできる人物によってなされている、このことによって供述が正しくなるわけではない。警察での供述と革命戦略についての正しい情報とは相容れないものであることは、マルクス主義の本質、存在と意識の弁証法の本質だ。マルクス主義を教えられるのはマルクス主義者だけだ、とマルゲリータ・フォン・ブレンターノ*58

＊54 〔ペーター・〕ウーアバッハ〔一九四一-二〇一二〕は一九七〇年まで西ベルリン〔憲法擁護庁〕の秘密工作員だった。武装集団に武器を提供し、シュプリンガー社搬出阻止〔六八年四月一一日〕の際、火炎瓶を配布した。RAF、とりわけホルスト・マーラーに対する最初の訴訟〔七一年〕で証言する〔「序論」注3をも参照〕。

＊55 V要員はVertrauens-Mann〔信任人物〕の略語で、スパイの意。諜報部〔憲法擁護庁〕によって政治活動家たちの周辺から募集される。

＊56 ボン治安部隊〔SG〕は当初〔暫定首都〕ボンの政治家の防備のために設立された秘密情報調整機関。SGはその後、テロリズム撲滅方針のなかで全国的に活動した。一九六九年には一四三ヶ所を活動範囲に置き、七四年にはすでに二九八人の協力者を抱え、七五年には三七五ヶ所に及んだ。

＊57 ペーター・ホーマン〔一九三六-二〇二三〕は「コンクレート」誌で働き、後にウルリーケ・マインホーフとともにベルリンに移る。RAFメンバーでなかったにもかかわらず、アンドレーアス・バーダー解放の関連で公開捜査対象となっていた。〔これを承けて地下潜行したホーマンはRAFの面々とともに一九七〇年六-八月のヨルダンでの武装訓練に参加、そこでRAFとの軋轢が生じ〕RAFは彼の中東亡命を計画した。ホーマンはドイツに戻って間もなく〔実際には七一年一一月、自ら出頭して〕逮捕された。逮捕前に彼はシュピーゲル誌〔と長いインタヴューを行いRAFに関連してさまざまな質問を受けており、そこ〕で、グループは彼を「裏切り者」として処刑しようとしたと話した〔「都市ゲリラ構想」注5をも参照〕。

は「シュピーゲル」編集部にマンデルの言葉を説明したが、シュヴァーン[*59]には判読できない。社会変革の可能性についての見識を、現状に与する者が提供できるわけもない。一方、現状に与すること、階級社会のなかのなじみの場所への帰還を望むこと、条件が変化してしまえば自分の位置がわからず、いつもの環境にしか帰属の場を見いだせずに発展の客体にとどまろうとすること、これが裏切り者の心的状態だ。ルーラントはプロレタリアの犯罪者というかねてからの自分の役回りを心地よく感ずる、手枷をかけられ搾取されていることを。ホーマンにとって心地よいのは、ルンペンプロレタリアの放蕩息子の役回りであり、従前どおりブルジョワジーの売春宿――「シュピーゲル」や「コンクレート」[*60]――で春をひさいでみせるが、この件で興味深い観点を売りに出すことはない。シュトゥルムは寄り道から家族のふところへと帰郷した。ルーラントは犠牲者で、ホーマンは消費者でありつづけ、教育を受けていなければ割を喰い、教育を受けていれば利を喰う――階級差がふたたびつくり出される、合法状態、見せかけの自然状態として。FAZがホーマンについて書いている。《[…]政治の習練を積んではいないものの感受性の強い知性をもったジャーナリストにして造形芸術家》と。ルーラントについてはこうだ。《[…]彼には悪漢でいる気などなく、無邪気な心持ちの愚直な人物なのかもしれない。法廷で監視についた二人の若い保安警察官に向かって彼は、まったく自然で親密な振る舞いをしている》。裏切り者の心的状態は金銭でどうにでもなり保守的だ。保守紙FAZは倅《せがれ》にして下僕に対して好意を寄せる。

非合法活動のもつ誤った魅力をわれわれは過小評価していた。組織のいくつかが活動する際の結束をわれわれは過大評価していた。つまり、相対的特権層の運動である学生運動がもつ意味合いのすべてを考慮に入れてきたわけではないのだが、多くの者たちにとって、それもどれほど多くの者たちに

＊58　マルゲリータ・フォン・ブレンターノ〔一九二二－九五〕はベルリン自由大学教授〔本編注8でも触れられているように、一九七二年一月、ベルリン自由大学は「社会政策」講座にベルギー国籍のエルネスト・マンデルを招聘することを決めたが、大学を管轄するベルリン市政府（SPD）は「憲法の敵は公職に就けない」との州首相令（いわゆる「過激派条令」）解釈を大学にまで拡張し、マンデルがマルクス主義者であることを理由にこれを却下しようとして激しい議論が起こった。その措置を批判して辞職する教員も何名か出ている。「シュピーゲル」誌一九七二年第八号（二月一三日）は「教授は国家に忠実でなければならないか」と題してベルリン自由大学副学長・大学改革問題担当の哲学教授マルゲリータ・フォン・ブレンターノとベルリン市学問・文化担当大臣ヴェルナー・シュタイン（SPD）との対談を掲載、そのなかでシュタインがマルクス主義がマルクス主義の不寛容を俎上に載せている文脈で、フォン・ブレンターノはその発言が「〔大学で〕マルクス主義の学者たちによって教えられている」ことを前提としたものだ、と批判している。その対談中でここで間接引用されているような主張がされているわけではない。ちなみに二月半ばにマンデル招聘拒否が正式決定されたあとフォン・ブレンターノは「信頼に値するかたちで大学改革を担当できない」としてその職を返上している〕。

＊59　アレクサンダー・シュヴァーン〔一九三一－八九〕はベルリン自由大学オットー・ズーア政治学研究所の政治学教授で、反動的な「学問の自由同盟」のメンバー〔一九六八－六九年には当研究所長を務め、大学改革に反対し学生と激しく対立した。シュヴァーンの名がここで挙げられたのは、前注で触れたシュタインとの混同によるかと推測される〕。

＊60　ベアーテ・シュトゥルム〔一九五〇－〕は、〔一九七〇年末にホルガー・マインスらとともに加わり〕RAF第一世代に属した。七一年に逮捕され〔同年初頭にはRAFから離反〕、「シュピーゲル」のインタビューに答えた〔七二年二月六日付「シュピーゲル」誌でRAFの内情を暴露している〕。そこでなされた主張を彼女は後に撤回した。

とって、六七年、六八年の政治化からは、特権を得る新たな可能性以外にもはや何も残っていなかったか、これに充分注意を払っていなかった。マルクス主義を少しばかりかじってみせては見通しを立て、支配の経済的諸条件とその心的媒介について少しばかり賢くなるのは当然たいへん心地よいものであるかもしれず、そのかぎりでブルジョワ的超自我による自己を苛む能率主義の圧迫、疎外された立ち居振る舞いという重荷を降ろさせる。知的資産の在庫品としてのマルクス主義は特権にもとづいて獲得されており、人民に奉仕するために社会に還元されるわけではない。なんらかの行為が非合法であるという理由で好まれるのは、学生運動がその前提からして自由になれなかったブルジョワ的利己心の、同伴者・傭兵的心性の現れだ。都市ゲリラが存立するためは、それに必要なすべてを含めそもそもまずは労苦多く手間のかかるこまごまとした作業によらなくてはならない。手はずを誤ってここに行き着いた者たちにとってこれは実際のところ恐怖の旅とならざるをえない。犯罪を思い描いて近づいてくる者、自身の立場だけの改善を望む者は、いわば必然的に裏切りを通じて自らの立場を改善するだろう。

もしもなんらかの組織でこれこれの期間に活動に加わっていたと言う者がいれば、その人物は政治活動とは何か、結束とは何かをわきまえているものと、われわれは思っていた。さもなければ組織はその人物を放り出しているはずだからだ。それがいままでは、都市ゲリラの前提である政治的結束の概念をわれわれが自ら伝えなくてはならないのを、おいそれと他人を信頼すれば誤りを犯すことになるのを、承知している。

とはいえ、われわれが誤りを回避するだけで裏切り行為を妨げられるかといえば、それはわれわれにとって非常に困難であろうと考える。警察や司法の機能についての誤った把握、**人民に奉仕するこ**

とについての誤った把握、新左翼内部での諸矛盾の誤った処理、これが裏切り行為を助長したと考えるのだ。

裏切り者がまだ同志たちの心を動かすのに成功し、ぶちのめされもしないでいるかぎり、それどころか、獄中生活が一日たりとも長引くのに耐えられなかったゆえに自らのブルジョワ的生活を迅速に再建できるよう他人の生活を破壊し、他の者を何年もぶち込み、警察の処刑部隊に引き渡す、こんなことが理解されているかぎり、資本家の握る武力との協力が政治的意見の相違としてあいかわらず容認され、政治的にはとうに非とされている事柄が私的には許容されているかぎり——そうであるかぎり、裏切り行為は存続するだろう。左翼内部の自由主義を批判することなしに、われわれは裏切り行為を廃絶できない。

裏切り者は革命の隊列から排除されなくてはならない。裏切り者に対する寛容は新たな裏切りを生む。革命の隊列における裏切り者は、彼ら抜きでの警察よりも大きな損害をもたらす。それは一般的に妥当するとわれわれは考える。彼らが裏切りをさらに重ねるのでは、という脅迫に左右されてはならない。彼らが惨めなブタであるという事実に恐喝されてはならない。われわれが資本家の支配を廃絶するまで、資本家は人間を惨めなブタに変えつづける。われわれは資本家の犯罪に責任を負わない。

銀行強盗[*61]について

銀行強盗は政治的ではないと言う者もいる。しかしいつから政治組織の資金問題が政治的問題ではなくなったというのか。ラテンアメリカの都市ゲリラは銀行強盗を《接収行動》と呼ぶ。銀行強盗それ自体が搾取者の体制をいくばくか変える、などとは誰も主張していない。革命組織にとって銀行強盗が意味するのはまずもって資金調達問題の解決でしかない。資金調達問題は別なかたちではまったく解決できないがゆえに、それは兵站的に正しい。それは接収行動であるがゆえに政治的に正しい。それはプロレタリア的行動であるがゆえに戦術的に正しい。それはゲリラの資金調達に資するがゆえに戦略的に正しい。

議会制民主主義に由来する政治概念、競争資本主義の政治概念では、階級対立を諸力の競合としか理解せず、階級国家の諸制度をいまだ法治国家の諸制度と見なし、そこでは進歩と人間性がよく保持されていると捉えている。そんな政治概念では銀行強盗を理解できない。帝国主義本国での反帝国主義闘争は、合法的であると同時に非合法的であり、政治闘争であると同時に武装闘争であり、これを組織するためには銀行強盗を放棄するわけにゆかない。銀行強盗の告げる方向性が意味するのは接収であり、人民の敵に対して人民独裁が樹立されうるための方法は、武装のみである。

兵站と持続性について

トゥパマロスの行動に感銘を受けている同志ならば多数いる。彼らは、なぜわれわれが俗受けする行動を起こす代わりに兵站に勤しんでいるのかを理解しない。都市ゲリラとはどういうことであり、いかに機能するのか、想像する努力を惜しんでいるのだ。

ルーラントは職人で盗賊団の金庫破り役だったという、彼を審理したデュッセルドルフの裁判官の意見を同志たちが受け売りするとき、おそらくそこにはすでに悪意がある。抽象的には、彼らはすでに資本主義的分業の問題に見舞われており、実際的には、彼らはプロレタリア階級の同志をあいもかわらずオーバーシュレージエン[*62]の牧歌のなかの万能職人として思い描いている。技術手段は集団的な労働・学習過程のなかでしか身につけられず、都市ゲリラは分業の廃棄に向かわなくてはならない、そうすれば個々人が逮捕されても全体の破滅とならないからだ——そこまで同志たちの想像力はおよばない。

あらかじめ兵站問題が部分的にでも解決されず、兵站問題を解決するなかで相互が知り合うこともなく、集団的学習過程で集団的労働過程が着手されていなければ、行動の開始は技術的にも精神的にも政治的にも、偶然に委ねられてしまう。

兵站問題の解決には、革命組織の連続性維持が含まれる。赤軍派の連続性を維持するという戦術的課題をわれわれは重要視する。利潤の連続性を維持するための資本家の関心は——生産領域でも、住居、交通、意見形成、教育の領域でも——、分断し、遮断し、連帯を阻み、孤立させ、歴史的連関を否認する点にある。プロレタリア革命の関心は、すべてにおいてこの逆になる。統一、連続性、歴史意識と階級意識だ。組織の持続がなければ、革命過程の成果を持続して組織的に維持しなければ、革命過程は体制の無秩序に、偶然に、歴史を欠いた自然発生性に委ねられてしまう。組織の連続という問題をないがしろにすることをわれわれは、日和見主義の一現象形態であると考える。

＊61 訳注——この文章時点までにRAFは、一九七〇年九月二九日ベルリンで三ヶ所同時（そのうち一件はトゥパマーロス・西ベルリンによる）、七一年一月一五日カッセルで二ヶ所同時、同年一二月二二日カイザースラウテルン（この際に警官ヘルベルト・ショーナーを射殺）などの銀行襲撃を実行、奪取総額は一〇〇万マルク近くになると言われている。

＊62 訳注——旧ドイツ領でその大部分は現在ポーランド領。古くからの工業地帯も抱えている。

革命過程は資本主義的商品生産と交換の法則を対象としているのであって、その法則の対象ではない、まさにそれゆえに一革命過程である。革命過程はこの市場の基準で測ることはできない。それは、この市場の成果基準を無効にする基準によってのみ測りうる。

連帯は市場の基準に由来していないことで、その基準を無効にする。連帯とは政治的であるのだが、それはまずもって政治犯と連帯しているからではなく、価値法則という刑吏のもとでのみ、交換価値の観点のもとでのみ行動することを拒絶しているからなのだ。連帯とはその本質からして支配を免れた行動であり、そうした行動として人間相互の関係への支配階級の影響に対する抵抗であり、支配階級に対する抵抗としてつねに正しい。体制の考え方からすれば、体制の成果基準に即していない行動をとる人びとは脱落者であり、愚か者であり、役立たずだ。革命の考え方からすれば、連帯的態度をとる者ならば誰であろうとも同志である。

もしも連帯が組織化され、裁判所、警察、役所、上司、スパイ、裏切り者に対して断固として用いられるなら、それは武器になる。もしも奴らへのいかなる協力も拒絶し、奴らの労を軽減させることなく、いかなる証拠も容易に与えず、どんな情報も進呈せず、奴らの消耗が減ずることなどないならば。連帯に必要であるのは、左翼内部の自由主義と戦い、左翼内部の矛盾を人民内部の矛盾として扱い、階級矛盾であるかのように扱わないことだ。

政治活動はつねに連帯を頼りとする。連帯がない政治活動は抑圧に無防備にさらされる。

《われわれは可能なかぎり不必要な犠牲を避けなくてはならない。革命の戦列にいるすべての人間が気遣いあわなくてはならず、愛情深く互いに振る舞い、助けあわなくてはならない》〔毛沢東「人民に奉仕する」〕。

人民に奉仕せよ！
所有問題をあらゆるところで中心問題に据えよ！
武装闘争を支持せよ！
革命ゲリラを建設せよ！
人民戦争勝利！

《武装闘争は技術案件であり、したがって専門的養成、闘争倫理、そして実践という点で技術的知識を必要とする。この領域では、準備なしの即興は多くの人命を犠牲にし、失敗に終わる。
人民による、〈大衆による〉革命を漫然と口にする者が鼻にかける〈自然発生性〉とは、単なる逃げ口上であるか、そうでなければ階級闘争の決定的な段階で即興にすがろうということか、そのいずれかだ。前衛運動たるもの、闘争の決定的瞬間にあって自身に忠実であろうとするならば、できるだけ少ない損失で目標を達成するよう介入し、弾圧に抗する人民の暴力を技術的に正道に向ける手はずを心得ていなくてはならない》〔「トゥパマロス一員への三〇の問い」〕。

すべての権力を人民に！

〔五月攻勢〕[*1]

フランクフルト・アム・マイン
米陸軍指令部への攻撃[*2]

一九七二年五月一四日付声明

一九七二年五月一一日木曜日——北ベトナムに対するアメリカ帝国主義者の機雷封鎖が開始された日——、ペートラ・シェルム部隊は、西ドイツおよび西ベルリンに駐留するアメリカ軍の陸軍第五軍団フランクフルト司令部で、TNT〔トリニトロトルエン〕火薬八〇キログラムの爆発力をもつ三発の爆弾を炸裂させた。ベトナム絶滅戦略を企てる者たちにとって、西ドイツおよび西ベルリンはこれ以上安全な後方地域であってはならない。彼らは知るべきだ、ベトナム人民に対する犯罪が新たに彼らの手強い敵をつくったことを、革命的ゲリラ部隊の攻撃から彼らが安全でいられる場所はもう世界のどこにもないことを。

北ベトナムに対する機雷封鎖の即時撤去をわれわれは要求する。

北ベトナム爆撃の即時停止をわれわれは要求する。

インドシナから全アメリカ軍の撤収をわれわれは要求する。

ベトコンの勝利万歳！

革命ゲリラを建設せよ！

決然と闘い決然と勝利せよ！　二つ、三つ、さらに多くのベトナムを！

ペートラ・シェルム部隊

アウクスブルクおよびミュンヒェンにおける攻撃[*3]

一九七二年五月一六日付声明

一九七二年五月一二日金曜日、トーマス・ヴァイスベッカー部隊はアウクスブルクの警察署とミュンヒェンの州刑事局で三発の爆弾を炸裂させた。

トーマス・ヴァイスベッカーは三月二日アウクスブルクで、ミュンヒェン刑事警察とアウクスブルク警察からなる処刑部隊が長期にわたり準備した奇襲行動の過程で、なんらの応酬もできないまま殺害された。警察はトーマス・ヴァイスベッカーを意図的に逮捕せずに射殺した。

捜査当局はいまや、われわれからの反撃への覚悟なしにはわれわれの誰をも粛清できないと承知しなくてはならない。保安警察、機動隊、刑事警察、連邦国境警備隊、そしてそれらへの行政・政治上の委任者は、この国の社会問題を――警察の軍備強化に

＊1　訳注――一九七二年五月一一日、フランクフルト米陸軍指令部、一二日、アウクスブルクの警察署とミュンヒェンの州刑事局、一五日、連邦裁判所判事ブッデンベルク、一九日、ハンブルクのシュプリンガー社屋、二四日、ハイデルベルクの米陸軍欧州司令部に対して、六件の爆弾攻撃が行われ、計四名が死亡、数十名の負傷者が出た。これらは総じて「五月攻勢」と呼ばれた。この六件に対して一九七七年三月二八日にシュトゥットガルト上級地方裁判所で、バーダー、エンスリーン、ラスペには終身刑がくだされた。訴追されていたマインホーフとマインスはすでにこの時点で死亡している。

＊2　訳注――この攻撃によって米軍兵士一名が死亡、一三名が負傷した。ハンス・ペルツィヒ設計により一九二〇年代末に建てられたIGファルベン・コンツェルンの本社ビルには戦後、アメリカ陸軍指令部、アメリカ欧州軍指令部、CIA本部などが駐留していた。米軍撤退後、二〇〇一年よりこの建物はフランクフルト大学キャンパスとして使われている。

＊3　訳注――この攻撃によりアウクスブルクでは七名が負傷、ミュンヒェンでは一〇名が負傷したほか、大規模な物損があった。

よって、階級闘争の軍事化によって、陰湿で容赦ない銃器使用によって――ファシズム的に《解決する》という自分たちの努力が抵抗に遭うのを承知しなくてはならない。このことは、ミュンヒェンの銀行強盗時[*4]の、ケルンの銀行強盗時[*5]の、テュービンゲンの教師エプレ[*6]に対しての、外国人労働者に対しての、警察の投入にも当てはまる。

われわれの用いる戦術と手段は、ゲリラ闘争の戦術と手段である。内務大臣と連邦検察庁が、その執行部隊によって状況を支配できると考えているなら、彼らは判断を間違っている。ゲリラが――人民の利益のために闘っているがゆえ――軍事行動によって抹殺されることはなく、行動の自由を一時的に失おうとも即座に取り戻すことができる、これはゲリラの本質だ。捜査当局の粗暴な専断、ファシストの《短兵急な措置》に対してわれわれは、革命的ゲリラの漸進的建設を、ファシズムからの、人民に対する資本主義的搾取・弾圧からの解放闘争の長く困難な措置を突きつける。

警察の処刑部隊と闘え！

警察のSS的実践と闘え！

人民を搾取するあらゆる人民の敵と闘え！

トーマス・ヴァイスベッカー部隊

カールスルーエにおけるBGH〔連邦裁判所〕判事ブッデンベルクへの攻撃[*7]

一九七二年五月二〇日付声明

一九七二年五月一六日〔正しくは一五日〕月曜日、《マンフレート・グラースホーフ部隊》は、カールスルーエ連邦裁判所判事ブッデンベルクに対して爆弾攻撃を敢行した。ブッデンベルクは連邦裁判所で刑法第一二九条〔犯罪結社の形成〕を理由に係争中の政治訴訟における逮捕・捜査担当判事である。

ブタ野郎ブッデンベルクは、移送ならびに獄中感染の危険性が依然として致命的である時点で、グラースホーフを病院から独房に移監した。[*8] 官憲にはなし遂げられなかったグラースホーフ謀殺の企てを、ブッテンベルクは無抵抗の彼にくり返した。

ブタ野郎ブッデンベルクは、カルメン・ロル[*9]に供述させんと麻酔をかけたことに責任がある。麻酔投与によって予測できる成り行きは、これが謀殺の企てであったのを立証していた。

ブタ野郎ブッデンベルクは、現行法・条約など歯牙にもかけない。精神的に徹底的に追いつめるため、囚人を厳重に孤立させるのだ。独房、一人きりでの中庭運動、同房囚人との会話禁止、絶えざる移監、拘禁罰、監視房、書簡検閲、書簡・書籍・雑誌の差し押さえ——囚人を精神的に徹底的に追いつめる措置にはさらに、夜間の輝度を極端に高めた独房照明、

＊4 訳注——一九七一年八月四日にミュンヒェンで起きた政治的背景をもたない銀行強盗の際の過剰な騒ぎを指していると思われる。「ミュンヒェンでの《黒い九月》の行動」注38を参照。

＊5 訳注——一九七一年一二月二七日にケルンのドーム近くにあるドイツ銀行支店で起きた人質をとった銀行強盗を指していると思われる。

＊6 訳注——一九七一年三月一日、テュービンゲンで無免許運転をしており警察の検問を突破しようとした、政治活動とは無関係である一七歳の職業訓練生（「教師」は誤り）リヒャルト・エプレを警察は機関銃をも用いて銃撃、エプレは即死した。

＊7 訳注——ヴォルフガング・ブッデンベルク（一九一一－一九八）は元ナチ党員でナチ政権下でも判事を務めた。一九六二年の「シュピーゲル事件」（批判的ジャーナリズム弾圧事件）の際の逮捕・捜査令状責任者。ちなみにこのとき指揮をとった検事が、後に検事総長としてRAFに殺害されるジークフリート・ブーバク（一九二〇－七七）。ブーバクも元ナチ党員。ブッデンベルクはRAFに対する多数の逮捕・捜査令状を発行している。本声明の際の攻撃では、その朝たまたま彼が乗り合わせなかった乗用車に仕掛けられた爆弾により彼の妻が重症を負った。

＊8 訳注——一九七二年三月二日、ハンブルクの隠れ家を襲った警察とグラースホーフのあいだで銃撃戦が行われ、そのときの負傷により警官ハンス・エクハルトは二〇日後に死亡する。グラースホーフも重症を負ったものの、ブッデンベルクの指示により拘留者用病院から未決拘置所に移送され、負傷者の衛生管理上問題ありとされた。

＊9 訳注——カルメン・ロル（一九四七－）は七一年から「社会主義患者集団（SPK）」で活動、その後RAFに合流、七二年三月二日に逮捕され、逮捕時に麻酔をかけられ指紋採取された。犯罪実行への関与は証明されなかったが、二つの犯罪結社（SPKとRAF）所属で懲役四年を課される。七六年に釈放後はイタリアで看護師・社会福祉士として「精神医療解体」運動などにかかわる。

頻繁に起床させたうえでの房内検査、足枷をつけての中庭運動、身体的虐待などがある。これらは鬱憤を溜めた卑小な看守による嫌がらせではなく、囚人に供述を強要するためのブッデンベルクの指示なのだ。これはすでに制度化されている司法内ファシズムだ。これは拷問の始まりだ。

政治犯への未決拘留が実施されるにあたっては、未決拘留執行規定、ジュネーヴ人権条約、国連憲章がただちに適用されるよう、われわれは要求する。囚人の生命と健康をこれ以上計画的に侵害し破壊しないよう、われわれは司法に要求する。

政治犯に対する法律違反を判事、検事が停止しないかぎり、われわれは彼らに対する爆弾攻撃をいつでも実行する。われわれが要求しているのは、この司法になしえぬ事柄ではない。彼らをそのように強いる他の手段をわれわれは持たない。

政治犯に自由を！
階級司法に対する闘争勝利！
対ファシズム闘争勝利！
マンフレート・グラースホーフ部隊

ハンブルク・シュプリンガー社屋への爆弾攻撃[*10]

一九七二年五月二〇日付声明

昨日、五月一九日金曜日一五時五五分、ハンブルクのシュプリンガー社屋で二発の爆弾が炸裂した。しかるべく時刻に強く警告を発したにもかかわらず建物からの退去がなされなかったため、一七人が負傷した。一五時二九分、爆発物を設置したので一五分以内に建物から退去するよう勧告する最初の警告が、電話番号三四七一番に伝達された。応答は、馬鹿げたことはおやめください、だった。電話は切られた。一五時三一分、二回目の通話で、即座に退去しないかぎり恐ろしいことが起こる旨、伝えられた。しかしこうした電話を無視するようにという指示を電話交換手は受けていた模様である。三回目の電話は一五時三六分、官憲にかけられた。いい加減、退去するよう計られたし、と。警告を受けていたという事実をシュプリンガー・コンツェルンは秘匿できないため、一回だけ電話はあったがそれは遅すぎた、と情報を歪めてみせる。シュプリンガー出版がまたしても虚偽を述べていることを、二人の電話交換手と官憲は証明できる。
シュプリンガー社は偽の警告で数時間の労働時間つまり利益を失う危険率よりも、自社の労働者・従業員が爆弾で負傷する危険率を選んだ。資本家にとっては利益がいっさいであり、利益を生み出す人間のほうには何の値打ちも見ていない。——労働者・従業員が負傷したことをわれわれは遺憾に思う。
われわれはシュプリンガー社に以下のことを要求する。同社の諸新聞は新左翼に対する、ストライキなどの労働者階級の連帯行動に対する、この国および他国の共産主義諸政党に対する、反共産主義煽動を中止せよ。シュプリンガー・コンツェルンは第三世界の解放運動に対する、とりわけパレスチナ解放のために戦っているアラブ人民に対する誹謗を中止せよ。シュプリンガー・コンツェルンはイスラエル支配階級の帝国主義的政策であるシオニズムへの政治宣伝上および物質上の支援を中止せよ。シュプリンガーの新聞・雑誌はこの国の外国人労働者についての人種差別的虚偽報道拡散を停止せよ。
シュプリンガーの新聞・雑誌が本声明を掲載するようわれわれは要求する。
われわれの要求は不可能事ではない。われわれの要求がかなえられたときにはじめて、人民の敵に対する行動をわれわれは中止する。

シュプリンガー社を接収せよ！

人民の敵を接収せよ！

六月二日部隊

ハイデルベルク・アメリカ陸軍欧州司令部への爆弾攻撃[*11]

一九七二年五月二五日付声明

《あらゆる種類の化物が絶滅されるだろう！》（毛沢東）

*10 この爆弾攻撃によるシュプリンガー社側負傷者は、RAFの申し立てでは一七名だが、資料によっては三八名としており揺れがある。

*11 訳注——この攻撃により米兵の三名が死亡、五名が負傷した。

ハイデルベルクの在欧州米陸軍司令部にて、昨晩一九七二年五月二四日水曜日、爆発力TNT火薬二〇〇キログラム分の爆弾二発が炸裂した。この攻撃が実行されたのは、水曜日にワシントンで米国防総省次官補ダニエル・ジェームズ将軍が《米空軍の爆撃にあたり将来は一七度線南北のいかなる標的も除外されない》と表明したあとである。月曜日にハノイ外務省は、北ベトナムの人口密集地域を爆撃した合衆国をふたたび非難していた。米空軍はこの七週間で、第二次世界大戦中にドイツと日本へ投下した合計よりも多くの爆弾をベトナムに投下した。北ベトナムの攻勢を阻止せんと、米国防総省はさらに何百万もの爆弾を投入しようとしているという。これは集団虐殺《ジェノサイド》、民族殺戮であり、これは《最終解決》とも言え、これはアウシュヴィッツである。

　連邦共和国の人びとは、爆弾犯捜査に際して治安部隊を支持しない。なぜなら彼らはアメリカ帝国主義の犯罪とこの国の支配階級によるその是認に関与したくないからだ。なぜなら彼らはアウシュヴィッツ、ドレースデン、ハンブルク[12]を忘れていないからであり、なぜなら彼らは、ベトナムの大量殺人者に対する爆弾攻撃が正当であると知っているからだ。なぜなら彼らは、帝国主義の犯罪に対するデモンストレーションや言葉は何の役にも立たないのを経験したからだ。

われわれはベトナム爆撃の中止を要求する！
われわれは北ベトナムに対する機雷封鎖の撤去を要求する！
われわれはインドシナからの米軍撤退を要求する！

七月一五日部隊[13]

フランクフルト赤色救援会ティーチインの録音テープ記録[14]

一九七二年五月三一日付声明

　同志たち、諸君のなかには、赤軍派をまともに取り合う必要がないといまだに信じている者がいる。

　諸君のなかには、本国における武装闘争の問題ならいずれ官憲が片づけるだろうといまでも信じている者がいる。諸君のなかには、RAFは逃亡中である、分裂した、〔組織内に〕階級構造をもっている、孤立している、といった新聞記事内容を、いまだに信じている者がいる。そうした者たちは見通しがつかずにいるのだ。
　ハンブルクのKB〔共産主義者同盟〕[*15]は、シュプリンガー・コンツェルンへの攻撃は極右勢力の仕業だと信じている。KBはわれわれと正面から向かい合うのを厭い、官憲に我が身の潔白を誓う。またフランクフルトのKSV〔共産主義学生同盟〕[*16]は、「〔フランクフルター・〕ルントシャウ」紙と声を合わせ、最近の爆弾攻撃は西ドイツおよびベルリンの階級闘争とは無関係であると主張する。同志たちは、この先の展望をもはやもてずにいる。
　彼らは実はよく承知している。ゲンシャー〔内務大臣〕が警察を武装強化させているのは見かけのう

---

*12 訳注――ドレースデン、ハンブルクは第二次世界大戦末期に連合軍により大規模爆撃を受けて壊滅状態となった。ここではアウシュヴィッツというドイツにとっては加害の象徴と、空襲されたドイツ都市という被害の象徴が特段意識されず、帝国主義の所業として同列に置かれている。

*13 訳注――七月一五日は一九七一年、警察の大捜査の過程でペートラ・シェルムが射殺された日。

*14 訳注――一九六〇年代終盤より諸小グループによる活動が過激化に進み逮捕者も多く出るなかで、各地域に多数の「赤色救援会」を名乗る組織が組織された。これは「フランクフルト赤色救援会」の主催による。フランクフルト赤色救援会はRAFによる五月一一日の当地での米陸軍指令部への攻撃を支持するビラを配っていたため、当会主催のティーチインに対してフランクフルト大学学長は大学施設使用を禁止していた。それでも決行された集会にあって、ウルリーケ・マインホーフによる録音が披露されたものの、このアピールは会場からのブーイングで迎えられ、臨席していたダニエル・コーン＝ベンディットは《大衆だけが革命をできる》と叫んだという。この直後、六月一日にバーダー、マインス、ラスペ、六月七日にエンスリーン、六月一五日にマインホーフらが逮捕されるため、この文章がRAF「第一世代」の獄外からの最後の意見表明となる。ティーチインでは出席した政治組織の多くからRAF「五月攻勢」の爆弾闘争に対する批判がされた。

*15 共産主義者同盟は毛沢東主義の組織で、他のKグループとは対照的に党を結成せず、徴兵集団として議会外運動の闘争へと向かった。九〇年代初頭に同盟が分裂し最終的に解散するまで、KBはハンブルクで新聞「労働闘争」を発行していた。

えだけではないこと、ペートラ、ゲオルク、トーマスの虐殺は体制の失策などではなかったこと、昨年のストライキの際にピケ要員が刑事警察によってさんざん殴打されたこと、非常事態法は慰みのために可決されたわけではないこと、外国人組織の禁止は陽動作戦ではないこと、そして牢獄に繋がれた六〇人以上の政治犯が虐待されていること——これらすべてを彼らはよく承知している、それにもかかわらず抵抗をするには時期尚早であると考える者がいまだにいる。

彼らはペルシャやトルコでの死刑を嘆く、パレスチナでの抵抗が成功するよう望み、ギリシャやスペインでの恐怖政治を嘆き、現体制がこれらファシスト政権と共犯関係にあるのを嘆く——それでも自ら介入し、自ら行動することに恐怖を抱いている。彼らは自分が砲火を浴びることに恐怖を抱いているらしく、大衆の背後に身を隠し、自分自身の問題を媒介の問題であるように描く。

われわれはこれらの同志と考えを異にする。われわれは以下のように考える。工場でのベルトコンベアや出来高払いに駆り立てられた作業は極度に達しており、労働者の健康はコンツェルンの利益に化してしまって回復しようがないことにもはやほとんど誰も幻想をもっていない、と。大衆は連邦共和国の路上で骨身を削って消耗し尽くしているが、それは経営者の利益のためであるのを彼らはすでに承知している、と。工場労働者は、自分が誰のために働いているのか——自身のためではおよそないことをすでに承知している、と。ベトナム戦争がアメリカ帝国主義の犯罪であるのを彼らはすでに承知している、「ビルト」紙は日々徹底した虚偽により騙しているのを彼らはすでに承知している、連邦兵役義務の違法逃避者たちは、生きていこうとするならば生に必要なものを自ら手に入れなくてはならないのをすでに承知している、分割払いの消費などでは豊かにならず破滅の一途であるのを人びとはすでに承知している、と。

われわれは考える、同志たちは自分たちの主体的問題を客観的な媒介の問題であるかのように描いている、と。自分たちが処理できないことを大衆に押しつけている、と。大衆および大衆が抱える問題に自らを重ね合わせる能力、特権を与えられた階級状態をものともせず大衆と連帯する能力、これを欠いているのを彼らは客観的問題と称するばかりで、自身の認識による結論からまたしても逃げ回っている、と。

たとえば最近フランクフルトで一部同志が語っていたように、われわれの一人がまたもや殺害されてはじめてふたたび路上にくり出すほうが望ましく、そうなれば自然発生的かつ容易に媒介されることになる、というのであるなら、これが意味するのは、彼らにとって媒介の問題とはシュプリンガー記者たちにとって「ビルト」の大見出しがそうであるように、売れ行きと競争の問題であるとわかる。政治的内容は商品であり、大衆は市場であると。そこで彼らは帝国主義の犯罪を嘆いてみせる姿勢をもってはいるが、棍棒や爆弾を帝国主義者に投げつけて犯罪を妨ごうとはしない。そこで彼らにとってベルトコンベアの流れはあいかわらず早すぎず、予定納期はさらに短縮されなくてはならなくなる。彼らは、戦う相手と称した対象を消費している。

武装闘争・武装抵抗の問題を依然として先延ばしする理由はない。操業短縮による賃下げ、解雇、ストライキ、二〇〇〇万人の外国人労働者、「みなさまのために闘うビルト！」[*17]、「シュテルン」誌の「今週の収穫」[*18]、市民運動、家屋占拠——体制が体面を保てる領域はほとんどひとつとしてないが、人びとの期待はいまだ体制内での進歩という尾を引きずっている。

体制は、利潤欲から都市を荒廃させ、教師たちに

---

*16 共産主義学生同盟は、KPD〔正確には「ドイツ共産党（建設組織）（KPD／AO）」〕の青年組織で、毛沢東主義のKグループ〔であり、一九七一年から八〇年まで存続。初期は元「革命細胞」メンバーが主導権を握っていた。ソ連・東独と緊密な関係にあったDKP（ドイツ共産党）とは別組織、「ミュンヒェンでの《黒い九月》の行動」注31を参照〕。ティーチインには寄稿で参加したが、そこで彼らは以下のように述べた、《われわれはRAFとその裏切者たちとの長談義を左翼の戦略的議論の充実化とみなす者には属していない。われわれが主題化したいのは、学生運動、アナーキズム、自然発生主義のあいだの関係、テロリズムと改良主義の関係についてだ》。

*17 訳注——「人民に奉仕する」注47参照。

*18 訳注——「シュテルン」誌にあったコラム欄。

口輪をはめ解雇をし、情報伝達メディアから進歩的・批判的ジャーナリストすらをも一掃し、ピケ要員に向けて機動隊を配置し、将来のストライキ非合法化を招く連邦労働裁判所判決をすでにいまから果たし、報道・言論の自由の名残を連邦刑事局に引き渡そうとしている。かくのごとき体制が合法左翼による武装闘争宣言を待つわけもない、奴らにはいまが闘いの最中であり、いまが攻撃を仕掛けている最中なのだ、だから諸君が阻止するのはいまであり、抵抗を始めるのはいまなのだ――でなければいつだというのか?

同志よ、大衆の背後に身を隠すのをやめよ! 抵抗の問いを大衆に押しつけるのをやめよ! 体制の無際限の暴力行為に対して自分の抱いている恐怖を媒介の問題として合理化するのをやめよ! 途方に暮れているのを博識と、なす術のないのを大いなる展望と言いつくろうのをやめよ!

自ら生み出している矛盾を体制はもはや内部で消化できず、改革の約束で大衆をつなぎとめることはもはやできない。これに応じて、さらにわれわれが正しく行動し諸君が正しい情宣を行うなら、それに応じて、ゲリラは大衆に根を下ろし拡がってゆくだろうし、ゲリラは革命過程と革命意識を促進させるだろう。行動が正当であるという意識を――そしてそれは可能だ!

われわれが革命的ゲリラを建設することで手にする道具は、体制の抑圧に売り渡されることのない、体制の寛容によらずして自由に行動し、憲法擁護庁の寛容によらずして自由に行動しうるものだ。五月一八日のフランクフルトでのようにミュラーとの裏取引のうえで飼い慣らされたデモを[*19]、諸君はいつまでもやっていられるのだろう。そしてKSVのように、近年で最強にしてもっとも足並みの揃ったデモであると寿ぐことだろう。官憲どもの護衛のもと、放水車と警棒に挟まれて、諸君はこれからも長く成功を寿げるのだろう。だがその代償は、火曜日デモからの離反であり、ハウプトヴァッヘに忽然と現れた同志たちを売り渡すことだ、その代償は、諸君が路上に出たときの目的を裏切ることだ。

ベトナムの絶滅戦略に抗するわれわれの行動を、今日ではすでに誰もが理解している。RAFの囚われた同志と自由の身の同志たちの生命と健康を防衛するわれわれの行動を、すでに誰もが理解できる。爆弾攻撃についてのわれわれの声明を新聞は現在いっさい公表せず、ファシストによる偽造声明を公表していること、アメリカ帝国主義に向けた行動を新聞は軽んじて扱い、シュトゥットガルト住民に対してなされているごときファシスト的挑発を持ち上げてみせていること、これらはこの先の成り行きを示しており、これらは彼らが何を恐れているのかを示している。彼らが前線をこれ以上覆い隠そうとするなら、まさに進行中の事態を大衆に隠さなくてはならないのだ。

決然と闘い決然と勝利せよ！　帝国主義の兵力を粉砕せよ！　革命を遂行することがひとりひとりの革命家の義務だ！　われわれは連邦共和国内のあらゆる戦闘的諸君に、アメリカ帝国主義に向けた政治闘争ではあらゆるアメリカの施設を攻撃目標とするよう要求する！

RAF万歳！

＊19　〔クヌート・〕ミュラーは〔一九七〇年から八〇年のあいだ〕フランクフルト市警視総監〔この日フランクフルトで三〇〇〇人がベトナム反戦デモに参加した〕。

ミュンヒェンでの《黒い九月》の行動*1
反帝国主義闘争の戦略について

一九七二年一一月

［…］プロレタリア革命は［…］自己自身をつねに批判し、その進展のなかで絶えず中断し、成就したかに思われたことに立ち戻りあらたにやり直し、最初の試みの不完全さ、弱点、不充分さを冷酷かつ徹底的に嘲る。敵を打ち負かしているかに見えても敵は大地から新たな活力を吸い取り、巨大な姿でまたしても革命に立ちはだかることになる。自らの目的がはっきりとしない途轍もないものであることに革命はくり返し怯みはするが、しまいにはいかなる反転も不可能な状況がつくられ、情勢そのものが叫ぶ、ここがロドスだ、ここで跳べ！　と。

カール・マルクス［『ルイ・ボナパルトのブリュメール一八日』］

《奴らが拾いあげた石は、奴ら自身の足のうえに落ちるだろう》。

ミュンヒェンでの《黒い九月》の行動は、これまで西ドイツおよび西ベルリンでの革命行動が実行してこなかったやり方で、帝国主義支配と反帝国主義闘争の本質を人びとに見抜かせ認識させた。これは反帝国主義行動であると同時に反ファシズム、国際主義的行動だった。この行動は、つねに人民のみがもっている、歴史的・政治的連関に対する感受性を証明した――利潤を最後の一滴まで搾り取られ、体制との共犯関係を免れているため、搾取者のつけた仮面を信ずるいわれもなければ、搾取者の歴史を美化したり、彼らの見解に重きを置くいわれもない、人民のみが。――この行動は、パレスチナ人民と結束してのみ革命家が持ちうる勇気と力を、前衛であるという歴史的使命を明確に自覚した階級意識を証明した――それはつまり、階級支配の歴史上最後の体制としてこれまでに存したなかでもっとも残忍であると同時にもっとも狡猾である支配体制に対して闘うのだ、という意識に規定された人間性だ。ニクソンにブラント、モーシェ・ダヤンやゲンシャー、ゴルダ・メイアやマクガヴァン[*2]と、いかなる仮面をつけて最上の振る舞いをしてみせようと――その本質と傾向からして徹頭徹尾ファッショ的である帝国主義に対して闘うのだ、と。

*1 訳注――ミュンヒェン・オリンピック開催中の一九七二年九月五日早朝、「黒い九月」は選手村のイスラエル選手団を襲い、二人を殺害、九人を人質にとり、二〇〇人あまりのパレスチナ人、バーダー、マインホーフ、岡本公三らの釈放を求める。イスラエル政府はこの要求をいっさい拒否、交渉は膠着する。同日夜、西ドイツ側は要求受諾を装い、人質とゲリラはフュルステンフェルトブルック空軍基地へとヘリコプターで移動、狙撃を試みた西ドイツ警察の不手際も手伝い、結果として人質は全員死亡、八人のゲリラのうち五人も死亡。逮捕された三名は後にハイジャックによって解放された。この件に寄せた本文書は、六月一五日に逮捕されたマインホーフによって獄中で執筆された。幹部がほとんど逮捕されてはじめてのRAF公式文書となる。

西ドイツ左翼がまだシュプリンガーの新聞雑誌や日和見主義の手に全面的に陥っていないなら、アウシュヴィッツ、ベトナム、そしてこの国での体制による大衆鈍麻化に対して彼らがまだ取りかかろうというのなら、彼らはこの行動を契機に自らの政治的独自性を、反ファシズム、反権威主義陣営、反帝主義行動といったかたちで、再発見できるはずだ。

《黒い九月》の戦略は、多国籍コンツェルンがくり広げる帝国主義という条件下、第三世界と本国における反帝国主義闘争の革命戦略だ。

1　帝国主義

反帝国主義闘争

この行動は反帝国主義的だった。

《黒い九月》の同志たちは、一九七〇年の彼らにとって暗黒だった九月——ヨルダン軍が〔同国内に難民として移住している〕二万人を超えるパレスチナ人を虐殺した——を、この大量虐殺というたくらみの本来の地である西ドイツ——以前のナチ・ドイツ——現在の帝国主義中心地へと引き戻した。

東西ヨーロッパ・ユダヤ人にイスラエルへの移住を強いた地へ——パレスチナの土地の略奪から、真っ先に利益を上げようとした地へ——イスラエルが賠償の資本金を、そして一九六五年までは公式に武器を引き出していた地へ——シュプリンガー・コンツェルンが一九六七年六月のイスラエル電撃戦[*3]を反共産主義の狂宴として祝っていた地へ、フセイン軍[*4]に装甲車、カービン銃、自動小銃、弾薬を供給している地へ。開発援助、石油協定、投資、武器、外交関係によってアラブ各国政府を相互に対抗させ、それら政府のすべてをパレスチナ解放運動と対抗させる、そのためのあらゆることを試みている地へ。帝国主義が他のやり方でアラブ解放運動を屈服させられないならば爆撃機をそこに向けて発進することになる地へ。かくたる地なのだ、西ドイツ――ミュンヒェン――フュルステンフェルトブルックNATO飛行場とは。

＊2　リチャード・ミルハウス・ニクソンは一九六九-七四年まで合衆国の大統領。モーシェ・ダヤンはイスラエルの将軍。一九五六年、参謀総長としてシナイ作戦（第二次中東戦争）を指揮。六七-七四年、イスラエル国防大臣、七七-七九年、外務大臣。ゴルダ・メイアは一九六九-七四年、イスラエル首相。ジョージ・スタンリー・マクガヴァンは一九七二年の大統領選でニクソンの対立民主党候補（ブラントは「都市ゲリラ構想」注3、ゲンシャーは「人民に奉仕する」注24を参照）。

＊3　この戦争は六日戦争（第三次イスラエル-アラブ戦争（第三次中東戦争））としても知られている。イスラエルは、エジプト、ヨルダン、シリアを破り、この時点で当初の国土の三倍の領土を確保した。ワルシャワ条約機構加盟国、ほとんどすべてのアジアおよびアフリカ諸国はアラビア諸国との連帯を表明し、イスラエルとの外交関係を絶った。イスラエルは、国連から占領地域からの撤収を要求された。アラブ連合軍の敗北は、イスラエルに対するパレスチナ解放運動のゲリラ行動の始まりでもあった。

＊4　フセイン一世（一九三五-九九）はヨルダン王、ここでは《黒い九月》の際のヨルダン軍とパレスチナ・ゲリラ間の戦争との関連。

ベトナム

それともベトナムは冗談にすぎないとでも思っているのか？　グアテマラ、サント・ドミンゴ、インドネシア、アンゴラ[*5]はすべて冗談にすぎないと？　ベトナムは第三世界の人民にとって身の毛もよだつ経験だ。彼らから絞り出すものがもはやなにもなければ――市場として、軍事基地として、原料供給源として、低賃金労働力供給源として、彼らがもはや役立たないなら、帝国主義は憚ることなく大量虐殺を仕掛けてくるのだから。そして本国の日和見主義左翼は些事にこだわりつづけ――体制の魔手に取り込まれ帝国主義の労働貴族（レーニン〔本編注22参照〕）となった一部大衆に拝跪する――彼らときたら雲行きが怪しくなり、戦争が拡大し、――一九六八年ベルリンの復活祭[*6]や一九七〇年五月のケントのように――銃撃が始まり、体制が第三世界人民に対するのと同様な態度をつねにとってくるならば、路上に飛び出してはみるものの、やがてうんざりして警察のもとに駆け込み、民衆眩惑者マクガヴァンの後を追いかけ、事業所委員会での地位を求め、またしてパイプライン戦争に反対する詩でも書いてみせる。

帝国主義の中心

《黒い九月》は彼らの戦争をアラブという帝国主義の周縁から中心へと持ち込んだ。中心とは多国籍コンツェルンの中心地ということだ。多国籍コンツェルンは市場を支配し、経済・政治・軍事・文化・科学技術に関して諸国の発展法則を規定し、北海油田という彼らの市場に欠かせないのだ。中心、それはアメリカ合衆国、日本、ドイツ連邦共和国の主導下にある西ヨーロッパだ。――コンツェルンの規模、売上高、被雇用者数は、外面的で量的な数値にすぎない――武器製造は解放運動に対抗する彼らの生産活動の一部門にすぎず、原料分野での強制価格協定は、第三世界諸国に支配を行使する諸形式のうちのひとつにすぎない。

帝国主義的投資政策の攻撃的性格

一九世紀に労働者を機械打ち壊しに走らせた産業機械は武器としての性格をもつが、これをマルクスは分析していた。マルクスは述べている。《機械装置は、資本の自律・自足状態に抗した労働者のくり返しの叛乱、ストライキ等々を鎮圧するための最強の武器になる。労働者の暴動に向けられた資本の武器としてのみ考案された一八八〇年〔原文では一八三〇年〕以降の発明物をとっても、その一連の

＊5　これらは強力な帝国主義の介入が行われた場所。グアテマラでは一九五四年、急進的な土地改革を引き戻すべくCIAと地域の軍隊とによる〔アルベンス・〕グスマン政権に対する叛乱が起きた。サント・ドミンゴ（ドミニカ共和国の首都）では一九六二年から六五年、左派ドミニカ革命党（PRD）の議会的成功に対して幾つもの軍事クーデターが起きた。それにつづく内戦において六五年、合衆国が軍事的に介入した。アンゴラでは、一九六一年に宗主国ポルトガルに対する叛乱が開始され、六四年に鎮圧された。その後、アンゴラ解放人民運動（MPLA）の独立戦争が開始された〔インドネシアについては「西ヨーロッパの武装闘争について」注2参照〕。

＊6　シュプリンガー社の新聞雑誌による煽動運動に応じたルーディ・ドゥチケに対する暗殺未遂。ドゥチケは致命傷を負い、後遺症により一九七九年に死亡した〔「人民に奉仕する」注35を参照のこと。ケントについては同注51参照〕。

歴史を記述できるほどだ》〔『資本論』第一部第四篇第一三章「機械と大工業」第五節「労働者と機械の闘争」〕。この機械装置は、プロレタリアートに失業を強い、彼らに餓死するか資本の専制に隷属するかの選択を突きつけることで、賃労働者を生み出した。

帝国主義の投資活動が《活性化》されているのは第三世界の解放運動を鎮圧する以外の何のためでもなく、いまこそ、その歴史を記述し分析しなくてはならないだろう。

多国籍コンツェルン

帝国主義によって発展の可能性をいっさい奪われた国々に欠如しているすべてを多国籍コンツェルンは手中にしており、それをこれらの国々に投入する。資本を増殖させて利潤の甘い汁を吸うと同時に、同一の計画、投資、利益により従属諸国同士を競合させそこからも漁夫の利を得る――第三世界の原料に自分たちが依存しているのを利用して、それによって第三世界から脅し取っている。

武器

彼らの武器、それは資本の潜在力、科学技術、通信手段のことだ。彼らの征服戦略、それは投資、利益移転、情報政策、損失危機の分散化、市場活動、販売計画、在庫品計画のことだ。彼らの占領ないし植民地イデオロギー、それは外貨の獲得と労働市場創出のことだ。彼らの目的、それは吸収統合、征服、強奪をすることであり――対案として彼らが提示するのは、兵糧攻めに絶滅だった。

石油投資

パレスチナ解放運動を支持するアラブ諸国と向かい合う際に、第一に重要なのは石油だ。西ヨーロッパの石油輸入全体の七〇％はこれらの国々からになる。西ヨーロッパの石油需要は一九八五年までに倍増するだろう（一九七〇年には六億四七〇〇万トン）。アラブ諸国に革命政権が樹立されれば自国の石油で工業化を進めたいという要求がまたしても上げられるという恐怖心――その暁には石油コンツェルンにとって一〇〇％を超える利潤率がふいになる――、これがコンツェルンとその国々の政府の石油政策を規定している。

アルジェリアの天然ガス

アメリカのコンツェルンは何十億ドルをもアルジェリアの天然ガス産出・液化・海洋輸送のために投資し、リビアの天然ガスやクウェート、リビア、シリア、イラク、サウジアラビアのアラブ石油にアルジェリア天然ガスを競合させ、そこから漁夫の利を得ようとしている。

パイプライン

西ヨーロッパ共同事業体《コンソーシアム》は何十億マルクをも、アルジェリア天然ガスのためのパイプライン敷設（一キロメートルあたり一〇〇万から二〇〇万マルクがかかる）に投資し、近東の石油への依存から部分的に抜け出そうとしている（バイエルン・ガス社－ザール遠隔地供給ガス社－南ドイツ・ガス供給社）。

北海油田

石油会社と各国政府は北海の原油および天然ガス産出に数十億を投資している。北海産石油は、開発費用――試錐箇所の六分の一しか有望でなく、海上掘削基地の建設、配管や、海中パイプライン敷設――という点で、ペルシャ湾で採掘された原油に比べて一〇倍高い〔北海油田の市場占有率は世界の石油産出の一%、中東は六〇%と見積もられている〕。近東に柔軟に対応できるよう、それはいたずらに消費される。《一部産油国は西側社会への圧力を強め、政治的危機も相俟って、供給困難に至る可能性がある》とEEC〔ヨーロッパ経済共同体〕欧州委員会は主張した。――コンツェルンが現在の利益率を維持するのは困難であるということだ。

オーストラリアとカナダ

オーストラリアとカナダの資源採掘についてFAZ経済版は、冷笑と資本主義信奉を包み隠さずこう書いている。《カナダとオーストラリアで膨大な量の埋蔵資源が発見されることで、発展途上諸国の立場はふたたび劣勢となった。両国の地質学的に好ましい場所には安定した政府、低課税および発展を遂げた産業がともない、全世界から多国籍企業を引きつけた》。

サンティアゴ・デ・チレの会議

サンティアゴ・デ・チレ〔チリの首都〕で一九七二年四月・五月に開催された会議上、《発展途上国》は資源市場での価格保証を要求した。それが無力であることについてFAZは、コンツェルン御用紙としての帝国主義的自信もあらわな慇懃無礼さで書いている。《発展途上国は資源の産出のみではまだ富を意味していない点を見過ごしている。目下のところ世界には十分な埋蔵量が確保されているので、結局のところ開発、輸送、応用技術研究のほうがはるかに重要なのだ。財力ある多国籍企業が、緊縮政策をとる発展途上国に投資するのを大幅に控えるのも偶然ではない》。

乱掘と備蓄

コンツェルンは一方にあって、第三世界の資源をむやみに乱掘している。たとえばクウェートでは――クウェートの石油景気は一九三四年に始まった――一六年後には石油がすべて掘り尽くされてしまうと危惧されている。国庫収入の九五％をクウェートは石油から得ている――七万四〇〇〇の人口にして年間八億ドルの収入だ。いまやクウェートでは年間石油収入の一二・八％が王室の財宝に充てられている――隠し財産だ。石油と財宝がすべて尽きた暁には、クウェート人はふたたび羊飼いになる。すでにリビアとベネズエラは埋蔵量を保護するため原油採掘を制限した。

これと同時に、ＥＥＣとＢＲＤでは備蓄政策がとられている。貯蔵量を八五日分から九〇日分に増加する――これにイランが一〇〇〇万トンを提供する――。ＢＲＤは目下、年間一億三三〇〇万トンの石油を消費している。

アメリカ合衆国は膨大な削減計画を企てた――一九八〇年までに年間三億六五〇〇万トンの石油を節減しようというのだ――、現在は七億七〇〇〇万トンが消費されている。削減措置はとりわけ、物流ではトラックから鉄道への、旅客輸送では空路から陸路への、都市交通では乗用車から大量輸送機関への切り替えが行われている。

石油と交通事故死亡者

自動車製造は、たとえばＢＲＤでは過去一〇年で一七万人の交通事故死者という犠牲を出した――

一九七二年の一年ではアメリカ合衆国では五万六〇〇〇人、BRDでは二万人になると見込まれている――。この狂気は、石油および自動車コンツェルンを優遇するために引き起こされたものだったが、今度はそれがこれらコンツェルンへの同様な特別利益のために手放される。この狂気は第三世界人民の犠牲のうえでのみ生じえたのだが、いまや第三世界の解放運動鎮圧を目的として手放されるのだ。消費の悪循環――人びとの需要のためではなく市場のためだけにある資本主義的商品生産の無秩序――が人びとの精神的適応力の限界に行き着くのではないかという不安が、とりわけ《生活の質》[*7]なる戯言を決定している。路上での大量死が人びとの鈍麻と粗暴化として、体制にとって不利益であるよりもはるかに有益であるとしても、ほかならぬ消費――《クソ消費》――にもとづいた大衆の忠誠心がともあれ崩落しはじめた。

不買同盟

〔石油消費削減の〕目的は、五〇年代初頭にモサデク[*8]によるペルシャ石油国有化に抗して成功し、アメリカ帝国主義の操り人形であるシャーに道を開いた石油不買同盟を再現することだ。イラクの国有化措置を目の当たりにしたイランは、年間石油生産を二億七一〇〇万トンから四億トンへと増産する意向を示した。そうした政府を帝国主義は好む。

九〇年代には原子力によって、それまで最重要エネルギー源だった石油から徐々に脱却できるとの期待がある。そのときには――期待では――石炭から天然ガスを製造できる高性能炉も出てくるだろう――、これが、場合によっては起こりうる石炭復活が語られる際の内実だ。

帝国主義エネルギー政策の目指すところは、産油国が自らの石油を基盤にして工業化と政治的独立を打ち立てる可能性をすでにいまから将来にわたって奪うことだ。

包囲政策

ちなみに帝国主義が近東に対して推進していることがらは、包囲政策と呼ぶにふさわしい。近東西部で帝国主義はマグレブ——アルジェリア、チュニジア、モロッコ——に食い込んでいる。西ドイツ・コンツェルンは鉱業（原材料）、衣料産業（低賃金）、ダム計画（電化）、自動車産業に投資する。アラブ諸国への西ドイツの開発援助の重点は、チュニジアとモロッコだ——両国とも同時に西ドイツの軍事援助の対象である。近東東部と北部では、トルコとイランだ。両国はそうでなくともアメリカの軍事拠点だ。NATOの枠組みでBRDはトルコに武器を供給する。自由市場経済という枠組みでジーメンスは最近テレビ中継局を設置し、それによって政府の声は——《こちら刑事警察です》——トルコ東部にまで届く。テヘランのドイツ人植民地域は周知のとおりだが——西ドイツの兵器納入量

＊7　訳注——この概念自体は一九二〇年代から使われているが、アメリカのジョンソン大統領候補が六四年の選挙戦で用いたほか、七二年にはブラントがやはり連邦議会選挙戦のスローガンにして勝利している。

＊8　モハンマド・モサデグ〔一八八〇－一九六七〕はイランの改良主義の政治家。一九五一年に首相に選出され、石油産出を国有化した。五三年、軍部とシャーによって失脚させられ投獄された〔日本では「パーレビ国王」との表記が多かったシャー、パフラヴィー二世（一九一九－八〇）は一九四一年に即位、六一年以降、アメリカ合衆国の支援を受けた開発独裁のもとで上からの近代化・西欧化を進めるも七九年のイラン革命で国外逃亡。六七年のベルリン訪問は激しい抗議を呼び、六月二日事件の契機となった〕。

はそのかぎりでない。

軍事基地

西部ではマグレブが、東部ではトルコとイランが、市場から軍事発進基地へと役割転換するのを思い描くのは空想の域ではない。

また天然ガス採掘がアメリカのコンツェルン——それゆえ莫大な資金——によって始まっており、アルジェリアがそれにもかかわらずアラブ諸国との連帯を維持しようとするとき、三年後のアルジェリアの立場を思い描くことは空想の域に属するものではない。それはひたすら絶望的であるだけだ。

帝国主義は統一体である

多国籍コンツェルンの帝国主義は、発展を遂げた国と発展の可能性を奪われた国、選挙によって選ばれた政府をもつ国家とCIAが指名した政府をもつ国家、豊かな国と貧しい国、帝国主義体制の中心と周縁としての北と南、これらの諸矛盾を自らのうちで一体化させる統一体だ。帝国主義は法治国家の政治形態とともにファシズムの政治形態を用いる体制だ。帝国主義はこうした諸矛盾を止揚せず、それらを並列させるだけで、それらを激化させ、相互に調整されたさまざまな資本価値増殖条件としてそれらをコンツェルン子会社のために統合する。

《体制の奴隷》

帝国主義は表面上、既存の諸条件に適応している。可能ならば国内資本備蓄を用い、中間管理職に現地の者を就け、現地の言語を学び、現地の国内法を遵守し、その法が事実上もつ権力の規範的力を市場で操作する。《発展途上国》は地下資源乱掘に制限を設けて防ごうとしているが、これを見下すようにFAZ紙は教えを垂れる。一方での外貨の需要と他方での乱掘から身を守る必要との板挟みに対して、《発展途上国は国際資源企業に対して自分たちの政策を貫くには両手を縛られている》と確認するときFAZ紙は、市場の状況を見誤っていると同時に、体制の奴隷としての自分たちの役割を的確に判定している。

この帝国主義は挑発するのを避けている。それができる場合に帝国主義は、体制がつけるさまざまな仮面の収集品のひとつに第三世界諸国政府を採り入れる。帝国主義は《適切な手段》によって動く——手持ちの手段はそれ以前のどの支配階級よりも豊かだ。

帝国主義の手持ち手段

人民を帝国主義は、第三世界にあっては非識字や飢えによって規律に服させ、本国にあってはテレビ、シュプリンガー社、交通事故によって痴呆化、鈍麻、野蛮化に委ねる——彼らはアメリカ左翼の粛清をマクガヴァンに委ね、ペルシャ、トルコ、パレスチナの同志を拷問に、西ドイツと西ベルリンの反帝国主義左翼を連邦検察庁に委ねる——彼らは九月にパレスチナの自由戦士を殺戮し、拡がった恐怖をオリンピック競技会という地ならしローラーで踏み潰して一色にしたあとで、一一月にはこの地で自由選挙を執り行うだろう。[*9]

こうした帝国主義がファシズムの本質を表すのは、抵抗に出くわすときだけだ——後期資本主義段階にあってはナチのごとき権力掌握を必要としない。帝国主義はその歴史的傾向からしてファシズム的である。その目指すところは搾取であり、人間および地下資源の征服、絶滅、浪費、枯渇化、破壊だ。帝国主義は最大の破壊能力を用意しており、どの支配階級も「我がなきあとに洪水」を来たらしむべく、それを用意してきた――自分たちにとってもはや役立つものがなければすべてを荒廃せしめる。土地も人間も――爆弾の痕と引きちぎられた四肢――ベトナムの光景だ。

《黒い九月》の戦略

ハンブルクのシュトリューヴァ社〔機械・航空機製造会社〕への爆弾襲撃[*10]で、《黒い九月》はイスラエルのための戦争補給物資を攻撃した。

《黒い九月》はオリンピック村での行動によって、帝国主義本国イスラエルとパレスチナ人のあいだの一見局所的にすぎない紛争を、システムの周縁から中心へと持ち込んだ。――《黒い九月》は連邦共和国の《法治国家》なる仮面を剝ぎ取り、帝国主義のあらゆる仮面を客観的な実態として立ち現れるよう強いた。つまり、第三世界の解放運動に敵対して戦争を遂行する陣営であり、結局のところは絶滅戦略をめぐらすファシストである、と。

アラブ人民はこの行動を通じて反帝国主義闘争へと活気づけられた。彼らは革命家を英雄として讃え、その闘争への意志は途轍もなく鼓舞された。

ゲンシャー[*11]を人質に取ったほうがはるかに好ましいことなら、《黒い九月》自身承知している。《黒い九月》のもつマルクス主義理論と革命的実践は途轍もなく高い水準にあり、彼らにそう伝えるまでもない。イスラエル人人質を社会民主党・自由民主党連立政権の仮面人士と交換していたならば、それはイスラエルと西ドイツ帝国主義の共犯関係を破壊し、イスラエルを孤立させ、発展した帝国主義のファシズムとイスラエルのナチ・ファシズム（後出「国民社会主義」の節を参照のこと）とのあいだの矛盾をさらに極端にまで推し進め、体制内の諸矛盾を「帝国主義の諸力を粉砕せよ！」の意味で利用し尽くした、というかぎりで、はるかに好ましかったろう。——そのような認識をわれわれはこの行動そのものに負っている以上、これを行動への批判として持ち出すわけにはゆかない。この認識は、いかに実践が理論を前へ進め、理論が実践を前へ進めるか、という理論と実践の弁証法にとっての典型的な例だ。

2 日和見主義

本国における日和見主義

マルクス訓詁学者——引用で武装するだけでそれ以上の思考をしない——は、マルクス自身が機械破壊を《愚行》と呼んでいたと異議を唱えるだろう。マルクスは述べている。《機械装置はそれだけ

＊9 訳注——一九七二年一一月一九日にはドイツ連邦議会選挙が実施され、ＳＰＤがかろうじて第一党となりＦＤＰとの連立政権を維持した。
＊10 一九七二年二月八日、「黒い九月」はハンブルクのシュトリューヴァ社を襲撃した。同工場はイスラエルに「電子機器」を輸出していた。二月二二日、同グループはハンブルク近郊の石油パイプラインを爆破した。
＊11 訳注——ゲンシャー内務大臣は、イスラエル人人質に代わることを自ら提案するがゲリラ側に拒否された。

で見るならば労働時間を短縮しているのに対して、資本主義的に用いれば労働日を延長している。そのものとしては労働を軽減し、資本主義的に用いれば労働の厳しさを増す。そのものとしては自然力にたいする人間の勝利であり、資本主義的に用いれば人間を自然力によって抑圧する。そのものとしては生産者の富を増やし、資本主義的に用いれば生産者を貧困化させる。そこで、戦うべき相手は機械装置ではなく、機械の資本主義的使用なのだ》〔『資本論』第一部第四篇第一三章「機械と大工業」第六節「機械装置によって排除された労働者に関しての補償理論」〕。

第三世界解放運動の鎮圧のみを目的としてなされる帝国主義的投資活動の一部に、いっさいが転用されてはならない。そうした投資活動は《それだけで見るならば》原料と労働力の浪費でしかなく、武器であるにほかならない。そのかぎりで文民領域での軍需生産だと言える。これによって、帝国主義の中心と第三世界諸国との発展の非同時性、すなわち帝国主義的支配体制は永続化される。

怠業《サボタージュ》

そうした投資の企てを破壊するより引き受けるほうが好ましいと判断して本国での怠業を放棄するとき、その結果として、第三世界人民は本国の大衆がその段にいたるまで革命を控えるべきだ、といった発言が出てくる――これは、まずはレーニンが認識した帝国主義の労働貴族の問題を無視するものであり、とりもなおさず、世界プロレタリアートのなかでももっとも体制に捕らえられた一部へと第三世界人民が引きずり込まれるよう要求することだ――これが日和見主義の指導権というものだ。

日和見主義の連帯概念

連帯概念がまさに日和見主義者の手に負えないのは偶然ではない――彼らは指導権を主張するが、これは帝国主義分析のうえで誤っている――そこで、彼らの指導権を認めない代わりに第三世界人民の指導権を承認するような一部の被支配者を、彼らは自分たちの連帯概念から除外しなくてはならない。《人民に奉仕する》というモットーを、帝国主義に支配された人民にへつらうことなどとは理解せずに人民を支配している帝国主義と戦っている、そうした人びとを彼らは除外しなくてはならない。

ネークト――ブタ野郎

ノスケ[*12]のモットー《人はブラッドハウンド〔嗅覚の鋭い猟犬の一種〕にならねばならない》に従い突進したネークト[*13]はフランクフルトで、日和見主義の立場を――それにふさわしいありとあらゆる難解な用語、大衆軽視、《政治家》への呼びかけ、良識の援用を取り混ぜて――言い表してみせた。とはいっても――ベルンシュタイン[*14]のような――経済分析の労をそれとなくとることすらせずに。だが日和見主義の問題はそれを語る者の理論的水準に左右されず客観的に存するので、これと対決しないわけにはゆかない。この問題は客観的には、体制がなした発展の非同時性の、体制が用いる搾取形態の不均等の、体制内部の抑圧経験の不均等の帰結として存する。

＊12 訳注――グスタフ・ノスケ（一八六八―一九四六）は社会民主党の政治家。一九一八年の一一月革命では中心的役割を担うが、一九年のカール・リープクネヒト、ローザ・ルクセンブルクの暗殺をはじめとするスパルタクス団・共産党弾圧にあっては、直接実行した軍隊や右翼義勇軍の黒幕と見なされている。

ネークトの述べた内容が理論的にはばかげた水準にあるにもかかわらず喝采を博したのはそもそも、日和見主義的立場をとることにここで賛同する客観的理由がいかに強いかを証明している。彼の支持者たちがいかなる駄弁に引っかかったのかをわからせるためにも、ネークトに呼び出しを喰らわせておこう。

ネークトの連帯観

ネークトは言う。《連帯の力学はいかなる社会主義政策をも破壊する。それは抗議運動の最悪の遺産だ》。

ハウプトヴァッヘでハーモニカを吹く者と遭遇したなら小銭入れに手を伸ばすのも、ベルトルト・バイツ[*15]がベーテル・ボーデルシュヴィング施設[*16]に小切手を切るのも、《力学によって》のことかもしれない──だが連帯とは反射的行動ではない、それくらいは連帯行動をとったことのある者なら誰でも知っている。それともネークトは彼の《力学》とともに背後から自然発生性概念をも同時に処分しようというのか？　《自然発生的な連帯》だって？　連帯概念と、危急の際に自ら連帯的に行動しようという気概と精神的抵抗力を奮い起こす者たちに、ネークトほど汚辱を浴びせる者はいない。

ネークトの礼儀作法

《招かれざる客として、しばしば名前を隠して》彼らは扉のまえに立っている[*17]、という──真っ赤な嘘であり、ネークトの家のまえに誰かが立っていたことなどない──実際は、まえもって名刺を差し出さなかっただけで、憲法擁護庁に電話をかけて留守録音にあらいざらいをぶちまけもしなかった。

＊13　オスカー・ネークト〔一九三四－二〇二四〕は〔フランクフルト大学でホルクハイマー、アドルノらに学び、ハーバーマスのもとで助手を務めたのち一九七〇年から〕当時ハノーファ工業大学の社会学教授。この批判は、フランクフルトにおける六月三日の会議「アンジェラ・デイヴィスを範として」における彼の報告を指している。ネークトは、制度内での《長征》〔「人民に奉仕する」注50を参照〕をやめて、それでもなおしばらく社会主義という目標設定を主張していた学者左翼を代表する〔六月一日にバーダーらが逮捕された直後の六月三日・四日にフランクフルト大学で「アンジェラ・デイヴィスを範として　連帯会議」が開催され、三日の旧オペラ座廃墟まえでの告知集会には全国から一万人を超える参加者があった。この場でヘルベルト・マルクーゼに次いで発言をしたネークトは、バーダー解放、銀行襲撃、爆弾闘争などは現実社会から乖離した非政治的行動でありこれと連帯できない、とRAFを激しく批判し、参加者からの不興を買った。翌日のフランクフルト大学での部会では参加者から、RAFに対して距離をとることで「極左」全体との連帯を損なう、と攻撃された。その急先鋒は、APOから生じ七〇年代初頭にフランクフルトを中心に活動した小グループ「革命闘争」に属していたヨシュカ・フィッシャーだった。ちなみにネークトは一九九八年のSPDと緑の党の連立によるシュレーダー政権成立にあたってブレーン的立場にあったが、この政権でフィッシャーは副首相・外相を務めた〕。

＊14　社会民主党の政治家エードゥアルト・ベルンシュタインは、修正主義の指導的代表者。彼は社会民主党の政治をブルジョワ的議会主義のルールに従属させた。

＊15　ベルトルト・バイツ〔一九一三－二〇一三〕は一九七〇年からフリードリヒ・クルップ有限会社〔ドイツの重工業企業で軍需産業を担い、第二次大戦後クルップ社幹部は連合国に有罪判決を受けている〕の会長。彼は「東方貿易拡充」に貢献し、〔一九七二年以降〕国際オリンピック委員会のメンバーでもあった。

＊16　訳注――「ベーテル・ボーデルシュヴィング財団」、通称「ベーテル財団」は、一八六七年にビーレフェルトに設立されたてんかん患者、障害者などのためのヨーロッパ最大の施設を運営する。寄付金によって営まれている。

そのとき彼らは髭も剃っておらず、そのあとようやくシャワーにありつけた。革命家がそのようなあり方を願っているとでもいうのか？　われわれにどこへ行けというのか？

日和見主義の傲慢

当地での裕福さと彼の地での貧困とを関連づける——それは体制を統一体として分析することだ——代わりに、ネークトは布告してみせる。《政治的道徳は不可分である》——はい、はい（そのとおり）——《ベトナムでの大量虐殺を容認あるいは是認している者は、民主主義の名のもとで語る権利を失う》——連邦憲法裁判所に一蹴されるのが落ちだ——奴らによく説明してやってもらいたいものだ——。彼はこう述べることで、権力をもっているとの錯覚にもとづいて傲慢にも判決を下してみせていた。

個別化原理

当地の貧困と彼の地の貧困とを結びつける——連関を認識するという連帯によって——のを阻むことを、ネークトは自らの主要任務としている。紛争を局所化しようというのだが、これは体制が手を尽くして推進していることだ。

ネークトは言う。《家族、企業や職業教育施設での規律訓練の重圧から苦心の末に脱出した》——（自由になったわけではなく、解放過程の進行のなか、さらに進行してゆくなかで解放されるのではなく、《脱出した》という）——《大学生・学校生徒・若年労働者ら政治に目覚めた大衆は、連帯を強要され、次第に自ら経験する能力を失い》——（社会福祉士の呈する傲岸さ）——、《もっとも過激な立場との結びつきを逸しないようつねに迫られて、そのアイデンティティは外から導かれた不安定なものであって》──〈自分の語ることがらに対して、社会心理学・青少年局の用いる特殊用語でもって非難を浴びせる高慢さをどこから得ているのか?〉──《それを他者の経験へのただ単なる一体化から導いている》。そうすると、「ビルト」紙の被害を受けるのはそこで自分について報じられている者だけであり、ベトコンの勝利を祝うのが許されるのはベトコンだけということだ。米軍司令部への爆弾に何かを言えるのはこれを仕掛けた者だけ──そういうことか?

《自選前衛》

ネークトは言う。《自選前衛》は──〈文化大臣に任命されたのではない、市場の間隙を埋めることで正当化されるのではない──そういうことか?〉──《彼らに対して社会的・歴史的経験を積んでいるかのように振る舞ってみせるが》──〈なぜなら反帝国主義闘争は実際にはまったく行われていないのだから〉──、《この経験を学校生徒、労働者、職業訓練生、学生のひとりひとりは、自身の労働連関のなかで自らのことと感じられないし、政治的帰結へともたらせない》。いったいどうして彼らの身になってみせられるのか? ネークトは脳内での理念の自己製造を信じているのか? どうやらそのようだ。

＊17 訳注──ネークト原文でも明示されてはいないが、自らへの支持・連帯を広く求める活動家を含意している。潜伏場所を求めて支持者宅を突如訪れる者を暗示してもいるだろう。一九七二年六月一五日のマインホーフ逮捕は、見知らぬある教員宅に宿泊を求め、それが警察に通報されたことによっていた。

毛沢東は言う。《唯物論的弁証法では外因を変化の条件と、内因を変化の基盤と考える——その際、外因は内因を介して作用する》〔「矛盾論」一九三七年〕。

つまり、ネークトが——外因として——フランクフルトでの愚かな無駄口によって喝采を博したのは、本国における日和見主義には強力な内的根拠があるからだ。人びとは《アンジェラ・デイヴィスの解放》[*18]を望む——しかしベトコンのように、黒い九月のように、不屈の闘争をしようとはしない——そうしないのは——彼らは体制に絶望するあまり、使命を感じ死に値すると思えるほど自身の課題に確信をもてないのだ。ネークトがやってきて、あなたたちはやはりそうする必要はない、私たちがすでにしているのだから、と述べる——彼らは安堵し、喝采を送る。

ＲＡＦはこれとは対極的な位置にいる——第三世界人民と同様に自らの課題を確信しているのだ。第三世界人民の指導権を承認しているからであり、闘争とは彼らが闘っているような不屈さによってしかなしえないと承知しているからだ。ＲＡＦは——外因として——学校生徒、学生、職業訓練生からの賛同をいちだんと得た。——いまわしい《世論調査》[*19]が証明したのと同様に、ネークトはこれを証明した。数々のビラ、シュプレヒコール、デモ、ティーチインなどを見るがよい。——だが《内因》による以外のいかにしてというのか？——不屈さのみが、第三世界人民が闘争をする際の不屈さのみが、目標に——彼らの解放にいたりうると、自分自身の労働連関と生活連関のなかで彼らが日常的に経験する以外のいかにしてというのか？　ネークトの悲鳴は彼の主張の正反対を証明している。学校生徒、職業訓練生、大学生たちが自身の生活連関と労働連関のなかで——内因を——第三世界人民の経験を自らのものと感じはじめているからこそ、彼らは第三世界人民の闘争と、その闘争を——外因として——本国に持ち込み、それを媒介しているRAFと、一体化するのだ。

もしもRAFのことを誰も、ゲンシャーもルーナウ[*20]も相手にしていなかったなら、事情は異なり、ネークトにしてもフランクフルトでRAFを少しばかり当てこするくらいで済ませていただろう——あるいは、存在と意識は相互に関係なく、唯物論的弁証法など妄想の産物だということになる。この過程が限りなく緩慢にして困難で骨の折れるもので、部分的にようやく動きはじめたことをわれわれは知っている。この過程が動きはじめたこと自体が、反帝国主義闘争を本国でも開始する状況が《熟し》ているのを証明している——体制転覆までに《熟し》てはいないものの、反帝国主義攻勢の機は

＊18 アンジェラ・デイヴィスはアメリカ合衆国共産党およびもっぱら黒人だけで組織されていた党関連組織チェ・ルムンバ・クラブのメンバーだった。彼女は、ブラックパワー運動の戦闘的活動家との連帯を理由に、具体的にはジャクソン兄弟の救出未遂を理由に追われ、一九七〇年に逮捕された。彼女の解放のための国際的な運動が起こり七二年に釈放され、黒人コミュニティのフェミニストとして活動している。

＊19 一九七一年のEMNID〔世論調査機関〕の調査によれば、《七一年春のバーダー・マインホーフ・グループ支持者層は驚くほど広範だった。〔…〕連邦市民の五人に一人が、追跡と逮捕からアナーキトたちを庇護するのを容認し、七人に一人が〔…〕警察から守るためにグループの一員を一晩自分の家に泊めることもありうる、と述べた》。七一年初頭では〔アレンスバッハ世論調査によると〕グループに政治的動機があると認めていたのは一八％のみだったが、大規模捜査とペートラ・シェルムの死後にはすでに四〇％に達していた。

＊20 〔ハインツ・〕ルーナウ（SPD）は〔労働組合活動家出身の政治家で〕当時ハンブルク市内務大臣。

《熟し》ている。

状況《熟成》のこの初期段階にあってすら、この過程をそもそも動かしはじめるだけのために自らの生活や自由を失うのを渋る同志がいるということは、本国での体制がいまだいかに魅力的であるかを証明している。革命的解放闘争以外ではもう自らの生活など価値がないという同志がいるということは、革命がすでにいかに魅力的であるかを証明している。生活のなか、社会のなか以外のどこかに根源をもつ理念も思想もひとつとしてない――そのかぎりで思想でも理念でも人間でも、好きなだけ投獄し、追放し、排除し、狂っていると宣告しておくがいい。

本国での左翼は革命派・反帝国主義派と日和見主義派に分裂しはじめた。日和見主義が地歩を固めているからではなく、失っているからだ――その際に日和見主義は、左翼運動の強化によってまだ地歩を固めるつもりだろう。ネークトの攻撃は退却戦だ。そのかぎりでならば、彼の論証がひどく劣悪ですらあり、それによって自ら日和見主義の正体をさらしているのは適切ではあるだろう。われわれが正体を暴露する労を彼は軽減してくれている。

アレクサンドロス大王[*21]としてのネークト

《力学による連帯》、《劣等感》、《分離不安》、《歪められた現実把握》、《脳髄混濁》からなる《結び目》は《断ち切れば良いだけであり》（その点彼は正しい）――もはや《慎重な理解》によって解きほぐせはしない。これが意味するのは、社会主義運動内左派が増強されているとき、これをファシストに粛清させることだ。これが意味するのは、マルクス主義理論、真摯な議論とは《慎重な理解》に等しいということだ――実際、社会主義の議論からは、ネークトの坊主臭いお言葉や彼のゼミナール教育などにはお引き取り願おう。マルクスやフロイトならばこうしたいっさいに対してせいぜいのところ、え、なんだって？　と言うだけだ。すっかり取り乱し、むやみに暴れる小市民――これがネークトだ。存在が意識を規定するとご存じない者なら、この汚れきったドブネズミには《買収が効いている》とでも思いいたるのかもしれない。

日和見主義者の客観的役割

自分の研究分野に対してネークトはそれを――曖昧にごまかすことなく――次のように表現した。《左翼教師・大学教員が学校や大学から締め出されないよう用心してほしい》、彼らだけが《日々の超過勤務によって、小集団の組織化によって》この破局的事態が《進行する》のを引き留めている、と。こうして労働を《超過勤務》として体制安定化に組み入れることに対してこそ、反大学を唱えたベルリンの学生たちは徹底抗戦していた――このように日和見主義の輩は大学ゼミナール・マルクス主義の隠れ蓑からすらつい本音を表してしまう。

＊21　訳注――「ゴルディオスの結び目」として知られる逸話を踏まえた表現を、引用内にもあるようにネークトがしている。固く結ばれた紐の結び目を解いた者がアジアの王となる、との予言に対して多くの者が臨むも、結び目を解ける者はいなかった。アレクサンドロスは紐を解くのではなく断ち切ることでこれを解決し、アジアの王となった。

核心――ブルジョワジーのための学問

実用的な核心としてブルジョワ学問がいまだ残存している。《犯罪撲滅のために費やされている資金の一部だけでも犯罪の原因撲滅に費やすなら、長期的な効果を見込めるだろう。この最小限課題を解決できない社会はその権限を失っている》――(ネークトのお手並み拝見、見事にやってのけることだろう)。

多国籍コンツェルンの投資活動は、軍事的冒険によってではなく資金を注ぎ込むことで、この種の長期的効果を計算に入れている。

またネークトはさらに一線を越えて、マルクス主義・レーニン主義をまるまるかなぐり捨て去る。《右と左を区別する客観的で明確な基準はない》と。なぜこの愚かなブタは《社会主義者》となおも自称するのか?

ローザ・ルクセンブルクはベルンシュタインについて述べている。《なんだって――これがあなたたちの言うべきすべてなのか? 新しい思想のひとかけらもない! すでに何十年もまえにマルクス主義者が踏み躙り、踏み潰し、笑いとばし、無に帰した思想以外のなにものもそこにはない。自分には語るべきものはなかったと示すために日和見主義が語っていた、ということで充分だろう》(「社会改良か革命か」一八九九年)。ネークトが公然と登場したのはファシストたちと結託していると示すためだった、ということで充分だろう――ファシストの《しかるべき》、あるいは《そう言ってはならない道具》(ローザ・ルクセンブルク)だということで。

レーニン曰く。《帝国主義に対する闘争が日和見主義に対する闘争と不可分に結びついていないなら、その闘争は空疎で虚偽の空文句である、これを理解しようとしない人びとほど危険なものはない》〔「資本主義の最高の段階としての帝国主義」一九一七年〕。

彼らにとって被抑圧者自身が《破局的状態》の一切合切を叩き潰しかねないこと、体制が自らの矛盾によって破滅しかねないこと――われわれはみなひとつの舟に乗っているという意識――これが日和見主義と体制をつなぎ合わせる。彼らは社会主義についてのおしゃべりをしながら、心では体制に思いを寄せている。彼らは問いを立てず、答えを逃す。革命家の敗北に彼らはほくそ笑む。彼らの賭けた馬がまたしても勝負に勝ったのだ。

革命主体

ネークトの化けの皮が剥がれたからといって日和見主義の問題が解消するわけではない。体制分析による革命主体の規定は、第三世界の人民が前衛であるという認識をもち、レーニンの《労働貴族》概念[*22]を本国大衆に転用しても、片づけられ用済みとはならない。逆にここからいよいよもって始まるのだ。

生産にあって剰余価値を搾取される賃労働者というマルクスの概念だけでは、もはや本国大衆の搾取状況は説明しきれない。

事実にあっては、生産領域での搾取はかつてないかたちでの肉体的負担、かつてない度合いの精神

*22 より良い報酬や教育を通じて資本家の利益に与り、それゆえ体制を擁護するプロレタリアート内部のブルジョワ化した労働者層の名称。

的負担を課し、労働がさらに分断されるにつけて労働密度はとてつもなく高まったが、それはいまも進行している。

事実にあってはそれにもまして、八時間労働制の導入[*23]——労働密度増大の前提だ——によって体制は、人間の全自由時間を奪取した。工場での人間の肉体的搾取にくわえ、人間の感情と思考、願望とユートピアを搾取するにいたり——工場での資本家の専制にくわえ、大量消費とマスメディアを通じてのあらゆる生活領域での資本家の専制にいたった。

八時間労働制の導入によって体制の二四時間支配は労働者に対して大勝利を収めた——大衆購買力と《高額所得者》をつくり出して、体制は計画、欲望、別の可能性、想像力、自発性に対して、要するに人間の全体に対して大勝利を収めた！

大衆が被搾取者、被抑圧者としての、帝国主義体制の客体としての自らの位置に対する感情をすっかり失ったかのように見えるほどに、体制は本国で大衆を汚泥へと深く引きずりこむことに成功した。その結果大衆は、車や数着の衣服、生命保険、住宅資金貯蓄契約のためなら体制のどんな犯罪をも是認し甘受し、車や休暇旅行、タイル張りの浴室以外はほとんどなにも想像することも望むこともできなくなっている。しかしここからは、この強制を振り払い、体制の犯罪への加担を拒む者は誰もが革命主体である、と帰結される。第三世界人民の解放闘争のなかに自らの政治的な帰属の場を見いだす誰もが、順応を拒絶する誰もが、もはや同調しない誰もが、革命主体——同志なのだ。

だからこそ、帝国主義の二四時間体制をわれわれが分析しなくてはならない。この社会のあらゆる生活領域・労働領域に対して、そこではどのように剰余価値搾取がなされているのか、それは工場での搾取とどのような関係にあるのか、何がそのときどきにあってまさに問題点なのか、これが証されなくてはならないのだ。本国内の帝国主義に対する革命主体とは、一日二四時間が体制の強制・保護監視下にあるような人間である、という要請でもって――もはやわれわれは階級分析がなされるべき枠組みを画定するわけではない――この要請がすでに分析であるとわれわれは主張するものではない。

事実にあっては、マルクスもレーニンもローザ・ルクセンブルクも毛沢東も、「ビルト」紙読者、テレビ視聴者、自動車運転手、心理状態を設計された学校生徒、大学改革、広告、ラジオ、通信販売、住宅資金貯蓄契約、《生活の質》等々とはなんら関係をもたなかった。事実にあっては、本国の体制は、人びとの精神に次々と攻勢を加えることで再生産されるのであって、紙一重であからさまにファシズム的ではなく、市場を介してファシズム的であるのだ。

マルクスの資本主義分析ではまだ全人民諸階層が現れる余地がなかったというただそれだけの理由で、全人民諸階層は反資本主義闘争にとって消滅したと宣するのは、ばかげているとともに党派主義であり、非マルクス主義的だ。

二四時間体制を帝国主義－反帝国主義概念へとうまく定式化できるときにのみわれわれは、人間の実際の問題をこの概念のなかで的確に言い表すことが可能となり、われわれは人びとから理解される、

＊23 訳注――八時間労働制は一九世紀初頭の英国労働運動のなかで提唱され（一八〇二年の徒弟健康風紀法が一二時間制、四七年の工場法が一〇時間制）、ドイツではマルクスやエンゲルスが推進しようと努め、一八六九年の社民党アイゼナハ綱領に採り入れられている。一九一八年に法制化されたのちも、後退、第二次大戦中の実質的停止等を経て、一九四六年に占領軍のもとで再導入されている。六〇年代半ば以降、多くの業種で週四〇時間労働が導入され、その後も労働時間縮減が進められるものの、九〇年代以降増加傾向が現れている。

――RAFの行動が理解されたように――われわれの行動が理解されるだけでなく、われわれの情宣、われわれの言語、われわれの言葉が理解されるまでにいたるのだ。人民に奉仕せよ!

第三世界人民が反帝国主義革命の前衛である、言い換えるなら彼らは本国の人びとにとって自らの解放への客観的にしておおいなる希望であるとすれば、第三世界人民の解放闘争と、本国のどこで現れるにせよ解放への憧憬とのあいだに関連を結ぶのがわれわれの任務だ。学校であれ大学であれ工場であれ、家庭、監獄、大部屋式事務室、病院、行政機関、政党、労働組合であれ、どこであろうとも。この関連を皮相なところで否定し抑圧し破壊するすべてに抗して。消費、メディア、共同決定、日和見主義、教条主義、支配、保護監督、粗暴化、孤立化に抗して。

《それはわれわれのことだ!》。革命主体とはわれわれだ。

闘いを、抵抗を開始するのが誰であろうと、それはわれわれの一員だ。

どのようにして、いかなる箇所でならば体制をもっともうまく制圧でき、もっともうまく脅かすことができ、体制がもっとも非力ですらあるか、という問い――この問いに対してはわれわれが答えなくてはならない――次々と繰り出される標語に則ってではなく、理論と実践の弁証法のなかで。

3 ファシズム

黒い九月の行動は反ファシズムのものだった。

その行動はかつてのナチ・ファシズムと、いよいよもって徹底的なファシズム体制として展開された帝国主義とを関連づけた。

オリンピック競技会

彼らの行動はオリンピック競技会を標的にすることで、両者を外見上関連づけた。この競技会は、現在ベトナムで起きている事態、パレスチナ、イスラエルの監獄、トルコ、ウルグアイ、ブラジル、ギリシャ、ペルシャで起きている事態を覆いかくす役割を果たすよう期待されていたという点で、一九三六年〔ベルリン五輪開催〕、アウシュヴィッツ、帝国水晶の夜[*24]の記憶を抹消するようもくろまれていた。この競技会は勝者と敗者がいる殺人試合であって、解放闘争の、連帯行動の反対物であり、解放闘争、連帯行動に代わる先進工業国民の帝国主義的自負心をめぐる競技－闘争——侵略競技なのだ。

「ビルト」紙

《**金メダル**、**金メダル**、**金メダル**》とオリンピック開幕後数日のあいだ「ビルト」紙は喘ぎ、煽り、指笛を鳴らしては騒ぎ立てる——《夜一一時、彼らが死ぬのを私は見た、競技会の進行のように》、これが九月七日付「ビルト」の大見出しだった。——きみたちは全面勝利をするつもりなのか？——そうとも！

＊24 訳注——ナチ政権下の一九三八年一一月九日夜から一〇日未明、ドイツ各地でナチ主導のもとに起きた反ユダヤ主義暴動。「水晶の夜」という語は事件の美化にもつながりかねないため、現在はこの語を避けて「一九三八年一一月ポグロム」と呼びならわされている。

競技選手

これは競技選手に当てはまるものではない。彼らは何年間も訓練を積み、試合に臨もうとしていた。オリンピックに帝国主義的催しという性格を与えたのは彼らではない。賃労働者が資本主義に参加しているように、彼らはこの催しに参加していた――彼らなしでは始まらない、しかし彼らは見世物の対象、ネッカーマンのスポーツ助成財団[*25]の対象だ。彼らがそれを楽しんでいるからといって、それが帳消しになるわけではない。

国民社会主義

国民社会主義は、多国籍コンツェルンによる帝国主義体制を政治的かつ軍事的に先取りしたにすぎなかった。

資本家階級――とくにドイツの――というのはなんにしても強欲なものであるが、フリック、ティッセン〔ともに鉄鋼業〕、クルップ〔本編注15参照〕、IGファルベン〔「人民に奉仕する」注12参照〕といったコンツェルンの主導下、後にはどのみち獲得するはずだったものを、条件がいまだ熟しておらずともすでに得ようとしたのだ。消滅しつつある旧小市民階級と資本家階級は不安定な同盟を結び、その非合理的な反ユダヤ主義を引き受け、コンツェルン自身の極端な資本需要によって形成されるがゆえに帝国主義のいわば真の中産階級である小株主が育つのを待ちはしなかった――コンツェルンはイデオロギー的に後ろ向きのナチ党と同盟を結んだのだ。――諸国・諸国民を軍事的冒険なしに服従させるだけの能力が自身に育つのを待つことなく、彼らは第二次世界大戦を始めた。反ユダヤ主義と戦争、これによってドイツのファシズムの信用は長期にわたり下落し、ドイツの支配階級の化けの皮が大衆のまえですっかり剝がされ――共産主義者と市民階級の一部との同盟が反ファシズムのもとで可能となった。

反ファシズム

西ドイツ帝国主義の政治的発展を後々まで阻んできたのは国内外でのこの反ファシズムだった。この国家を法治国家であるようこれまで強いてきたのは、不正、権利侵害、国家の蛮行、行政の優位に対する反ファシストの感受性だった。

帝国主義が本質上ファシズムであるのと同様に、反ファシズムはその傾向からして反帝国主義だった。

RAFは支持者の一部のもとで、反ファシズムを反帝国主義闘争に向けて現実化した。五〇年代初頭の刑法一二九条[*26]をめぐる訴訟とKPD禁止〔一九五六年〕とともに共産党は、自らの反ファシズムから切断され、市民階級の一部との同盟は解消されてしまった。――SPDと教養市民層内に残存する反ファシズムを粛清することこそ、ブラント／シェール／ハイネマン政権の本質的課題のひとつ

＊25 訳注――「ドイツ・スポーツ助成財団」は、一九六七年にベルリンで設立された。初代にして八八年まで会長を務めたのがヨーゼフ・ネッカーマン〔一九一二－九二〕だった。彼はナチ時代にユダヤ人業者が弾圧されることに乗ずるかたちで実業家として成功をおさめた。

＊26 訳注――「序論」注9を参照。

だった――反ファシズムの名残はAPOとして一九六七／六八年にもういちど現れた――学生運動に鼓舞されて――共和国クラブ[*27]で、ベトナム反戦デモで、非常事態法と警察暴力への反対行動のなかで。

反権威主義陣営

学生運動指導者たちが学生運動そのものから反帝国主義意識を奪うことができたこと、これは特筆するべき一章をなす。反権威主義運動の内容が反帝国主義であったのは紛れもない。六月二日、ベトナム〔反戦行動〕、シュプリンガー〔接収行動〕は、西ドイツ帝国主義の政治的発展の動きに、大連立形成によってBRD戦後史に終止符を打とうという動きに抗したものだった。最初にあった〔二回にわたる〕銃撃、それらは個人的ファシズム（〔学生を射殺した警官〕クラス〔の単独行動〕）だったわけでなく、帝国主義の系統的なテロルの産物――〔二度目は〕シュプリンガーの挑発によってドゥチケを標的にしていた――だったのだが、そのあとで運動からはその理論指導者たち自身の手によって反帝国主義意識が奪われてしまった。そのときはじめてこの運動の小市民性が判然とした。このとき運動が無力であった経験を組織偶像崇拝で埋め合わせる動きが始まっていた――それは独善的で競争に淫したサークル活動への頽落であり、せいぜい体制の支配構造を再生産するだけで、孤立化、独善、抑圧への感受性の欠如であり、体制自身に劣らず自然発生性を憎み非難する。この運動の《党幹部》――マルクス主義の聖杯騎士――はプロレタリアートを自分たちの指導権の客体に据え、大衆を体制が変じせしめた姿である「ビルト」読者、テレビ視聴者、自動車愛好者、休暇旅行者、SPDへの投票者、ドイツ人としてしか理解し捉えない――俗物として〔典型的に〕《人びととはなんと言うだろうか？》と問うばかりなのだ。国民国家しか目に入らない日和見主義左翼の偏狭さは小市民的なものだ。

反帝国主義革命の前衛は第三世界人民であり、本国での闘争は〔ベトナムの〕クアンチ省やフエ、パレスチナ、レバノン、アンゴラ、モザンビーク、トルコをにらんだ人民戦争勝利のための国際旅団の闘争であって、そうでないならそもそも闘争は成り立たない、ということを彼らは認識しないし承認しない。本国にあっても大衆は、長期的には解放闘争の側に自らの政治的帰属の場を見いだすことになる、長期的には体制の策略、虚偽、偽装工作、選挙の際の釣り公約、宝くじの賭けから解放されうる、これを思い描くことができないのは、小市民的であり非マルクス主義的なのだ。

自分たちが短いあいだにプロレタリアートに受け入れてもらえず、思うほど即座にシュプリンガー社を接収できなかったということで、一年も経たずして学生運動が反帝国主義的内実を放棄したのは、小市民的な性急さだった。

アナーキズムなる非難

反権威主義運動をアナーキズム[*28]として片づけ、反帝国主義闘争の国際連帯をアナーキズムの国際連帯として片づけてしまう——こうして体制ははじめからひたすら非難するという目的だけを追ってい

*27 訳注——「共和国クラブ」は、一九六六年の大連立政権成立に際して、社会民主党の路線に危惧を抱いた元SDS同盟員ら知識人によって六七年に西ベルリンで結成されたグループ。詩人・批評家のハンス・マグヌス・エンツェンスベルガーが中心人物のひとりで、ホルスト・マーラーも加わっており、集まりにはマインホーフも出入りしていた。

*28 訳注——「都市ゲリラ構想」注1を参照。

る——教条主義者がこのように論ずるとき、体制とその発展過程の分析からではなく、爆薬の化学分析から結論を出している——表面的にすぎないことがらをもとに歴史的な類推をしているのだ——典型はハーリヒ[*29]だった。

かつてのアナーキスト——ブランキからクロポトキンまで——が踏まえていた実際の社会・経済的前提にしても国家概念にしても——〔マフノ運動〔ウクライナのアナーキズム農民運動〕やスペインのアナルコ・サンディカリスムなどはどのみち誹謗者たちの念頭にはない〕、反権威主義運動とRAFの客観的条件とも主観的内実ともいささかもかかわりがない。アナーキストを自称する同志たちにしてもかかわりがない。彼らが反帝国主義者であるのは明白だ——《マルクス主義者》はブルジョワ的教養の優位以外に根拠もないのに独善的に彼らを従属させようとしており、彼らはこうした手合いのすべてに溢れんばかりの不信感を抱いている。全身で反権威主義を醸し出すことで彼らは、誤った保護監督を寄せつけないのだ。

かつてのアナーキズム概念はもはや——マルクス、エンゲルス、レーニン、ローザ・ルクセンブルクらが社会民主主義のなかから悪魔として追い出したような形式では——使いものにならないのは当然だ。ブランキ、バクーニン、〔ヨーハン・〕モスト、クロポトキンが発展させたような形式では——未熟な状況での未熟な観念にすぎない。

合法左翼が彼らのわずかばかりの大衆基盤を反帝国主義闘争の大衆基盤と反目させるとき、彼らの振る舞いは自らに対してまったく無批判的だ。そんなことではそもそも誰も先に進めない。アナーキズム概念を用いてわれわれに議論が吹っかけられようとしているが、それはわれわれが今日緊急に解決しなくてはならない問題から目を逸らすものだ。

かつてのアナーキストの支配概念が、帝国主義の発展によってはじめて具体化した、資本による人間の支配を先取りしたものだったかどうか――つまり彼らの労働概念が反帝国主義闘争の自由概念を先取りしたものだったかどうか――これは精査しなくてはならないだろう――そうである可能性はある。

取り込み

KP〔共産党〕を体制に取り込むためにはまだそれを非合法化する必要があった、ブルジョワ的反ファシストを取り込むためには東方条約が必要とされた――学生運動には恩赦で充分だった――つましく済んだものだ。

＊29　ヴォルフガング・ハーリヒ〔一九二三－九五〕は〔戦争末期から抵抗運動に加わり〕戦後まもなくKPD党員、後にSED〔社会主義統一党〕党員となった。フンボルト大学〔ベルリン〕の哲学教授であった〔が、一九五三年六月一七日労働者蜂起以後、東独体制に批判的になり、教授職を辞してヴァルター・ヤンカとアウフバウ出版を設立〕。ルカーチの影響と五六年のポーランドとハンガリーのレーテ共産主義的変革の影響を受け、DDRの民主改革を共同で試みた。五七年〔ヤンカらとともに見せしめ裁判にかけられ〕、懲役一〇年を言い渡されるも、六四年に恩赦を受ける。左翼急進主義への大々的な〔自己〕批判を公表することによって、DDRへの忠誠心を立証した〔七〇年代には出版社で編集者を務める傍ら、エコロジー色を強くしている〕。DDRの崩壊後、BRDの歴史記述にDDR史の独自な再検討を対置する試みである《代替調査委員会》の委員長となった。

痴呆化した左翼

ミュンヒェン〔・オリンピック〕の件で、ゲンシャーはこれをまたも利用しつくして自分たちを攻撃するだろう、そんなことしか思いいたらない同志たちが交わす、小市民的な悪意と屁理屈に満ちた無駄話は痴呆化している。事実そうなのだ。そこから顔を出しているのはマルクス主義者の政治意識ではなく、気分を害した小株主のそれだ――《いつも自分ばかりが!》という。

フュルステンフェルトブルックと東方条約

フュルステンフェルトブルック〔空軍基地〕の大虐殺は、東方条約[*30]なしにはありえなかった。かつての反ファシストたち〔ヴィリ・ブラントを示唆〕の完全な堕落と、MLやAO[*31]によって誘導された新左翼の一部の底無しの日和見主義なしにもありえなかった――彼らときたら一九六七/六八年についての自らの認識を身の毛のよだつ思いで確認しては、すっかり目がくらんでしまった。

ほかならぬ〔極右のフランツ=ヨーゼフ・〕シュトラウスではなく、まさにブラントにしてのみ、フュルステンフェルトブルックでの犯罪をはたらくことができた。アメリカのNATO基地で西ドイツ帝国主義は、イスラエル支援のために援護射撃を行った――イスラエルの拷問、殺人、搾取、ナパーム弾、パレスチナ人民からの土地強奪を支援するために。

まさにドレガーではなく、まさにシェール[*32]の党友ゲンシャーにしてのみ、パレスチナ人のBRDからの大量国外追放を遂行できる。国家主義的絶滅政策にもとづき、いまやイスラエルの絶滅政策にさらされているためにこの地にいるパレスチナ人の追放を。歴史的想起能力を微塵ももたずにこれを受け容れ、いかに途方もない憎悪でもって自分たちがまたもや報復を受けるか考えのおよばない、こうした世論ほどみすぼらしく零落した世論はない。

社民・自民連立政権とシュトラウス

一九六六年にSPDが政権に加わって以降、それ以前のCDU政権下にあった一七年間総じてよりも《民主主義》撤廃は進んだ。非常事態法、手榴弾法[*33]、憲法擁護法[*34]、州首相令[*35]、ストライキを封ずる連邦労働裁判所の判決、連邦国境警備法[*36]、といった具合だ。

一部左翼はシュトラウスに対する不安に麻痺するあまり、社民・自民連立政権がつくり出した道具

---

*30 訳注――「人民に奉仕する」注32を参照。

*31 訳注――Kグループと総称される小グループのうちKPD／ML〔ドイツ共産党マルクス・レーニン主義派〕については「序論」注15を参照。西ベルリンSDSの流れを汲み七〇年に設立されたKPD／AO〔ドイツ共産党建設組織〕では、RAF離脱後のホルスト・マーラー、リューディガー・ザフランスキー、アンティエ・フォルマーらが党員もしくは同調者として活動した。

*32 アルフレート・ドレガー〔CDU〕は一九六九年から八二年までヘッセン州CDU党首、保守派の政治家〔軍拡推進、ナチ時代の評価の相対化など右翼路線を代表し、七〇年代には「過激派条例」を強く支持し、RAF攻撃の最先端にいた〕。

ヴァルター・シェール〔FDP〕は一九六九年から七四年まで社民・自民連立政権の外相〔兼副首相。七四年から七九年には連邦大統領。FDP党首として六九年にはSPDブラント政権成立に貢献する〕。ブラントと並ぶ新東方政策の主唱者〔「人民に奉仕する」注13を参照〕。

*33 訳注――非常事態法は「前史に関する覚書」注1、手榴弾法は「都市ゲリラ構想」注34を参照。

立てをシュトラウスが引き受けるときには、いざ喚き立ててみせるべき声帯がすでに切断されてしまっているのに気づくだろう。

だがシュトラウスにしたところで、同志たちに発砲するのをはるかに上回ることなどできない。マクロードら[*37]を殺害し、アラブ人を追放し、プリンツレゲンテン通り、[*38]レーヴェンタール、[*39]「ビルト」紙、見せしめ裁判、警察出動程度だ。社民・自民連立政権下の警察はコンツェルンの警察にひとしく、そこでの言論の自由はシュプリンガー・コンツェルンの言論の自由であり、その外交政策はヴォルフ・フォン・アメロンゲン、[*40]バイツ〔本編注15参照〕、メッサーシュミット、ベルコ＝ブローム、[*41]ジーメンス、ホーホティーフ〔建設コンツェルン〕、シケダンツ、[*42]ゲルゼンベルク株式会社[*43]の政策だ。その国内政策はダイムラー＝ベンツ、グランツシュトフ〔人絹工業〕、クレックナー〔金属業〕、レーヴァークーゼンのバイエル社〔化学業〕の政策であり、その大学政策はＢＡＳＦのそれだ。

重要なのは一方での議会制民主主義〔ブラント〕と他方でのファシズム〔シュトラウス〕ということでなく、一方での帝国主義の中心と他方での第三世界人民の革命的解放闘争および本国での反帝国主義闘争なのだから――だから重要なのはあれこれの政府にへつらうことではなく、人民に奉仕することだ。

魅力的な帝国主義

社民・自民連立政権は、表層に熱中するブルジョワ的左翼にとって西ドイツ帝国主義を魅力あるも

＊34 訳注――通称「連邦憲法擁護法」は一九五〇年に制定、《自由・民主主義的基本秩序の擁護》を連邦と州との緊密な連携のもとで進める旨が謳われている。「憲法擁護」は「国内治安」とほ

ぼ同義で、西ドイツの「闘う民主主義」の一要素となっている。憲法擁護庁は連邦・州の双方に置かれ、左右の政治組織、とくに「極左」に対する諜報活動のみならず、ペーター・ウーアバッハの例のように違法な挑発活動も行っていると推測されている。

＊35 訳注――一九七二年一月に連邦首相と各州首相とで交わされた決議、いわゆる「過激派条令」で、「反憲法活動」をする者を公務員から締め出すことを謳っている。

＊36 訳注――一九七二年八月公布。非常事態の場合には国境警備隊を全土配備し治安にあてることが認められている。

＊37 〔RAFはもとより運動とは無関係にもかかわらず嫌疑をかけられた英国人の外交員〕イアン・マクロードはRAF捜査との関連で〔一九七二年六月二五日、シュトゥットガルトの高層住宅内の〕自宅で全く無防備な状態で〔押し入った〕警官により射殺された〔「序論」注11に既出〕。

＊38 〔一九七一年八月四日〕ミュンヒェンでの銀行強盗で人質がとられた際、警官は射撃を開始して二人〔一人は犯人、もう一人は人質〕を射殺した。フランツ・ヨーゼフ・シュトラウスは〔五〇〇〇人ほどの野次馬のなかの一人として、猟銃を持参して〕そこに居合わせた。

＊39 訳注――ゲーアハルト・レーヴェンタール（一九二二―二〇〇二）を指すと思われる。ジャーナリストで一九六七年から八七年まで第二ドイツ・テレビの政治番組「ZDFマガジン」司会者を務めた。東ドイツの人権抑圧をしばしば取り上げるにとどまらず、ブラント政権の東方外交、APOなどを敵視する姿勢を強く打ち出していた〔「人民に奉仕する」注21を参照〕。

＊40 オットー・ヴォルフ・フォン・アメロンゲン〔一九一八―二〇〇七〕は実業家、ドイツ経済東方委員会の委員長。

＊41 訳注――航空機関連会社。一九六九年には合併によって「メッサーシュミット＝ベルコ＝ブローム」となっている。

＊42 訳注――グスタフ・シケダンツ（一八九五―一九七七）は実業家。流通・販売業で広く展開した。

＊43 訳注――一九世紀からある鉱山業会社。

のとした——この政権は帝国主義政策を貫徹するとき人びとの感情に気を配る——彼らは《適切な手段》で仕事をし、現地語をこなし、議会での議論という形も使えば連邦国境警備隊のようなテロ部隊の形も使う——法治国家の手段も使えばファシズムの手段も使う。

反帝国主義左翼ならば、シュトラウスにさほど手を焼きはしないだろう、彼はいまだに植民地・ナチ帝国主義を鳴り物入りで騒ぎ立て、コンツェルン幹部に合わせた作法をまだもっておらず、一九三三年時点でのテュッセン、フリック、クルップのように権力との関係は落ち着かず、多国籍コンツェルンの溢れるような自負心をまだもっていない。工場にでも行けば野次り倒されるだろうし、いまや憎しみの種をまくというよりもその収穫を取り入れてもいるだろう。

《右翼の権力掌握》

《右翼の権力掌握》[*44]とはSPD左派が虚空からでっち上げたこけおどしであり、脳味噌も理論ももたない日和見主義者が反帝国主義左翼に投げつける呪文であり——ブラントとシュトラウスが同じ帝国主義体制の二つの異なった仮面以外のなにものでもないことを隠蔽する概念だ。

希望なく痴呆化した大衆のイデオロギーがこれと対をなす——シュプリンガー社屋から搬出されているほかならぬゴミ新聞によって証明されているように、新聞売店の軒先で意見の同調が行われている。メディアが集中化してしまっているということだ。

ブラント、ゲンシャー、メルク、シュライバー、フォーゲル、ダウメ、ブランデージ[*45]と、帝国主義の素顔を隠す仮面が何と名乗っていようと、その誰もが囚人釈放という革命家の要求を支持しようなどと一瞬たりとも考えなかった。ゴルダ・メイア[*46]がそもそも連絡を受けて立場を明らかにする以前に、彼らがただひたすら思案していたのは、どうしたら革命家たちをいちばんうまく——ガスを使うか突撃隊によるか狙撃手によるか、あるいはどうであれ——虐殺できるかだった。彼らが嘘と偽りの約束によって達成した最後通牒がかさねて延期されたのも、大虐殺準備のための時間を稼ぐというもっぱらの目的だけに役立った。彼らの唯一の目標は、モーシェ・ダヤン〔国防大臣〕——イスラエルのヒムラー——のファシズムにどんな点でも引けを取るまい、という点だった。事件の経緯についての九月七日付バイエルン州内務省記録文書——最初の記録文書であり、その後に出されたものよりもまだ粉飾ははるかに少ない——は、実際にみながモーシェ・ダヤンのごとき卑劣漢であり、テルアヴィヴ

＊44　訳注——ブラント社民党政権と敵対することで、シュトラウスに象徴される右派に利することになる、という「極左」に対する批判を指していると思われる。
＊45　メルクはバイエルン内務大臣。シュライバーはミュンヒェン警察署長。フォーゲルはミュンヒェン市長。一九七四年から連邦法務大臣。ダウメ、ブランデージは国際オリンピック委員会の役員。
＊46　当時のイスラエル首相で、事件当初よりゲリラ側の要求をいっさい容れないという強硬姿勢を貫いた。

で航空機乗っ取り実行者に対して彼がとった邪悪な措置[*47]とまったく同じようにいっさいが考えられており、現に革命家を家畜のごとく罠に誘いこむためにありとあらゆることが行われた、というもっぱら哀訴と断言だけで満ち溢れている——まことに、まことに残念なことに……、と。

九月六日朝八時にカイロで人質を交換する旨ゲンシャーが約束するに至っていたことを西ドイツの記録文書は押し黙っている——これをまず伝えたのは、オリンピック競技会エジプト代表団長だった。

帝国主義諸国が驚愕したのは、またしても共産主義者ばかりかユダヤ人まで同時に粛清してしまったドイツ人の無能さに対してのみだった。

イスラエルが流してみせるのは空涙だ。ナチがユダヤ人にしたようにイスラエルは自国のスポーツ選手を火にくべた——帝国主義の絶滅政策のための燃料だ。彼らがパレスチナの村を爆撃するとき、ほかならぬミュンヒェンは口実にならない——帝国主義体制としてどのみちなすことを行うのだ。彼らが爆撃しているのは解放運動に対してだ。イスラエルが爆撃するのは、アラブ人民が黒い九月の行動を理解したからであり、行動が大衆から理解されたからだ。自分たちの敵はイスラエルだけではない、自分たちの敵は帝国主義である、イスラエルだけが血に飢えているのではない、アメリカ合衆国がベトナムに対してだけそうだということではない、帝国主義とは総じてあらゆる解放運動に対してそうなのだ、反帝国主義闘争なしに人民戦争の勝利はない、ということを。

支配層の化けの皮を剝ぐ

西ドイツの支配層の化けの皮が剝がれた——彼ら自身にとって差し支えない範囲を超えて、体制に内在する矛盾が、発展した帝国主義という条件下でどのようなものであるかがはっきりと示された。

議論は見せかけだけであって、その社会的実態は空疎なおしゃべりであると。
「〔フランクフルター・〕ルントシャウ」紙は、BRD内のすべてのパレスチナ組織を解散し構成員すべてを追放するよう要求し、開発援助との関連で学生運動に向けられた「ビルト」紙の言い古された文句――《われわれの税金》――をまたぞろ持ち出した。FAZ紙は――怒りのあまり泡を吹きながら――マインツで出された『バーダー・マインホーフ報告』[*48]の文体でハバシュ[*49]について、シニシズムと劣等感に規定された男であると言い表した。ヴィシュネフスキは、パレスチナ人の側に立つ政府をもつ《すべてのアラブ人》をただちに追放せよと主張した。アウクシュタインは苦しまぎれに《制裁》を要求し、ナネンは「シュテルン」読者に日課命令よろしく、猶予なしに追放せよ、アラブの空

*47 訳注――一九七二年五月八日、ブリュッセル発ヴィーン経由テルアヴィヴ行きのサベナ航空旅客機を四人組がハイジャック。そのまま目的地のリッダ空港に着陸させて、イスラエル国内に収監されている三一五人のパレスチナ人政治犯の釈放を要求したが、モーシェ・ダヤンに交渉を引き延ばされ、翌日イスラエル軍特殊部隊に突入されて二人が射殺、二人が逮捕された。実行犯四人は「黒い九月」のメンバーとされる。

*48 訳注――一九七二年に刊行された、連邦刑事局、連邦憲法擁護庁の書類にもとづく書籍。編著者名は記されていない（未邦訳、*Der Baader-Meinhof-Report*, v. Hase & Koehler Verlag Mainz, 1972）。

*49 ジョージ・ハバシュ〔一九二六―二〇〇八〕はパレスチナ解放人民戦線（PFLP）の指導者。PFLPは、マルクス主義―反帝国主義のパレスチ抵抗集団で、西ヨーロッパの多数のグループと連帯している大規模国際組織である。西側の秘密情報機関にとって、それは六〇年代および七〇年代の《国際テロリズム》の権化だった。PLO分裂の後、PFLPは、ファタハ指導者アラファートのイスラエルとの交渉に反対する集団のひとつだった。

港をルフトハンザはボイコットせよ、開発援助にも貿易借款にも《びた一文》出すな、と呼びかけた。[*50] シェールは人類の《文明化した一部》に懇願し、ハイネマンは最後の審判の監査役会長であるかのようにアラブ諸国政府に厳重注意を与えた。

シュプリンガー新聞・雑誌と同じ側に立つ、先を見通す力を欠いたこうした感情の発露は、虐殺劇前および後の最初の数時間での当局の政策・情報政策がそうであったように、彼ら自身にとっても長期的には好都合ではないだろう。エジプト首相シドキと電話会談をした際にブラントは、西ドイツ左翼と同じように革命家をあしらえるものといまだ信じていた。彼らが何を望んでいるのかわからないとブラントは主張した。あたかもそれを知る必要がまったくないかのように、あたかも犯罪者、アナーキストは人でなしか病人か何かであると意見が一致しているかのように——求められざる者は好きに処理される。シドキは受話器を置いた。

ゲンシャー、メルク、シュライバーは、人質を巻き添えに殺してしまった気まずい真実を即座に白状するにおよばず、ペートラ・シェルム、ゲオルク・フォン・ラオホ、トーマス・ヴァイスベッカー殺害のときの正当防衛という説明が結局は信じ込まれたように、つつがなく受け入れられる説明を準備しておく時間ならある、そう考えていた。

ゲンシャーは最初の瞬間に、マクロード殺害を発砲したシュトゥットガルトの官憲に押しつけるのと同様に、この件をバイエルン〔州政府〕に押しつけられると考えた。

ミュンヒェンの検察官は、捜査員が脅かされるとの口実でジャーナリストに情報を知らせずにおくことができると考えた。彼らは、反帝国主義闘争など実際のところはまったく存在せず幻影にすぎない——社民‐自民連立政権の左にいるのは狂人、アナーキスト、犯罪、病だけだといった、二年間にわたりRAFに対して吹き込んできた彼ら自身の対抗情宣に屈した。

エプラー

戦術的には正しい位置、言い換えれば、彼らの目下の利害状況に応じた位置をBRDでなんとか守り抜いたのはエプラー[*51]だけだった。概括的な判断はせず、制裁を求めず、開発援助はいずれにせよマグレブでのみ帝国主義的包囲政策、投資による侵入の意味で行う、等々。石油、地下資源、労働力をまだ搾取し尽くそうとする以上、いまだ国民間友好や協力関係をもち込まなくてはならないからではあるのだが。

仮面を剝ぐ

黒い九月は、体制がはらむ推定上のではない真の矛盾、帝国主義と第三世界人民のあいだの矛盾を

＊50 ハンス＝ユルゲン・ヴィシュネフスキ〔一九二二－二〇〇五〕は〔政治家で〕一九六八年から七一年までSPDの連邦事務局長を務めた〔一九七七年の「ドイツの秋」でルフトハンザ機がハイジャックされた際には、中東諸国などを訪れ、受け入れ国を依頼する偽装をした〕。ルドルフ・アウクシュタイン〔一九二三－二〇〇二〕はニュース雑誌「シュピーゲル」の〔創設者にして逝去まで〕編集者〔一九七二年にはFDPから連邦議会議員を三ヶ月務めた〕。ヘンリ・ナネン〔一九一三－九六〕は「シュテルン」誌の〔創設者にして〕元編集長および編集者〔一九三六年のベルリン・オリンピックでは、スタジアム・アナウンサー、リーフェンシュタールの記録映画のナレーターを務めた〕。

＊51 訳注――エーアハルト・エプラーについては「人民に奉仕する」注31を参照。

極限まで推し進めてみせ、社民‐自民連立政権とその吹聴者の仮面を剝がした。第三世界人民は、そもそも自分たちの本当の目標と意図をなし遂げる余地のまだまったくない時点ですでに、それを放棄するよう帝国主義に強いられた。官憲は加わらず、航空機内で大虐殺を貫徹するのを拒んだ。報道記者たちは加わらなかった。外国は加わらなかった。西ドイツ大衆はお呼びでなかった。アラブ人民は大挙して、西ドイツを眼前にしたときその正体を理解した。帝国主義の絶滅戦略家であると。

仮面を剝ぐとは、次の一歩を踏み出すまえにその次の一歩を彼らに強いることであり、彼らの目的を放棄させることであり、その結果、この先どうなるのかを誰もが見えるようになる。すべてが禁止され砲火を浴びたすえ監獄に入れられてからでは遅いのであって、革命的左翼にいまだ対抗戦略が可能な時点で、彼らにそれを強制するのだ。仮面を剝ぐとは、もはや可能でなくなってようやく始めるのではなく、まだ可能なうちにさまざまな矛盾を極限まで推し進め、行動の原則を定め、主導権を握ることだ。——報道の集中化が支配的であり支配層が原則意見一致している以上は、体制はまたも口実に窮してしまう、あるいは口実がないため崩壊すらしかねない、そこで口実を提供する者は体制維持に寄与している、などと想像したり主張したりするのは、子どもじみている。選挙戦や洗剤広告の水準で反帝国主義闘争は行われない。

反帝国主義意識

反帝国主義行動は存在と意識の弁証法を情宣のうえで目指す。というのも、体制に対する大衆の忠誠心とは体制の美しい仮象、体制の約束、体制の虚言への信仰であり、大衆に自然的事実と思わせる《状況の無言の強制》(マルクス)への大衆の順応とは、いかなる自然発生性をも阻喪させる体制の完璧さであるからだ。反帝国主義行動は、体制の自己演出および操作と大衆の忠誠心とのあいだの対称関係を破壊し、体制を挑発して、こんなことを望んではいなかったと人びとがいつでも言うような真実を白状させる。反帝国主義行動が実際に出発点としているのは、体制の耐えがたさをとうに多数の者が感じ取っており、日和見主義者が信じさせようとしているように妄想の産物などではない、というところだ。

フュルステンフェルトブルックの大虐殺を望んだのは誰だったか？　オリンピック競技会から帰途に就いたスポーツ選手はそれを望んでいなかった。悄然かつ愕然と成り行きを目の当たりにし、IOCとシュプリンガーの新聞雑誌の恐ろしいまでのそっけなさを感じた人びとはそれを望んでいなかった。革命家たちがそれ望んでいたなどと信じるのは愚かしい。彼らが望んでいたのは囚人の解放だった。彼らは、この国の一〇万の人びとが依然として望んでいることを望んだ。拷問が行われないこと――それゆえ政治犯がこの地で拷問にかけられないこと、――土地収奪、殺害、ナパーム弾、イスラエルによるパレスチナ難民キャンプへの爆撃テロルが生じないことを。彼らが殺戮されたのはそのためでもあった。成功していた暁には、彼らと彼らの革命とが一致していることを――彼らの《人間的行動》と、彼らの勇気と、彼らの連帯と一致していることを、敗北がなしうるよりもかぎりなく多く意味していたはずだったために。

帝国主義支配の完璧さを目のあたりにして反帝国主義の意識が地歩を固めるのは困難だ。大衆は日々「ビルト」紙で頬を叩かれている。紙面のどこを見ても拵えものの意見や催しに覆われ、この意識が抱く悲哀や恐怖を表現するのは難しい。

RAFの行動は反帝国主義意識の確立を目指した。さまざまな仮面をつけた体制の人士はこれを理解していた。抵抗とは長期的に人を引きつけ、鼓舞し、離反させないゆえ、この種の闘争は長期的にはその大衆基盤の獲得を目指している、これを彼らは理解していた。何百回もの家宅捜索、何千キロメートルにもおよぶ道路での検問、何百万ものメディアを通じた呼びかけによってもRAF支持者層に襲いかかることができなかったもので、爆弾の脅迫を偽造するという戦術――シュトゥットガルトに対して使われた[*52]――でもって彼らは全力でここに乗り込んできた。爆弾脅迫偽造という戦術、それと同時にRAFの否認声明のメディアによる秘匿によって、官憲自身の手で大混乱が生み出され、この混乱がおのずと治安と秩序を要求する、という寸法だ。社会主義左翼は、爆弾脅迫の偽造を本物と区別することができなかった。本物のそれはすべて支配に対して向けられ、支配・文化・通信・メディアの活動を妨げ除去することを目指しており――シュトゥットガルトだけは人間に向けられていた――明らかにファシズムであり、大衆を敵にしていた、それにもかかわらず。

反帝国主義戦争は、体制に対する闘争にあって体制の武器を用いる――反革命は人民に暴力を行使する。合法左翼は――官憲の行動に困惑し――日和見主義者たち（ネークト）に陣地を委ねた。

（六月、七月になされた逮捕について個別に語られるべき点は、獄中同志自身が語らなくてはならない）[*53]。

黒い九月

ミュンヒェンでの黒い九月の行動には何ら誤解の余地はない。彼らが人質にとったのは、彼らに対して絶滅政策を進める国の国民だった。彼らは同志を解放するために自らの生命を賭した。彼らは殺害を望んだわけではなかった。彼らは最後通牒を延期したにとどまらない。イスラエルの頑迷な態度をまえに、イスラエル人人質を捕虜として留め置くことを提案した。イスラエル人人質はこの逃げ道に賛同した。彼らは革命家たちと同じく、ドイツ当局に欺かれた。ドイツ警察は革命家とともに人質を虐殺した。

ミュンヒェンでの黒い九月の行動は、反帝国主義闘争の記憶から押しのけられることはもはやできないだろう。

アラブ人同志の死は泰山より重い。奴ら、獣らがフュルステンフェルトブルックで拾い上げた石は、奴ら自身の足のうえに落ちるだろう！

パレスチナ人民の解放闘争との連帯を！

ベトナム革命との連帯を！

万国の革命家、団結せよ！

＊52　一九七二年五月二六日付の書簡で、シュトゥットガルトの街の中心部に三つの自動車爆弾を仕掛けたことがRAFの名で発表された。治安当局は、明らかな偽造であったその手紙を本物だと主張した。当局は町の中心部から住民を立ち退かせ、警告と注意喚起のビラを配布した。アンドレーアス・バーダー執筆による、グループは《人民を標的とする行動》とはかかわりがないと表明したドイツ通信社宛の書簡は今日まで公開されていない。

＊53　一九七二年五月（五月攻勢）のRAFの行動後すぐに地下グループの大部分が逮捕された。

訳者あとがき

初見 基

「RAF（Rote Armee Fraktion ＝赤軍派）」を名のったドイツの政治集団は一九七〇年に成立、本書の原書が出版された翌年の一九九八年に地下から解散宣言が発表されて消滅した。二〇世紀最後の三〇年に満たない存立期間ではあるが、その行動は戦後ドイツ社会に深い痕跡を残した。西ドイツの集合的記憶のなかで、一方ではおどろおどろしい暴力の権化として過剰に情緒的な拒否反応を呼び起こすとともに、他方では「神格」化ではないにしても一種神話化されて語られる面もあり、文学や映画はもとより、演劇、舞踏、絵画・造形芸術、さらには音楽といった諸分野の芸術作品でも、なんらかのかたちでモティーフ化されている例が少なからず見受けられる。さらに二〇二四年にも元構成員ダニエーラ・クレッテの逮捕が報じられているように指名手配を受け地下に潜行している者はいまだおり、RAFそのものが「終わった歴史」となりおおせていない。

一九七七年「ドイツの秋」をはじめとする一連の事件をめぐって、断片的には日本でも「ドイツ赤軍」「バーダー＝マインホーフ・グループ」などの呼称によって伝えられてきたが、その主張をRAF自らの言葉で記した文書がまとめて邦訳されるのは本書（および続刊）がはじめてとなるはずなので、まずここでは大枠の紹介を試みておく（以下、〔 〕内の数字は本書の関連・参照頁を指す）。

RAFの通史を語る際には、これを「三世代」に分けて捉えるのが通例となっている。

RAF「第一世代」は、一九七〇年五月一四日のアンドレーアス・バーダー「解放」〔38〕によって突如として注目を集めた。緑に囲まれた閑静なベルリン郊外でのこの行動がRAF誕生の象徴的な瞬間だった。その際にRAF側の銃撃によって一般人に重症を負わせた経緯は「一線を越えた」として共鳴者のあいだからも批判が寄せられ、さらにこれはその後の展開をも予示していた。

以降、銀行強盗という従来の反体制運動の常識を上回った挙に出るのみならず警察官に向けた銃撃をも憚らず世間を騒然とさせ、七二年には「五月攻勢」〔252-263〕での爆弾攻撃をもって激しさの頂点に達する。とはいえ年内に主要構成員のほとんどが逮捕され、RAFは壊滅状態に陥ったかに思われた。ただし主戦場は牢獄と法廷に移され、待遇改善などを謳ったハンガーストライキを主とした獄中闘争がくり広げられた。しかしながら七四年にはホルスト・マーラーが組織から追われ、七六年にはウルリーケ・マインホーフが獄死、そして七七年には「ドイツの秋」の末にバーダー、グードルーン・エンスリーン、ヤン＝カール・ラスペという三人の中心人物が獄内で死亡した一〇月一八日「シュタムハイムの夜」でもって草創期のRAFは終わりを告げる。

その間、監獄内での闘争に呼応して、獄外での活動はもっぱら獄中同志の「解放」に向けられる。「ドイツの秋」もその一環だった。この獄外闘争を担ったのが「第二世代」となる。七七年のバーダーら獄内主要構成員の死によって方途を見失いながらも、その後も爆弾闘争などが散発的に継続された。その主導人物だったブリギッテ・モーンハウプトとクリスティアン・クラールが一九八二年一一月に逮捕され、「第二世代」も姿を消す。

その後一時なりをひそめたものの、八四年以降に「第三世代」があらたに行動を開始する。こちらも間歇的ながら、爆弾闘争、要人殺害など重大な事件を起こした。ただ「第三世代」構成員はおそらくは先行世代との人的繋がりをほとんどもたず、官憲側も当初その実態を摑みあぐねていたようで、闇に包まれた組織として一部には陰謀論的な推測も出回っていた。

一九九二年にクラウス・キンケル連邦法務大臣が地下潜行中のRAFに対して下獄者の恩赦と引き換えに和解を提案、これを受けてRAF側も攻撃の緩和化・要人殺害の停止を宣言した。これが九八年の解散宣言につながったと理解される。

本書『ドイツ赤軍 I』に収められた文書は「第一世代」の、それも末尾の一篇を除いて獄中に囚われるまでのものとなる。すでにこの期にRAFの攻撃によって警察官、米兵などに死傷者が出ており、こうした武装闘争は概して否定的に受けとめられていた。それでもまだ要人誘拐・殺人にまではいたっておらず、左派のあいだからの一定の支持あるいは共感は保たれ、救援組織周辺から「第二世代」の育つ土壌が残されていた。

西ドイツのジャーナリズムで初期のRAFは「バーダー＝マインホーフ一味」――はじめはここにマーラーの名が加えられもした――という名称でギャング集団扱いをされていた。もとより指揮系統の整備された縦割り組織とはほど遠い、放恣さを誇った「コムーネ」〔29、45〕の延長のような、市民社会から無法者と呼ばれてしかるべき少人数の集まりではあった。組織の求心軸がバーダーであったのは間違いない。それに対してマインホーフは指導的な立場に立っていたというよりも、六〇年代の「コンクレート」誌での執筆活動やテレビ出演で左派のあいだにとどまらず知名度が高かったために「一味」の顔とされた――バーダー解放直後にはドイツ中の広告柱に一万マルクの報償金を謳ってマインホーフの顔写真が貼られもした――というのが実情だろう。

本書に収められた文書のうち、「西ヨーロッパの武装闘争について」がすでにこの時点で逮捕されていたマーラーの筆により、「ミュンヒェンでの《黒い九月》の行動」が同じ理由でマインホーフ執筆であるのは確定しているのに対し、「赤軍の建設」「都市ゲリラ構想」「人民に奉仕する」の三篇は、「RAF集団《コレクティーフ》」内での議論が集約されたうえで文書執筆に馴れたマインホーフあるいはエンスリーンがまとめたと推定されている。マーラーの文書が毛沢東やレーニンからの引用を並べた獄中での「学習の成果」といった感があるのに対し、それ以外の文書にあってドイツ国家内外での具体的な事例などが挙げられた箇所は、マインホーフのジャーナリストとしての技量を窺わせる。ただいずれにしても、経済・政治などの緻密な社会科学的分析は求められようもない。

　組織の内情についてのむやみな推測は避けておく。ただ、「第一世代」を象徴する人物はやはりバーダー、マーラーそしてマインホーフ、エンスリーンという四人になるかと思われるので、本書の「前史に関する覚書」および「序論」での記述以前の、バーダー「解放」・RAF建設にいたるまでの四人の途にごく簡単に触れておく。RAFの思想と行動が主要構成員の伝記的事実に還元されるわけはないにしても、そこからは共有された時代の雰囲気をいくばくかなりとも感じ取れるだろうと考えるからだ。

　アンドレーアス・バーダー（一九四三－七七）はミュンヒェン生まれ、父親は美術史の博士号をもちその分野で将来を嘱望されていたものの一九三九年に国防軍に召集された。四五年にスターリングラードでソ連の捕虜となり一〇月に解放されたところまでは判明しているが、その後の足取りは杳として知れない。母親の生まれた家庭は裕福ながら第一次大戦で父親が戦死したため没落、貧困化した。ただ実兄（アンドレーアスの伯父）はヴェルナー・ヘルツォーク監督の映画作品、邦題『カスパー・ハウザーの謎』（七四年）にも出演する舞踏家・俳優のミヒャエル・クレヒャー（一九一二－二〇〇四）で、彼とも昵懇だったアンドレーアスはミュンヒェンの文化シーンになじみ、ホルスト・ゼーンライン〔31〕が主宰する「アクション劇場」ではライナー・ヴェルナー・ファスビンダーなどとも交流があったようだ。それなりに才能は見込まれていたものの「素行不良」のために何校からも追われて結局「高校卒業資格試験《アビトゥーア》」を果たすことなく、かといって職業訓練も受けないまま、市民生活の枠からはみ出てゆく。盗難車を無免許のまま猛スピードで乗り回すといった指名手配を受けたRAF時代もつづけられる荒くれた所業は、すでに若年時に身につけていた。六二年の「シュヴァービング騒擾」〔26、27〕に参加し、警察の凶暴で圧倒的な暴力を目のあたりにして衝撃を受けたという。六三年には西ベルリンに移り、そして当時の多くの若者たちと同様に、六七年六月二日の西ベルリン警察官によるオーネゾルク虐殺が彼を一気に政治化させた。「コムーネI」〔29〕などに出入りし、その勢いのなかで六八年四月二日のデパート放火もなされた。それに対する裁判で彼の弁護についたのがマーラーだった。「都市ゲリラ」構想を抱くにあたってもディーター・クンツェルマン〔27〕やマーラーらからの影響が強かったと推測される。ただしバーダーの執筆したまとまった文書は残されていない。

ホルスト・マーラー（一九三六－）は、シレージエンのハイナウ（現ポーランドのホイヌフ）生まれ、歯科医の父は確信的な国民社会主義者で、おじには突撃隊（SA）指導者もいた。一家は赤軍（ソ連軍）の進撃をまえに東部ドイツへ逃げたいわゆる「東方難民」となるが、父親は四九年にピストル自殺を遂げ、これがホルストにとってトラウマとなったという。残された家族は同年に西ベルリンに移る。ベルリン自由大学では法学を専攻するとともに五六年にSPDに入党、その左派に属し、SDSにも加わる。六〇年にSDSがSPDから絶縁された際には前者につく。六四年に経済法を専門とする自身の弁護士事務所をもち、その分野で高い評価を得る。西ベルリンのAPOでは初期から法律顧問を務め、六六年の「共和国クラブ」〔299〕設立にも参加している。弁護士としては「愉快《シュパース》ゲリラ」を敢行した「コムーネI」のクンツェルマンやフリッツ・トイフェル、六八年のCDU党大会で「キージンガー、ナチ！」と面罵しながら首相本人を平手打ちしたジャーナリストのベアーテ・クラールスフェルトらを担当、六九年には「社会主義弁護士集団」を立ち上げ、そこにはやはりRAFの弁護士を務めるハンス＝クリスティアン・シュトレーブルなども結集している。六八年の「復活祭騒擾」にあたっては首謀者として起訴され有罪宣告を言い渡されるとともに、民事訴訟ではシュプリンガー社への物損賠償の判決も下された。フランクフルト・デパート放火事件でバーダーの弁護を引き受けたときに、エンスリーンからは「いつか法服を脱いで機関銃で弁論をする」よう諭されたという逸話もある。その後武装組織建設を構想し、実際七〇年五月バーダー解放の立案にも深くかかわる。以後ほかのRAF同志とともに地下潜行、一行をヨルダンでの武闘訓練に導き、帰国後は銀行襲撃にも加わっている。同年一〇月には逮捕され、「西ヨーロッパの武装闘争について」を七一年五月に執筆した。獄中では主導的な構成員との懸隔が拡がり七四年九月にはRAFから除名された。その後は毛沢東派組織に加わったりもするが、七七年にはマルクス主義革命理論の放棄を宣言し、九〇年代末には極右に転向して現在にいたっている。

ウルリーケ・マインホーフ（一九三四‐七六）は北ドイツのオルデンブルク生まれ、彼女の父親も美術史で博士号を取得した美術館職員でナチにも入党していたが、四〇年に病死、四九年には母親も病死したため、母の友人で歴史・教育学者にして平和運動の活動家だったレナーテ・リーメクが養母となる。五五年からマールブルク大学で心理学、教育学、ドイツ文学などを学ぶと同時に、リーメクの影響下で核兵器反対運動に積極的にかかわる。五六年にはSDSに加盟、また「コンクレート」誌編集部に入ったために東ドイツとのつながりを強くもち、六一年に結婚した同誌編集人のクラウス・ライナー・レール同様に非合法のKPDに入党するものの、六四年には両名とも離れている。同誌は発刊時より東ドイツからの資金に頼っていたが、その傀儡誌となるようにという指示に従わなかったため援助を断たれ、以後、レール主導で女性の裸体写真も含めたセックス記事で販売部数を伸ばすとともに、緊急事態法やベトナム戦争、大連立そして元ナチ党員が政治家として大手を振っている西ドイツの現状などを批判したマインホーフによるAPO路線の政治コラムも高く評価され、CSUの右翼政治家として著名なフランツ・ヨーゼフ・シュトラウスからは彼女の記事に対して一度ならず名誉毀損の訴訟が起こされた〔71〕。ハンブルクの「文化人」として夫レールとともに「プチブルジョワ的」な生活を享受してもいたが、六七年のオーネゾルク虐殺後の政治的急転のなかでマインホーフも態度を先鋭化させ、レールと別れ六八年に西ベルリンに移った。「復活祭騒擾」の際にはシュプリンガー社屋まえに駆けつけている。六九年まではジャーナリストとして、前述の主題のほか、シュプリンガー新聞批判や女性解放などを論じ、施設に収容された青少年の問題も扱いテレビ映画「暴動《バンブーレ》」の脚本を執筆した〔49〕。七〇年五月のバーダー「解放」行動にあたっては、共著書のために必要な面談と称してバーダーを連れ出す役割を演じている。当初は無関係を装うはずだったのが、ともに社会問題中央研究所の窓を乗り越えて逃亡したため、これにて市民生活と永久に絶縁することとなった。七二年の「五月攻勢」ではマインホーフが指揮したシュプリンガー社屋爆弾攻撃で社員に負傷者を出した件は、逮捕後に獄中RAFのあいだから厳しい批判を浴びた。

グードルーン・エンスリーン（一九四〇‐七七）はシュトゥットガルト近郊の小村バルトーロメで生まれる。父親はプロテスタント教会牧師で、ナチ時代には「告白教会」の支持者だったものの体制との摩擦を避けるべく兵役を志願している。グードルーンはギムナージウム時代の一九五八／九年には交換留学でアメリカのペンシルヴァニアに滞在、テュービンゲン大学などでドイツ文学、英文学、哲学を学んだ後、ベルリン自由大学でさらにドイツ文学を専攻して、と批判的な政治意識は稀薄なままに順調な学生生活をつづけるかに見えた。しかしハンス・ヘニー・ヤーンを扱った博士論文は未完のままに、六〇年代半ば以降は政治へのかかわりを強める。六五年の連邦議会選挙にあたっては伴侶だったヴェルンヴァルト・フェスパーとともにSPDを支持する作家たちの運動〔91〕に参加、そしてその選挙戦の敗北よりも翌六六年にSPDがCDUと大連立内閣を組んだ「裏切り」に衝撃を受けてAPOへと傾斜し、六七年のオーネゾルク射殺後高まる抗議行動にも参加、そうした渦中でバーダーと出会う。六八年二月のSDS主催による「ベトナム会議」〔28〕には両者の出席も確認され、その二ヶ月後にはデパート放火が実行された。逮捕されていたため「復活祭騒擾」の場には居合わせなかった。それまで交流をもっていなかったマインホーフは拘留中のエンスリーンのもとを訪れインタヴューし、「コンクレート」誌に共感の込められた記事を掲載している。デパート放火犯には懲役三年の刑が下りるものの、上告による刑が確定されるまでの保釈期間にはバーダーとともに保護施設の青少年たちへの支援活動などに携わった。そのなかからはペーター＝ユルゲン・ボークのような後に「第二世代」に加わる者も出た。六九年一一月に上告が棄却されたためふたりはパリに逃亡、こうしてその後のRAFと直結する地下活動が始まる。一二月にイタリアで落ち合ったマーラーから武装組織の建設を持ちかけられ、翌年二月にはベルリンに戻りマインホーフらも加わってその準備に入った。しかし四月には隠匿した武器を見せるという憲法擁護庁工作員ペーター・ウーアバッハの罠にはまったバーダーが逮捕された〔39〕ため、即座にその「解放」計画にかかることになる。

以上RAF「第一世代」四人の中心人物について簡単に紹介した。そのうちで、当初からマーラーとバーダーおよびエンスリーンとのあいだで主導権をめぐる角逐があったものの、その後は後者二名が組織両輪として実質的な「指導者」となった、社会常識にとらわれず身の動きの軽快なバーダーが行動の指針を示し、エンスリーンがそれを具体化するための諸条件を整える、といった「指導体制」のありようは、さまざまな関係者の証言するところだ。

次に、本書に収録された「第一世代」の残した文書に見られる方向性について、三点を手短に見ておく。第一に挙げられるのは、RAFによる「ファシズム批判」が、過去や未来に向けられているのではなく、ナチ時代からつづいている「現在」を問題としている、という点だ。その前提としては、世代からして当然ながら、第二次大戦・ナチ時代の影がいまだ色濃かった状況は見逃せない。すでに挙げた伝記的事実からだけではない。七〇年代初頭にあってですら政財界の「エスタブリッシュメント」として元ナチ党員が大手を振っているという現実にも表されているように、「克服されざる過去」は厳然として存していた。そもそも西ドイツでの「六八年叛乱」の一要因には、「お父さん、あなたはあのとき何をしていたのですか？」といった問いに表される、ナチ時代の過去を隠蔽して経済繁栄を寿いできた戦後西ドイツ社会の欺瞞を撃つという動機があった。マインホーフが「コンクレート」誌に載せた多くのコラムでもしばしば強調されている点だ。「ナチ」とは反省され克服されるべき、いわんや想起されるべき過去として名指されるというよりも、いまなお連続して西ドイツ国家の「上層部」に巣くっている「現在」である、という認識が抱かれている。この「国家上層部」イコール「ナチ」という等式に還元された認識は、その後の要人に対する個人テロルを容赦ないものとする後ろ盾にもなっただろう。とはいえ七七年以降の個人テロルの対象に関してRAFは、彼らが「元ナチ」である事実をことさら攻撃の正当化理由としていない。知らなかったというよりは、むしろそれが「普通」の光景だったがゆえに、敢えて断るまでもなかったと推察される。

第二にRAFによる「資本主義批判」が、もはや「資本家」対「労働者」という旧来の図式を踏襲していない点だ。「本国」の労働者階級そのものを敵視まではしていないにしても、大企業の労働組合はいまや資本主義体制の補完機関にすぎず、拠るべきは「施設」の青少年や貧困層など、むしろ社会の周縁に押しやられた人びとだという把握による。六八年のデパート放火がベトナム戦争への抗議のみならず「消費テロル」に対する闘いと位置づけられたのも、貧困を「弱者」に押しつけてさまざまな欺瞞のうえに成り立っている社会の「豊かさ」を衝いていた。そして「コムーネ」の面々により強く見て取れる点になるが、実際には自分たちもその恩恵に浸っているのではあるが、敢えてそのような社会から降りてみせようという態度がRAFのあいだでも顕著だった。だからこそ「市民道徳」を軽々と踏み外すバーダーの「不良」な振る舞いが、「優等生」的な生真面目さから抜け出そうとした、概して小市民層を出自とする面々の目には新鮮に映ったのではないか。

そして第三に、これは二点目と直結するが、RAFによる「帝国主義批判」にあっては、資本主義体制を一国内にとどめずにより拡がりをもって捉えている点が挙がる。そこでは——分析そのものは掘り下げられていないにしても——欧米「先進国」の「第三世界」に対する戦後もつづく収奪構造が強調される。この観点からは、「本国」の労働者階級も搾取者・抑圧者の側に与しており、とても「革命主体」たりえない。だからといって、もっぱら「第三世界」に革命の根拠地を置こうという結論を導くのではなく、ここに「本国」の自分たちが引き受けるべき国際的反帝国主義闘争の一環としての「都市ゲリラ」構想が出てくる。ただ、このような帝国主義「本国」内での武装闘争、西ドイツにおける都市ゲリラといった方針はそもそもＲＡＦの独創ではなく、すでに六〇年代半ばには、ミュンヒェンのクンツェルマンらのシチュアシオニスト集団「破壊活動」などで提起され、六〇年代末にはＳＤＳ周辺でも具体化の動きがあった。ＲＡＦの場合にはこれを短兵急に現実化しようとしたのだった。

最後に触れた「都市ゲリラ」「武装闘争」については、より広く「テロリズム」という圧倒的な「力」に立ち向かう少数者の暴力の問題として考えられる。ＲＡＦにしても世界の不正、歪みを見据えてそれに立ち向かおうとしたのに疑いはない。そしてその構造は根本的に矯正されることなく、あるいはかたちを変えて、半世紀が経ったいまでも揺るぎなく存続している。そうした動かしがたい現実、圧倒的な権力構造をまえにして、いまさらＲＡＦを踏襲した「革命家」が出てくるとまでは思えないにしても、それでも不正がまかり通る世界に対して少数者の抱くいかんともしがたい思い、無力感のなかでは、なんらかのかたちでテロリズムに解決手段を求める余地はいつでも消しがたい。そこで「テロリズム」に関してひと言だけ粗放ながらの私見を記す。

第一に表層的でにべもない言い方になるが、強大な権力を相手にした「対抗暴力」としてのテロリズムが、二件や三件の爆弾投擲なり要人殺害なりによって体制を転覆できるわけもないという「戦術」の問題はある。だからといって攻撃の規模を拡大しろという話ではない。テロリズムは実効性からしても象徴行為としても、概してそのために払われる犠牲に見合わない。ＲＡＦの行動にしたところで、その犠牲を埋め合わせるだけの「成果」を上げたとはとても言えない。そしてそれ以前に、仮にそれによってより良い社会を実現できたとしても、そもそもどうやったところで他者の犠牲はとうてい贖われようがない。いくら素朴に聞こえようと、テロリズムにかぎらず犠牲を極力抑えるよう努められるべきであり、犠牲を自明視する政治は排されなくてはならない。

第二に、「対抗暴力」が、それの向けられる対象と同型の暴力を再生産して抑圧的な力を行使してしまう、こうした事態はこれまでの歴史でくり返されてきた。目的は手段を浄化しえず、同じ手段は同じ論理を内面化させてしまうだろう。RAFの文書からも見て取れるわかりやすい例を挙げるなら、関係のなかでのひとつの現れにすぎないはずの「敵」を実体視したうえで「非人間」化しその犠牲を正当化した言い回しは、単に表現上にとどまらずに「敵」の論理水準に自分たちを墜としている。ただ、いかなる暴力もそれが暴力であるからには、抑圧を再生産する構造を不可避的に内包するのか、それともそれを免れた純粋なる「解放的暴力」が構想されうるのか、未決としておく。

第三に、暴力が犠牲を呼び、また否定の対象と同じ論理に陥ってしまう可能性をともなう、そしてこれまで多くの「対抗暴力」が単に「敵」を打ち負かしえなかっただけでなくそうした経緯を踏んで内側から崩潰していった、こうした事実に接して後ずさりするあまり、あるいはそれを冷笑的に貶下して、「非政治」性こそがありえもしない「中立公正」な態度であるかのごとく言い立て、不正義に抗して闘うことすら忌避するとしたら本末転倒だ。ある行為を「テロリズム」と呼ぶか「抵抗運動」と評価するかは視座に依っており相対的であるのと同様に、暴力とは物理的力に限定されない以上は暴力か非暴力かという二者択一を絶対的であるかのごとくに据えて、喩えて言えば不正行為を素手で制する挙措すらを暴力だと難ずるのもまた不正に加担する暴力なのだ。かといって信仰の領域で、あるいは文学的言語で純粋なる「解放的暴力」を自称したところで暴力行為を正当化できない。考えつづけられるべき点になる。

＊
＊＊

本書訳者のひとりである初見は、ここに収録されている文書が書かれた当時には、はるか離れた地での出来事であったRAFの行動をつぶさに追っていたわけではない。とはいえこの「第一世代」は、かろうじて「同時代」の者としての自分の視界の片隅をよぎったという思いならばもっていた。マインホーフにロボトミー措置が強行されそうだといった噂は片田舎の高校生のもとにも流れてきて、ろくにわけもわからないながら憤っていたし、七二年の「黒い九月」によるミュンヒェン・オリンピック選手村襲撃や七七年の「ドイツの秋」は、テロリズムと無縁でなかった日本社会でも衝撃的に受けとめられていた。ただどれも七〇年代半ばの暗澹とした政治的雰囲気のなかで遠方に仄見えるひとこまにとどまり、将来「ドイツ文学」を専攻するなどとも思っておらず、こりゃ西ドイツもかなり陰惨だな、といった通り一遍の感懐を抱く以上に深入りする用意はなかった。その後、二〇世紀ドイツの文化や社会をそれなりに考察するようになって、当然「六八年叛乱」やその後のテロリズムなど当時の状況にもより踏み込んだ関心を寄せることになった。ただ自分一己にとって社会運動は実践の課題でこそあれ――だからといって熱心に身を挺してきてなどいないのだが――学術的に分析するべき「研究対象」とする発想は毫ももたず、系統的に取り組んだりはいっさいしてこなかった。そうした基礎知識の不足のため本書の訳出にあたってにわか仕込みで調べた事柄も少なくなく、見逃しがたい瑕疵もあるかと懼れる次第だ。誤認、不適当箇所のご指摘などいただければありがたい。

訳出にあたっては、CHINO RICH_O による全体訳に初見が手を入れるという手順になった。テクスト読解、不明箇所の処理、さらに訳語や表記の選択についての最終責任は初見にある。固有名表記では日本語で慣例となっているものとは音引きの位置などが異なっている場合も生じた。所詮原音を仮名で正確に再現できないのは承知しておりここでも不徹底ではあるのだが、将来的には標準として定着するだろう原音に近い表記にしておきたいという初見の側のわがままを通した結果だ。
もうはるかまえになる、航思社の大村智氏から本書について打診された時点ではすでにCHINO RICH_O氏による訳注も含めた完成度の高い全体訳はすっかり上がっていた。あとは細部を詰めれば良いと軽々に（でもなかったのだが）お引き受けしたものの、その後集中して作業にかかるだけの余裕をどうにも確保できない状態となり、訳稿を店晒しにしてしまった。末筆になるが、本書上梓をいたずらに引き延ばしたことをお二人には深くお詫び申し上げ、心して次に向かいます。

初見　基

二〇二五年二月

訳者あとがき

CHINO RICH_O

ＲＡＦ第一世代（バーダー・マインホーフ・グループ）の主要メンバーおよび関連事象をモチーフとした美術作品を博士論文の研究テーマとしていたことから、訳者の一人として本書の訳出に携わった。その美術作品とは、ゲルハルト・リヒター（一九三二年、ドレスデン生まれ）の一五点からなる連作絵画『一九七七年一〇月一八日』（一九八八年制作、以下、連作）である。このあとがきでは、同連作を出発点とし、原書が刊行された二〇世紀末（一九九七年）の前後約二〇年におけるＲＡＦ関連の表象に触れることによって、本書の内容をいくらか照らし出せればと思う（共訳者に倣い、以下、〔 〕内の数字は本書の関連・参照頁を指す）。

リヒターの連作は、報道写真や警察写真をもとに描かれた、ブレやボケを伴う白黒写真のように見える油彩画であり、彼の代表的な手法である「フォト・ペインティング」の系譜に属する。タイトルの日付は、本書「前書き」で「《ドイツの秋》」の終止符として位置づけられた「一九七七年一〇月一八日、シュトゥットガルト＝シュタムハイム刑務所の囚人だったアンドレーアス・バーダー、グードルーン・エンスリーン、ヤン＝カール・ラスペの死」〔9〕と深く関わっている。ただし、連作にはＲＡＦ結成以前のウルリーケ・マインホーフの肖像や一九七二年のホルガー・マインスの逮捕場面なども含まれている。一方で、「ドイツの秋」に関連する一連の出来事のうち、「ハンス＝マルティーン・シュライアーの誘拐・殺害」〔9〕など、RAFの武装闘争の標的となった人物や出来事は一切描かれていない。

リヒターは連作制作の翌年（八九年）、ある美術批評家との対談において、「〔RAFによる〕テロリズムの犠牲者のほうも描こうと考えてみたことは一度もないのですか？　たとえば、〔二つの有力経済団体の会長であった〕ハンス＝マルティーン・シュライアーを？」と聞かれた際、「一度もありません」と答えた。さらに、シュライアーの誘拐・殺害に関連する人物や事物の作品化の可能性について問われても、「いいえ、決して。その場合には、そういうものだけを描くということになってしまうでしょう。それは通常の犯罪、通常の不幸であり、日々起きていることです。しかし、私が描いたものはある例外的な不幸です」と答えた。その例外的なものとは何かと問われると、「まず、これらの人々〔RAFのメンバー〕の公的な要求です。まさに、自身の生活の快適さや幸福といった私的な動機を超越したもの、すなわち、イデオロギー的な動機です。そして、とてつもないその力、死にまで至る理念というものが持つ驚愕すべき力です」と述べた。[*1]

「私は六〇年代のはじめに東ドイツから〔西ドイツに〕やってきた人間ですから、当然のことながら〔イデオロギーに囚われている〕RAFの目的や方法に対して理解することは断固拒みました」[*2]と語るリヒターは、RAFの闘争を支持せず、そこに「不幸」を見いだしながらも、「ドイツの秋」をただちに想起させるタイトルを持つ連作においてRAFのみを描いた。また、画家の創作意欲を掻き立てたRAFへの着目点も、たとえば、本書所収の「都市ゲリラ構想」において、「革命家の義務とはつねに闘うこと、万難を排して闘うこと、死ぬまで闘うこと」というブランキの表明を引用し、「ブルジョワ的職業への退路など確保せず、革命をまたも店晒しにする可能性を断ち、そうしたことを望みも」しないことが強調された部分〔84〕と深く響きあう。そのように、テーマの本質を追求し表現することは、芸術の本分と言えるだろう。

しかし、九五年にニューヨーク近代美術館（ＭｏＭＡ）が連作を購入した際、「〔画家が〕真に中立的な立場ならテロリズムの犠牲者も描くべきだ」[*3]との批判が「ニューズウィーク」誌に掲載された。その一〇年後、ベルリンのクンストヴェルケ現代美術センター（ＫＷ）（およびオーストリアのノイエ・ガラリー・グラーツ）で開催された、『テロの表象――ＲＡＦ展』（以下、ＲＡＦ展）でも、「中立的な立場」の作品が評価されたと記憶している。同展は、一九六八年から二〇〇五年までの（また、その間のどの年代にも空白を生じさせることなく）、ＲＡＦをテーマとした約五〇組による一〇〇点以上の作品で構成された。[*4] そのなかには、一九七二年のＲＡＦ第一世代の主要メンバー逮捕〔259〕の直後に開催された国際芸術祭ドクメンタ５でヨーゼフ・ボイスが展開した《〔アルブレヒト・〕デューラー、私はバーダー＋マインホーフをドクメンタ５に個人的に案内します》や、「ドイツの秋」の翌年に制作された、バーダーとラスペのイメージを含むジグマー・ポルケの絵画《無題（ミスター・ボン）》（一九七八）など、よく知られた作品も含まれている。リヒターの連作は同時期に他所で展示されていたため、ＲＡＦ展では、画家自身が集めた写真や作成した資料など、膨大なアーカイブを作品化した『アトラス』シリーズの中から、ＲＡＦに関連する小品が出展された。

同展の開催については、ＣＤＵ／ＣＳＵとＦＤＰの国会議員団メンバー、およびＲＡＦによって家族を殺害された遺族による阻止行動予告に加え、市民からの反対にも直面した。しかし、「芸術がもし真実と美に関わ

＊1　„Gespräch mit Jan Thorn-Prikker über den Zyklus 18. Oktober 1977. (1989)“ In: Gerhard Richter: Text 1961 bis 2007. Schriften, Interviews, Briefe. Köln: Walther König, 2008, S. 236.
＊2　Ebd., S. 205.
＊3　David Gordon, "Art limitates Terrorism", *Newsweek*, Atlantic Edition (London), 14.08.1995.
＊4　https://www.kw-berlin.de/zur-vorstellung-des-terrors-die-raf-ausstellung/（最終閲覧日2025/2/24）

るのであれば」、「メディアの放出のなかで失われた内容の複雑性を再び打ち立てる試みとなるだろうし、観客にこのドイツ史のトラウマ的時期に関する個々の分析、批判的考察、経験可能性をもたらし、接近させる試みにもなるだろう」[*5]という企画意図のもと、展覧会は無事会期を終えた。

RAF展で「中立的な立場」を示して最も高く評価された作品の一つは、ハンス゠ペーター・フェルトマンの《死者たち》(一九八九)である。たとえば、「ターゲスシュピーゲル」紙は、RAFに関連する「テロリズムの加害者、被害者双方の死者たち」——たとえば「餓死寸前のホルガー・マインス〔235〕の横には、誘拐された経営者連盟の会長ハンス゠マルティーン・シュライアーのビデオ画像」が並べられた——のメディア写真の複写を通じてすべて同じ形式で表現した九一点からなるこの作品について、「ここではすべての死者に払われている敬意、テロリズムによって大きな苦痛がもたらされたすべての遺族に対する同情の念に気づく。彼の作品は、〔…〕自ら判断せず、すべての関係者に尊厳を求めているのである」と称賛した。[*6]《死者たち》においてとられた手法は、リヒターが連作制作のために集めた写真を自ら複写撮影し、強くピンぼけさせた写真で構成した出展作《アトラス パネル No.470-479(バーダー・マインホーフ・フォトグラフ)》(一九八九)と多くの共通点を持つが、後者の一〇枚のパネルに含まれる一〇〇枚の複写画像は、フェルトマンとは異なり、RAF関連以外のものは確認できなかった。

このようなリヒターのモチーフ選択は、彼の連作のそれと矛盾せず、RAF展に出展した作家のなかには、その点に着目し、連作を直接参照して制作したと考えられる作品も含まれていた。フェリックス・ドローゼの絵画《一九八九年一一月三〇日——反・リヒター・風景》(一九九六)がそれであり、ドイツ銀行頭取アルフレート・ヘルハウゼンがRAFの仕掛けた爆弾により死亡した日付がタイトルとなっている。多翼祭壇画を想起させるような四枚からなるパネルに荒々しいタッチの灯台と海の風景が描かれ、その上部にRAFによる四名の犠牲者の名(ヘルハウゼンに加え、七七年にいずれも武装闘争の標的となったシュライアー、連邦検事総長ジークフリート・ブーバク〔17-18、255ほか〕、ドレスデン銀行頭取ユルゲン・ポント）が記された。作品は「一つの弁証法的読解を容易に喚起させる。すなわち、〔…〕リヒターが連作において選択した死んだRAFのテロリストのリアルなモチーフの描写に、ドローゼはRAFによる最も有名な犠牲者の名を単に挙げることで対置している」[*7]という解釈が示すように、リヒターの連作（正）に自身の作品を対置し（反）、それが止揚されることで、RAFをめぐる出来事の客観的な風景を完成させた（合）とも批評家に受け取られた。

RAF展が開催された〇〇年代後半のドイツでは、服役中の元RAFメンバーの恩赦が論争された時期とも重なり、RAFへの芸術的および学術的応答が盛んであった。芸術分野であれば、たとえば、二〇〇八年にウーリ・エデル監督の『バーダー・マインホーフ・コンプレックス』が製作された。一九八五年に刊行され、リヒターも連作の参考にしたシュテファン・アウストの同名の実録書[*8]〔57〕が原作である。また、ドイツ製作ではないものの、シェーン・オサリバン監督のドキュメンタリー映画『革命のこどもたち』〔二〇一〇〕も公開され、日本赤軍の重信房子の娘メイとともにマインホーフの双子の娘の一人ベティーナ・レールに焦点があてられた。重信メイが母親に共感的であるのに対して、マインホーフの娘は母親を反面教師と捉え、左翼に批判

＊5 Klaus Biesenbach (Hrsg.): Zur Vorstellung des Terrors: Die RAF-Ausstellung, Bd.1, Göttingen, Steidl, 2005, S. 9-11.

＊6 Nicola Kuhn: Der Trauerarbeiter. Im Zentrum der Berliner RAF-Ausstellung stehen „Die Toten“ von Hans-Peter Feldmann. Eine Nahaufnahme. In: Der Tagesspiegel, 22.02.2005.

＊7 Klaus Biesenbach (Hrsg.): Zur Vorstellung des Terrors: Die RAF-Ausstellung, Bd.2, Göttingen, Steidl, 2005, S. 228.

＊8 Stefan Aust: Der Baader Meinhof Komplex. München, Goldmann,1985.

的なジャーナリストとなった姿が映し出された。

学術の領域では、二〇〇六年に刊行された『RAFと左翼テロリズム』〔19・20〕――約六〇本の論考を収録した二巻本（一四〇〇頁、重量は約三キロ）――が代表的なものとして挙げられる（他方、そうした趨勢のなかでのRAFの犠牲者の閑却を問題視した人々によって、犠牲者および遺族をテーマとしたシンポジウムが〇七年に開催され、〇九年にはその講演集『RAFの犠牲者』[*9]が出版された）。『RAFと左翼テロリズム』について、筆者は部分的にしか読んでいないが、その範囲内で、二一世紀初頭においてRAFの武装闘争がどのように振り返られているかを確認したい。

本書に収録されたRAFの文書では、「革命的暴力」〔61ほか〕と「体制の暴力」〔236、242〕が明確に区別され、前者の必然性が唱えられるが〔154-156ほか〕、同時代にはそれを支持する論者も少なくなかった。たとえば、一九七七年、ジャン・ジュネは、RAFの暴力（violence）と国家の蛮行（brutalité）を区別し、前者を生命とほぼ同義であるとし、後者については自由を終わらせるものと定義した上で、「革命家たちの暴力によって継続される生命としての自発的暴力はすべて、組織された蛮行を終わらせるためには最低限十分なものとなるだろう」と述べた[*10]。それから約三〇年後、『RAFと左翼テロリズム』所収論文「『RAFの歴史を理解する』とはどういうことなのか?」（ヤン・フィリップ・レームツマ）においては、RAFの武装闘争は暴力（Gewalt）であると同時に蛮行（Blutalität）でもあり、そして何よりも力（Macht）の経験として示される。シュライアー誘拐から射殺に至るまでの行動に対しても、「西ドイツの資本主義の代表そのものを『シュピンディー』と呼び、戸棚に閉じ込め、自動車のトランクと洗濯籠に入れあちこち引き摺りまわし、彼の絶望をビデオに録画し、最終的には意のままに殺害することができるということが、勝ち誇った力の行使（triumphale Machtausübung）以外のいったい何であったのか」と論じられた[*11]。

また、RAFの所持品として研究機関に保管されているもののなかにはヴァルター・ベンヤミンの『暴力批判論』も含まれていたが、[12]その影響関係を否定した論考が「驚愕——RAFとベンヤミン」（アーヴィング・ヴォールファールト）である。ヴォールファールトは、「RAFはベンヤミンの言葉を彼らの考え方と彼らの狂気のシステムの中にはばかることなく据え付けた」が、そこには「明らかにとんでもない誤解があった」と指摘し、「RAFの暴力行為は、古い神話的な循環と結ばれたままになっており、はっきりと罪を引き起こす行為として、認識される」と批判した。[13]

その後、RAFと暴力に関する考察の機会としては、二〇一四年にベルリンのドイツ歴史博物館で開催された『RAF——テロの暴力』展が挙げられる。同展覧会のキュレーターによると、約一〇年前にも同様の展覧会が企画されたが、犠牲者とその遺族への配慮が欠けていたため、批判を受けて実現しなかったという。一四年の展示では「テロリストの暴力に焦点を当てつつ、何よりもRAFの暴力による破壊が社会や国家に及ぼした影響を記録し、愛する人を失った家族の苦しみを考慮した」と語っている。[14]

個人的なことになるが、『RAF——テロの暴力』展会期中にベルリンを訪れ、一九七〇年にバーダー解放

＊9　Werner Birkenmaier (Hrsg.): Die Opfer der RAF. Karlsruhe, G. Braun, 2009.

＊10　Préface de Jean Genet, *Textes des prisonniers de la Fraction Armée Rouge et dernières lettres d'Ulrike Meinhof.* Paris, François Maspero, 1977, pp. 11-12（「西独赤軍派獄中書簡集に付されたジャン・ジュネの序文」『GS』四号、一九八六年、二二一頁。ここでの訳出はCHINO RICH_Oによる）。

＊11　Jan Philipp Reemtsma: Was heißt »die Geschichte der RAF verstehen«? In: Wolfgang Kraushaar (Hrsg.) : Die RAF und der linke Terrorismus, Bd. 2, Hamburg, Hamburger Edition, 2006, S. 1353-1368.

＊12　『テロの表象——RAF展』の展示物で確認。

＊13　Irving Wohlfarth: Entsetzen -Walter Benjamin und die RAF. In: Wolfgang Kraushaar (Hrsg.) : Die RAF und der linke Terrorismus, Bd. 1, Hamburg, Hamburger Edition, 2006, S. 280-315.

（38、47-63ほか）が実行された社会問題研究所、七二年に装甲車が出動し、テレビ中継も行われたバーダー、マインス、およびラスペの逮捕現場などに足を運んだ。その冬を最後に、博士論文のための調査・執筆を中断しているが、昨年の初夏、東京日仏学院で開催された『ゲバルト――制度の暴力に対する抵抗の変遷』展（以下、ゲバルト展）において新たなRAF関連の表象に出会ったことを締めくくりの報告としたいと思う。ゲバルト展の挨拶文によると、「展覧会は、制度の暴力の中で特定の芸術形態がどのように発展していくかを示そうとするものである」。さらに、「『ゲバルト』とはドイツ語で『暴力』を意味する。一九六〇年代、日本の国家と警察の暴力に直面した新左翼は、『ゲバルト』という言葉をつかみとった。彼らの語法によれば、『暴力』は体制側による暴力、言い換えれば国家の目的に奉仕する暴力を意味し、逆に『ゲバルト』はその反動、つまり『反暴力』を意味した。反暴力は、法維持的暴力に対するすべての抵抗の副産物として、反乱の手段と正当性についての考察と切り離すことはできない」、そして、それは「ヴァルター・ベンヤミンの暴力批判に沿うものであると表明されている。[*15] ヴォールファールトとは異なる解釈が示され、RAF第一世代のペートラ・シェルム（41-42、193、252-253ほか）をモチーフにしたFanXoaの同展出展絵画《国家に対するペトラ》（二〇一九）の説明文にも、「一九七〇年代の西ドイツにおける国家暴力への反暴力の体現」と記されていた。

以上に見てきたRAF関連の表象のうち、優れたものにおいては、今日の世界で私たちが直面する暴力や、社会変革を希求するエネルギーについて、考察を促す契機となりうるだろう。リヒターの連作と同様に、RAF（からの発信）のみで構成された本書もまた、そのような役割を果たしうることを期待したい。

最後に、訳出を寛大に待ってくださった航思社の大村氏、そして共訳者であり監訳者でもある初見氏に深く感謝する。また、この仕事に取り組む過程において、様々な形で助言や示唆を賜った恩師や友人の皆様にも、改めて謝意を表したい。

二〇二五年二月

CHINO RICH_O

＊14 Ausstellung „RAF – Terroristische Gewalt" „Wir dokumentieren vor allem die Zerstörung" Burkhard Müller-Ullrich im Gespräch mit Sabrina Müller | 20.11.2014. https://www.deutschlandfunk.de/ausstellung-raf-terroristische-gewalt-wir-dokumentieren-vor-100.html（最終閲覧日 2025/2/24）

＊15 https://gewaltdantai.com/ja/「ゲバルト」展/（最終閲覧日2025/2/24）

略号一覧

ドイツ語では団体名等を略号で記す場合が多く、ここに収めたテクストでも同様である。邦訳に当たって基本的に略号はそのまま提示し、必要に応じて〔　〕で補足説明した。

なお本巻でしばしば使われる略号は以下である（それぞれABC順）。

・社会運動関連

APO《アーポ》［außerparlamentarische Opposition］議会外反対派・議会外野党。一九六六年にCDUとSPDが大連立内閣を組み「議会内野党」が微少になることで、とりわけこの存在が重要となる。

RAF《エル・アー・エフ》［Rote Armee Fraktion］赤軍派（いわゆる「ドイツ赤軍」）

SDS《エス・デー・エス》［Sozialistischer Deutscher Studentenbund］社会主義ドイツ学生同盟。なおアメリカ合衆国のSDSは「民主社会を求める学生同盟」（Students for a Democratic Society）。

SPK《エス・ペー・カー》［Sozialistische Patientenkollektiv］社会主義患者集団

・政党名

CDU《ツェー・デー・ウー》［Christlich Demokratische Union］キリスト教民主同盟。西ドイツ建国の一九四九年から六九年まで政権与党だった。

CSU《ツェー・エス・ウー》［Christlich-Soziale Union］キリスト教社会同盟。バイエルン州の地方政党。国政ではCDUと共同会派を組みほぼ同一路線だが、復古主義的な色彩はより強い。

DKP《デー・カー・ペー》［Deutsche Kommunistische Partei］ドイツ共産党。一九六八年結成。実質的には一九五六年に禁止されたKPDを継承し、東独との強い結びつきをもっていた。

FDP《エフ・デー・ペー》［Freie Demokratische Partei］自由民主党。一九四八年結成、連邦議会が多党化する以前は、議席数は少数ながらCDUとSPDのあいだで連立のキャスティングボートを握った。

KPD《カー・ペー・デー》［Kommunistische Partei Deutschlands］ドイツ共産党。西ドイツでは一九五六年に非合法化される。

NPD《エヌ・ペー・デー》［Nationaldemokratische Partei Deutschlands］ドイツ国民民主党。六四年結成の極右政党で、六〇年代末から七〇年代初頭にかけて地方レヴェルで議席を得ていた。

SPD《エス・ペー・デー》［Sozialdemokratische Partei Deutschlands］ドイツ社会民主党

・国名・国家組織名

BGH《ベー・ゲー・ハー》［Bundesgerichtshof］連邦裁判所。カールスルーエに置かれた通常裁判権での最高裁判所。

BKA《ベー・カー・アー》［Bundeskriminalamt］連邦刑事局。刑事事件は通常はLKA（州刑事局）が扱うが、州をまたがる件を担当、連邦内務相管轄となる。一九七一－八一年の期間、局長はホルスト・ヘーロルト（SPD）。

BRD《ベー・エル・デー》［Bundesrepublik Deutschland］ドイツ連邦共和国（西ドイツ）。東西統一以前の西ドイツではこの略号は好まれて使われず、自国を指す際にはBundesrepublik（連邦共和国）が用いられた。

DDR《デー・デー・エル》［Deutsche Demokratische Republik］ドイツ民主共和国（東ドイツ）

GSG9《ゲー・エス・ゲー・ノイン》［Grenzschutzgruppe 9］〔連邦〕第九国境警備隊。一九七二年ミュンヒェン・オリンピックの際に「黒い九月」がイスラエル選手団員を人質にとった事件を西ドイツの警察力が解決できなかったことを機に、対テロリズム部隊として設立された。

LKA《エル・カー・アー》［Landeskriminalamt］州刑事局

・新聞・放送局名

ARD《アー・エル・デー》［Arbeitsgemeinschaft der öffentlich-rechtlichen Rundfunkanstalten der Bundesrepublik Deutschland］ドイツ公共放送連盟（第一ドイツ・テレビなど）

BZ《ベー・ツェット》［Berliner Zeitung］シュプリンガー社系列のタブロ

イド判大衆紙。「ビルト」とならんでＡＰＯを激しく攻撃した。

ＦＡＺ《エフ・アー・ツェット》〔Frankfurter Allgemeine Zeitung〕フランクフルター・アルゲマイネ新聞。実質全国紙。論調は保守的。

ｔａｚ《タツ》〔Die Tageszeitung〕ターゲスツァイトゥング。「ドイツの秋」の雰囲気の残る一九七八年、バーダーらＲＡＦ被告の弁護士も務めその後「緑の党」連邦議員にもなったハンス＝クリスティアン・シュトレーブルらによって発刊された日刊紙。「緑の党」躍進にも貢献した。

ＺＤＦ《ツェット・デー・エフ》〔Zweites Deutsches Fernsehen〕第二ドイツ・テレビ

RAF関連年表

（上段：原書巻末「RAF史略年譜」から本書該当部分の抜粋、下段：編集部作成）

年	RAF・西ドイツ	社会運動・社会状況
1968	4初頭（・2）夜、フランクフルトの2軒のデパートで焼夷剤が爆発し、高額の物的損害を与える。3日後にトーアヴァルト・プロル、グードルーン・エンスリーン、アンドレーアス・バーダー、ホルスト・ゼーンラインが逮捕され、10月にそれぞれ懲役3年の判決が下される 4・11　SDS（社会主義ドイツ学生同盟）西ベルリン支部の政治指導者として学生運動を主導していたルーディ・ドゥチケが、右派青年に頭部を銃撃される。一命を取り留め、70年代前半に環境保護運動や反核運動に参画するが（のちに「緑の党」）、後遺症で79年12・24死去 5・30　学生運動の高揚を前に、議会の立法権を制約し、政府の権限を強化する非常事態法を可決（6公布）	1　ソ連代表団（スースロフ代表）訪日、日ソ共産党間の正常化交 1・13　中大、学費値上げ反対闘争で全学バリ封・スト突入（2・16大学側白紙撤回、闘争全面勝利） 1・15　佐世保港への米海軍原子力空母エンタープライズ寄港阻止闘争。全学連が機動隊と衝突、以後1週間現地で激闘 1・21　朝鮮労働党政権の朝鮮人民軍特殊部隊が青瓦台襲撃未遂事件 1・29　東大医学部で登録医制度反対・研修協約締結要求で無期限スト 1・30　南ベトナム全土で解放民族戦線・北ベトナム軍によるテト攻勢 2・20　北区労連主催の王子野戦病院開設阻止集会・デモ。三派全学連が機動隊と衝突。 金嬉老、静岡県清水市で2人射殺。翌日、寸又峡に籠城して朝鮮人差別を告発 2・26　三里塚・芝山連合新空港設置反対同盟と三派全学連が警官隊と衝突 3－4　チェコ共産党、言論・宗教の自由を認める（プラハの春） 3・8　王子野戦病院開設阻止闘争第4波 3・11　ローマ大学建築学部を2月に学生が占拠したものの警察の導入によって解除されたため、再度占拠すべく4000人の左右両派の学生が警官隊と衝突。逮捕者228人 3・22　パリ大学ナンテール校でダニエル・コーン＝ベンディットら142人の学生が会議室を占拠。ベトナム反戦活動家などの逮捕に抗議 4・4　アメリカ黒人運動指導者キング牧師暗殺

4・25　鈴木清順が日活から解雇。シネクラブのフィルム貸出要請に対する日活の拒否などを受け、7・13清順問題共闘会議結成

4下旬－5下旬　米コロンビア大学で「民主社会を求める学生同盟」（SDS）とアフロ・アメリカン協会（SAS）の学生たちが、ベトナム反戦・黒人差別撤廃を掲げて記念館やホールを占拠

5・3　パリ大学ナンテール校で学生が、導入された警官隊と衝突。五月革命開始

5・23　4・14に国税庁が公表した日大の使途不明金20億円（のちに34億円と判明）をめぐり経済学部前で無届け集会に1500人集結、日大初のデモ（白山通りを200メートル）

5・27　日大文理学部闘争委員会（田村正敏委員長）、法学部闘争委員会（酒井杏郎委員長）、日大全学共闘会議が結成（秋田明大議長。後に共同副議長は酒井杏郎。田村は書記長）。初の全学総決起集会に5000人集結

6・11　日大全学統一大衆団交要求集会に1万人集結。当局側についた体育会系学生（日本刀を振り回す）と激しく衝突し機動隊乱入。全共闘はスト宣言

7・2　東大全学闘争連合、第2次安田講堂占拠

7・5　東大教養学部無期限スト（東大闘争）、東大全共闘結成

8・20　ソ連・ポーランドなど5ヶ国がチェコに侵入

8・28　シカゴでの民主党全国大会開催にあたり、ベトナム反戦を掲げた抗議デモ参加者1万人に対し、2万3000人の警官・州兵が無差別暴力。8人の活動家を暴動煽動罪で起訴（「シカゴ・エイト」。のちに黒豹党共同設立者ボビー・シールを切り離して「シカゴ・セブン」）

9・30　日大全共闘、両国講堂で大学側と大衆団交。大学側は全共闘の9項目要求を認め全理事退陣確認書に署名、翌日の佐藤首相の大衆団

交批判発言、10・2理事側退陣署名を撤回
10・8 羽田闘争1周年集会後、各派全学連など米軍燃料タンク車阻止のため新宿駅占拠
10・11 永山則夫、盗んだ在日米軍の拳銃を使い、東京プリンスホテルの警備員射殺。14京都、26函館、11・5名古屋でも射殺（69・4逮捕）
10・12 東大全共闘、全学部無期限スト突入
10・21 国際反戦デー闘争。各派入り乱れ新宿・防衛庁・国会等でデモ。機動隊と衝突し騒乱罪適用
11・22 日大・東大闘争勝利全国学生総決起集会（東大安田講堂前）に2万人参加、民青同系が1万7000人を対抗動員、学内で両派対峙

1969

7 フランクフルト放火犯、上告受理の可否決定まで保釈される
11・12 連邦裁判所（最高裁）上告を却下。被告は刑期の残り22ヶ月を果たすことになる

1・18 東大安田講堂攻防戦。2日間の激闘の末、封鎖全面解除
2・18 日大当局、機動隊導入。全学封鎖解除
4・28 沖縄デー闘争。各派リーダーに破防法適用されるも都内各所で機動隊と衝突
9・5 全国全共闘連合結成大会（日比谷野音）。壇外で赤軍派がブント他派を暴行
10・8 シカゴで、SDSから分岐したウェザーマンのメンバー287人が、ボビー・シールやアビー・ホフマンら「シカゴ・セブン」の釈放を要求してデモ、4日間にわたり警官隊と市街戦（「憤怒の日々」）
10・21 国際反戦デー。各地でゲリラ闘争展開。大阪中電（大阪中央電報局）マッセンスト
11・5 赤軍派、山梨・大菩薩峠で首相官邸襲撃の軍事訓練中に53人が一斉逮捕
11・16 佐藤訪米阻止闘争。蒲田駅付近で各派がゲリラ闘争、機動隊と激突、約2000人が逮捕

12・6　シカゴでウェザーマンが警察車両を爆破。以後72年までニューヨーク市警察本部や裁判所、刑務所、連邦議事堂、ペンタゴンなどの建物を対象に爆弾闘争

12・12　イタリアで「熱い秋」と呼ばれる労働者による闘争が高揚期を迎えるなか、ミラノのフォンターナ広場に面した全国農業銀行ビルが爆破（17人死亡、88人負傷）。さらに同日、ミラノのスカラ座前の商業銀行（不発）、ローマの「祖国の祭壇」と国立労働銀行で爆弾が爆発。「鉛の時代」の端緒といわれる

1970

2・4　放火犯に対する恩赦の申請が却下される。アンドレーアス・バーダーとグードルーン・エンスリーンは下獄の要求に応じない

2・12　ハイデルベルクで社会主義患者集団（SPK）が結成される

4・4　アンドレーアス・バーダーが西ベルリンの検問で逮捕される

5・14　バーダー（拘留から外部への）《連れ出し》の機に暴力的に解放され、その際に研究所員が負傷する

5・22　「極左」雑誌「アギト883」にRAF最初の公開声明が《赤軍の建設》の標題で載せられる

6・15　「シュピーゲル」誌にウルリーケ・マインホーフとのインタヴューが（「奴らが撃ち殺される可能性なら当然ある」の標題の

3・15　東京・豊島区で赤軍派議長・塩見孝也逮捕

3・31　赤軍派9人が日航機よど号ハイジャック（紆余曲折を経て平壌へ）

5・4　ケント州立大学（オハイオ州）でベトナム反戦デモに2000人の学生が集結、非武装の大学生4人が州兵に射殺（9人負傷）

6・24　灘高全闘委結成大会

7・7　華僑青年闘争委員会、新左翼の差別問題への取り組みの差別性を告発。これより、新左翼各派の反差別闘争への取り組みが本格化

8・3　東京・池袋駅で革マル派系東京教育大生・海老原俊夫が中核派によって拉致、法大でリンチ・殺害される。これ以後、新左翼党派間の内ゲバ激化

9・6　PFLP（パレスチナ解放人民戦線）が、ヨーロッパ各都市からニューヨークへ向かう旅客機4機を連続ハイジャック（うち2機は失敗）、ヨーロッパ各国で政治犯として収監中のPFLPメンバーの解放を要求（9・9にはバーレーン発ベイルート経由ロンドン行き旅客機もハイジャック）

10・16　神戸大講師・松下昇が懲戒免職処分（以後、長期の裁判闘争）

11・25　三島由紀夫、楯の会会員と市谷・陸上自衛隊東部方面総監部で

もと）掲載される

10・8　ホルスト・マーラー、イレーネ・ゲルゲンス、イングリト・シューベルト、ブリギテ・アスドンク、モーニカ・ベルベリヒが西ベルリンでRAF構成員ならびにバーダー解放の嫌疑で逮捕される

12・20　オーバーハウゼンでカール＝ハインツ・ルーラントが逮捕され、グループについて最初の供述者となる

1971

4　《都市ゲリラ構想》発表される

6　RAFの声明文書《革命理論の欠落を埋める――赤軍の建設を！》（9月に「西ヨーロッパの武装闘争について」として刊行される同一文書のタイプ印刷版）公開される

9　ベルリンのヴァーゲンバッハ出版より「ロートブーフ（赤本）叢書29」が《RAF集団――西ヨーロッパの武装闘争について》の標題で刊行される。この書籍は刊行直後に禁止され押収される

7・15　RAFに対するこれまでで最大の捜査活動の際、ペートラ・シェルムが逮捕の際に射殺され、同行していたヴェルナー・ホッペは逮捕され、後に殺人未遂容疑で起訴される

10・22　ハンブルクでマルギト・シラーが逮

クーデターを呼びかけ、割腹自殺

12・18　日共革左、拳銃奪取のため東京・上赤塚交番を襲撃、1人が射殺、2人が重傷。ブント中央政治集会（南部労政会館）、荒派を除名

12・20　沖縄・コザで、市民が米兵運転の乗用車にはねられる交通事故から群衆5000人が反米暴動

2-3　赤軍派、M作戦を複数回実行

2・17　日共革左、栃木・真岡市の銃砲店を襲い、銃・弾薬を奪取

2・22　千葉県・公団、三里塚第一次強制代執行

4・28　沖縄闘争、赤軍派・京浜安保・関西ブント、武装蜂起集会

6・15　全国全共闘・全国反戦、明治公園で沖縄返還協定阻止集会。中核派と解放派が武装衝突

6・17　「沖縄返還」協定調印。沖縄返還協定阻止闘争、明治公園で鉄パイプ爆弾爆発、機動隊30人重軽傷、732人逮捕

7・16　ニクソン大統領の中国訪問計画発表

7・21　日共革左、脱走者2人に対する死刑を決定。7末に早岐やす子、8・10向山茂徳を殺害。革左と赤軍派との統合案が進行

7・23　米子で赤軍派によるM作戦、失敗

8・7　警視総監公舎に爆弾仕掛けられる（時限装置缶爆弾、未発）

8・15　ドルの金兌換停止（ブレトン・ウッズ体制崩壊）

8・21　埼玉・朝霞駐屯地自衛官殺人事件（赤衛軍事件）

9・13　林彪事件

捕され、その折に警察官ノルベルト・シュミートが射殺される。ただし死にいたらしめた銃撃は彼女の所持していた武器によるものではない

11　RAF囚人のなかで初めてアストリド・プロルが《死の翼棟》――ケルン＝オッセンドルフ刑務所の完璧に隔絶された一角――に移監される

12・4　西ベルリンでの3000名の警察官を動員した一斉捜査の際に、学生ゲオルク・フォン・ラオホが頭部を撃たれて殺される

この年のうちにカッセル、ミュンヒェン、ハノーファ、キール、ベルリンで政治的動機による銀行襲撃が確認され、100万マルクほどが奪取される。ベルリンとミュンヒェンでは、とりわけ司法関連の建物、合衆国施設、警察署、銀行へのテロ攻撃が多数行われる

9・16　三里塚東峰十字路闘争。機動隊員3人死去

9・20　成田空港公団焼き討ち闘争

9・25　沖縄青年委員会（沖青委）4人が裕仁訪欧阻止を掲げて皇居突入

9・30　『赤軍－PFLP・世界戦争宣言』（若松プロダクション製作）の上映運動として、荒井晴彦をリーダーとする赤バス上映隊結成

10・19　沖縄青年同盟（沖青委からの分派）メンバーが国会で、佐藤首相の所信表明演説中に爆竹を鳴らしビラを散布

10・25　国連総会本会議で「中国招請・国府追放」決議案可決、台湾が脱退、中華人民共和国の加盟が決定

11・11　東アジア反日武装戦線（反日）「狼」前身部隊が熱海の興亜観音像と殉国七士の碑を同時爆破

11・14　沖縄闘争、中核派による渋谷大暴動で、機動隊員1人が死亡

11・19　沖縄批准反対闘争激化、新左翼各派が日比谷公園などで集会、警官隊と激しく衝突。同公園内のレストラン松本楼が全焼、警備員1人がショック死（約1800人逮捕）

12－　群馬山中で、連合赤軍結党の模索のなか粛清・リンチが横行。短期間に死者が続出

12・18　土田警視庁警務部長宅で小包爆弾爆発、妻が死亡

12・24　新宿追分交番で爆弾爆発（クリスマスツリー爆弾）

1972

3・2　アウクスブルクでバイエルン州刑事局特殊任務部隊の吏員が学生トーマス・ヴァイスベッカーを射殺、同行していたカルメン・ロルが逮捕される

ハンブルクでは銃撃の応酬が行われる。ヴォルフガング・グルントマンとマンフ

1・9　竹本信弘（滝田修）、赤衛軍事件関与で指名手配。竹本は潜行（82年8逮捕）

1　京大で学費値上げ阻止闘争。全闘連（学費値上げ阻止全学闘争委員会連合）結成（75年まで存続）

1　東大で国立大学費値上げ反対闘争

2・17　森恒夫、永田洋子、群馬山中で逮捕

レート・グラスホーフが逮捕され、グラスホーフと警部ハンス・エクハルトが重傷を負う。3週間後にエクハルトは銃創の結果死亡する

4 文書《赤軍派――都市ゲリラと階級闘争》（「人民に奉仕する」と同一文書）が出され、「シュピーゲル」誌に抜粋が掲載される

RAFの《5月攻勢》

5・11 《ペートラ・シェルム部隊》が在フランクフルト、アメリカ陸軍第5軍団司令部に対して爆弾テロ、兵士1名が死亡、13名が負傷

5・12 《トーマス・ヴァイスベッカー部隊》によりアウクスブルクの警察本部ならびにミュンヒェンのバイエルン州刑事局に対して爆弾テロ

5・15 カールスルーエで、RAF捜査に携わっていた連邦裁判所判事ブッデンベルクの乗用車内で《マンフレート・グラスホーフ部隊》の爆弾が爆発。このテロ攻撃で連邦判事の妻が負傷する

5・19 ハンブルクのシュプリンガー社屋で2発の爆弾が爆発。適時に警告を発したにもかかわらずシュプリンガーは社員を立ち

2・19 連合赤軍、あさま山荘で籠城・銃撃戦。10日間の攻防の末に全員拘束

2・21－27 ニクソン訪中、米中和解

3・8 連合赤軍のリンチ事件発覚（森恒夫が前橋地裁に上申書提出）

5・9 日共における「新日和見主義事件」開始。民青急進派と目された多数の人への「査問」（分派活動の疑い）

5・15 沖縄返還協定発効、沖縄県発足

5・30 日本赤軍3人がイスラエル・テルアビブ近郊のリッダ空港で銃乱射。PFLPとの共同作戦。奥平剛士・安田安之は射殺、岡本公三は逮捕

8・30 平壌で南北朝鮮赤十字第1回本会議開催

9・4 相模原の相模補給廠闘争（ベトナム戦争の米軍戦闘車両再整備工場に対する抗議活動）で革共同両派の激突、革マル派の完敗

10・17 朴正熙韓国大統領、全土に非常戒厳令を布告、国会解散

10・23 反日「狼」前身部隊が北海道旭川市常磐公園の「風雪の群像」と、北大文学部アイヌ文化資料室を同時爆破

11・8 中核派と誤認された一般学生の川口大三郎（早大一文）が革マル派によって虐殺、東大付属病院前に遺体を放置

退かせず、労働者17名が負傷

5・24　ハイデルベルクのアメリカ陸軍欧州司令部で爆弾が爆発する。アメリカ兵3名が死亡、ほかに5名が負傷する。《5月15日部隊》がその責任を引き受ける

5・31　フランクフルト赤色救援会による（禁止処分の出されていた）ティーチインでウルリーケ・マインホーフによるテープ録音の声明が流される

6・1　アンドレーアス・バーダー、ホルガー・マインス、ヤン＝カール・ラスペがフランクフルトで警察と銃撃戦を交わした末に逮捕され、バーダーは重傷を負う

6・7　グードルーン・エンスリーン、ハンブルクで逮捕される

6・9　ブリギッテ・モーンハウプトとベルンハルト・ブラウンがベルリンで逮捕

6・15　ウルリーケ・マインホーフとゲーアハルト・ミュラーがハノーファで宿泊提供者から密告され逮捕される。後にミュラーは検察側共犯証人として協力

6・25　シュトゥットガルトでの家宅捜索にあたり警察は英国人外交員イアン・マクロードを寝室の扉越しに射殺。住居の前住人がＲＡＦ構成員だった。射殺した警官に

対する訴訟手続きを検事は、吏員の誤認による正当防衛だとして拒否する

6・29 カタリーナ・ハマーシュミット、弁護士オットー・シリーに付き添われ警察に出頭

7・9 クラウス・ユンシュケとイルムガルト・メラーがオッフェンバッハで逮捕される

7・26 ヴェルナー・ホッペにハンブルクで殺人未遂の廉で懲役10年の判決が下される

9・5 ミュンヒェン五輪選手村をパレスチナ・ゲリラが占拠。銃撃戦により5人死亡

11 RAFの第4文書《ミュンヒェンでの黒い九月の行動――反帝国主義闘争の戦略について》が発表される。文書内ではこの行動が《反帝国主義行動の革命的戦略》にとって範例となるものと評価されている

主要参考文献（社会状況・社会一般）

・『資料戦後学生運動 別巻』三一書房、一九七〇年
・蔵田計成『新左翼運動全史』流動出版、一九七八年
・椎野礼仁『連合赤軍を読む年表（新訂）』ハモニカブックス、二〇二二年
・絓秀実・花咲政之輔編著『ネオリベ化する公共圏』明石書店、二〇〇六年、『全共闘晩期』航思社、二〇二四年
・高沢皓司・高木正幸・蔵田計成『新左翼二十年史』新泉社、一九八一年
・外山恒一『全共闘以後 改訂版』イースト・プレス、二〇一八年
・府川充男「「六八年」的クロニクル」『反逆者とテロリストの群像 別冊歴史読本2』新人物往来社、二〇〇八年
・穂坂久仁雄ら「ドキュメント全共闘日誌」『流動』一九七九年三月号
・ウェザーアンダーグラウンド『アメリカ革命宣言』池上千寿子訳、三一書房、一九七五年
・カルロ・ギンズブルグ『裁判官と歴史家』上村忠男・堤康徳訳、ちくま学芸文庫、二〇一二年

RAF
(Rote Armee Fraktion)

ドイツ赤軍。
反帝国主義、反資本主義などを掲げて70年に結成。第1世代は「バーダー＝マインホーフ」グループとして知られる。逮捕された主要メンバーは激しい獄中闘争・法廷闘争を展開。第2世代はその支援で、77年に政財界や司法界の重要人物の誘拐・暗殺、PFLPと共同でルフトハンザ航空機ハイジャックなどを次々と行った（「ドイツの秋」）。その後も世代交代を経つつNATOや軍施設などを対象に闘争を展開したが、98年に解散。

初見基
（はつみ・もとい）
訳者

ドイツ文学専攻。
埼玉県生まれ。著書に『ルカーチ』（講談社）、訳書にトーマス・ベルンハルト『樵《きこ》る』（河出書房新社）、ジャン・アメリー『老いについて』（みすず書房）など。

CHINO RICH_O
訳者

美学・芸術学専攻。
大学非常勤講師。福岡県生まれ。一橋大学大学院博士後期課程単位取得退学。

革命のアルケオロジー 11

ドイツ赤軍《せきぐん》 I 1970-1972

著　　者　RAF
訳　　者　初見 基、CHINO RICHI_O
発 行 者　大村　智
発 行 所　株式会社 航思社
〒301-0043 茨城県龍ケ崎市松葉 6-14-7
tel. 0297 (63) 2592 ／ fax. 0297 (63) 2593
http://www.koshisha.co.jp
振替口座　00100-9-504724
装　　丁　前田晃伸
印刷・製本　モリモト印刷株式会社

2025年 4 月10日　初版第 1 刷発行

ISBN978-4-906738-52-6　C0036

革命のアルケオロジー

21世紀の今こそ読まれるべき、読み直されるべき、マルクス主義、大衆反乱、蜂起、革命に関する文献。洋の東西を問わず、戦後から80年代に発表された、あるいは当時の運動を題材にした未刊行、未邦訳、絶版品切れとなったまま埋もれている必読文献を叢書として刊行していきます。

アルチュセールの教え
ジャック・ランシエール 著　市田良彦ほか 訳
四六判 仮フランス装 328頁　本体2800円

大衆反乱へ！　哲学と政治におけるアルチュセール主義は煽動か、独善か、裏切りか――「分け前なき者」の側に立脚し存在の平等と真の解放をめざす思想へ。思想はいかに闘争のなかで紡がれねばならないか。

風景の死滅 増補新版　【品切れ】
松田政男　四六判 上製 344頁　本体3200円

風景＝国家を撃て！　あらゆる細部に遍在する権力装置としての〈風景〉にいかに抗い、それを超えうるか。21世紀における革命／蜂起論を予見した風景論が、40年の時を超えて今甦る。

68年5月とその後　反乱の記憶・表象・現在
クリスティン・ロス 著　箱田 徹 訳
四六判 上製 478頁　本体4300円

ラディカルで行こう！　アルジェリア独立戦争からオルタ・グローバリゼーション運動まで、反乱はいかに用意され語られてきたか。現代思想と社会運動の膨大な資料を狩猟して描く「革命」のその後。

戦略とスタイル 増補改訂新版
津村 喬　四六判 上製 360頁　本体3400円

日常=政治＝闘争へ！　反資本主義、反差別、反ヘイト、日中・日韓、核／原子力、フェミニズム、生政治、都市的権力 / 民衆闘争……〈いま〉のすべてを規定する「68年」。その思想的到達点。「日本の68年最大のイデオローグ」の代表作。

横議横行論
津村 喬　四六判 上製 344頁　本体3400円

「瞬間の前衛」たちによる横断結合を！　抑圧的な権力、支配システムの下で人はいかに結集し蜂起するのか。全共闘、明治維新、おかげ参り、文化大革命、ロシア革命などの事象と資料を渉猟、「名もなき人々による革命」の論理を極限まで追究する。

哲学においてマルクス主義者であること
ルイ・アルチュセール 著　市田良彦 訳
四六判 上製 320頁　本体3000円

「理論における政治／階級闘争」から「政治／階級闘争における理論」へ！　革命の前衛であるはずの共産党が「革命」を放棄する――1976年のこの「危機」に対抗すべく執筆されたまま生前未刊行だった幻の〈哲学入門書〉。

歴史からの黙示 アナキズムと革命 増補改訂新版
千坂恭二　四六判 上製 384頁　本体3600円

資本制国家を撃て！　ロシア革命の変節、スペイン革命の敗北、そして1968年の持続と転形――革命の歴史をふまえて展開される、国家廃絶をめざす「アナキズム」。1968年闘争期におけるアナキズム運動の総括文書「無政府主義」などを増補。

哲学者とその貧者たち
ジャック・ランシエール 著　松葉祥一ほか 訳
四六判 上製 414頁　本体4000円

政治／哲学ができるのは誰か　プラトンの哲人王、マルクスの革命論、ブルデューの社会学（＋サルトルの哲学）……かれらの社会科学を貫く支配原理を白日の下にさらし、労働者＝民衆を解放する、世界の出発点としての「知性と感性の平等」へ。

マルクスに凭れて六十年 自嘲生涯記 増補改訂新版
岡崎次郎　四六判 上製 400頁　本体3600円

老マルクス研究者の遺言　人民戦線事件、満鉄調査部、文庫版『資本論』出版の舞台裏など、左派の研究生活を赤裸々に綴った本書の出版翌年、車イスの妻を伴い「死出の旅路」に発った……。旧版から40年、待望の復刊。

叛乱論／結社と技術 増補改訂新版
長崎 浩　四六判 上製 520頁　本体3800円

叛乱の世紀が到来した　60年安保と「68年革命」を往還しながら大衆叛乱の地平を切り拓いた両書を合本、詳細な注を付して増補改訂。世界各地の民衆叛乱に日本でも呼応すべく新たに煽動する。

シリーズ続刊　ジャック・ランシエール『政治的なものの縁で』……